本书为内蒙古自科博士基金项目 2021BS07004 资助

年报语调与企业行为研究

赵宇亮 著

中国社会科学出版社

图书在版编目（CIP）数据

年报语调与企业行为研究/赵宇亮著．—北京：中国
社会科学出版社，2023.4
ISBN 978 – 7 – 5227 – 1537 – 7

Ⅰ.①年… Ⅱ.①赵… Ⅲ.①上市公司—年报—关系
—企业行为—研究—中国 Ⅳ.①F279.246

中国国家版本馆 CIP 数据核字（2023）第 040840 号

出 版 人	赵剑英
责任编辑	王　衡
责任校对	王　森
责任印制	王　超

出　　版	中国社会科学出版社
社　　址	北京鼓楼西大街甲 158 号
邮　　编	100720
网　　址	http://www.csspw.cn
发 行 部	010 – 84083685
门 市 部	010 – 84029450
经　　销	新华书店及其他书店

印　　刷	北京明恒达印务有限公司
装　　订	廊坊市广阳区广增装订厂
版　　次	2023 年 4 月第 1 版
印　　次	2023 年 4 月第 1 次印刷

开　　本	710 × 1000　1/16
印　　张	17.25
插　　页	2
字　　数	240 千字
定　　价	89.00 元

前　　言

　　我国资本市场在近三十年间发展迅速,上市公司数量激增。作为投资者了解公司的基础信息,年报已从当初以大量会计信息为主逐步转变为蕴含丰富公司信息的载体。

　　信息不对称充斥着资本市场,历来是一个困扰学术界和实物界的重要问题。年报作为信息的纽带,其特殊地位可想而知。一方面,企业通过发布年报让投资者了解企业业绩状况和未来发展方向。另一方面,相关机构投资者（券商、银行等）通过判别年报信息,帮助企业降低代理成本（Shleifer and Vishny,1986）和减少融资成本（Roberts and Yuan,2010）。为上市公司扩大在投资者中的认知度、缓解企业与市场信息不对称也作出了重要的贡献。

　　正是由于年报在信息市场中所处的中心地位,更多的文献开始对年报的信息传递作用进行探讨。以往研究多数从年报可读性对公司未来业绩表现方面进行探讨（Li,2008；Bloomfield,2008；Lee,2012）。同时从信息延展的角度出发,探索可读性对分析师跟踪的影响；从信息源头追溯可读性对企业盈余管理以及投资效率的作用。而可读性的本质是让投资者更加清晰地了解企业的发展状况,所以更具有情感导向的年报语调以简明易懂的披露方式,成为投资者特别是中小投资者决策的有用信息。

　　然而，以往语调聚焦于资本市场的盈利预测，而较少将年报语调与上市公司的经营活动联系起来。近年来，逐渐有学者开始将目光转向年报语调与生产经营的结合，以此深入挖掘年报语调对企业经营行为的影响。而现有文献发现，年报语调对上市公司的影响作用不是唯一的，有时甚至是相反的。一方面，年报的积极语调是公司治理良好的集中体现。这是由于年报作为公司信息传递的窗口，能够更好地让投资者了解企业的运行情况及未来发展，增加企业的透明度、缓解部分委托—代理问题。另一方面，由于监管部门对语调监控尚处于空白期，上市公司可能会利用更多的正面语调进行语调操纵。例如，上市公司可能会利用更多的正向词汇引导投资者和分析师对公司抱有积极乐观的态度。这种"操纵效应"最终会误导外部投资者对于上市公司业绩的理解，进而影响企业正常的经营活动，损害投资者的利益。

　　基于上述分析，本书重点从年报语调对企业经营活动的影响入手进行研究。具体包括以下三个方面。第一，分析和检验年报语调与外部融资的关系。只有证实了年报语调对于外部融资的正向影响，才能说明外部市场更愿意接受企业的积极信息是企业语调正面效应的基础。第二，分析检验年报语调与创新的关系。如果发现了年报语调与公司创新正相关，那就为年报语调正效应提供了有力的支撑，同时又对年报语调与融资的逻辑链条进行了拓展。第三，分析年报语调对公司费用黏性的影响。如果发现年报语调抑制了公司费用黏性的增长，则说明积极语调具有自我监督的作用，使得信息透明度和真实度增加，由此从信息发出者的视角验证了积极的年报语调并非"膨胀的语言"或"廉价交谈"。

　　以上研究详述如下。第一，年报语调与外部融资。研究发现，年报语调与企业的外部融资正相关，即年报语调越积极，公司的债务融资越多，债务成本越低。这表明越多的正面语调会减少信息不对称性，增加企业透明度。进一步分析发现，年报语调与外部融资在非国企、规模较大的企业，及所处金融环境较好地区的企业中，正向关系更显著。使用工具变量法和更换年报语调衡量指标后，发现年报语调仍能够促进企业的外部融资。机制检验表明，年报语调通过外部传导机制（分析师）和内部传导机制（企业内部控制）两条路径共同影响企业的外部融资，为年报语调信号效应提供了基础证据。

第二，年报语调与创新。在年报语调与外部融资正相关的基础上，本部分研究了年报语调与创新的关系。结果发现，年报语调与企业创新正相关，即年报语调越积极，则公司的研发投入越多且研发产出越多。进一步分析表明，年报语调与企业创新在非国企、规模较小的企业及所处金融法制环境较差地区的企业中，正向关系更显著。使用工具变量法和得分倾向匹配法并经过稳健性检验后，发现年报语调仍能够促进企业的创新。机制检验表明，年报语调通过分析师和融资约束两条路径共同影响企业的创新。为上市公司的年报语调信号效应，提供了支持性证据。

第三，年报语调与费用黏性。费用黏性是公司低效率的一种表现，更是管理层短视的一种集中体现，因而年报语调的公司治理行为会让我们在抑制费用黏性方面观察到一些证据。本部分结果发现，年报语调会降低企业的费用黏性，即年报语调越积极，公司的费用黏性会越低。异质性分析发现，年报语调与费用黏性在小规模企业及信息透明度低、所处市场化水平较高地区的企业中，负向关系更显著。使用 Heckman 两阶段模型法和工具变量法并经过稳健性检验后，发现年报语调仍能够降低企业的费用黏性。进一步分析表明，企业的正面语调会显著降低公司的费用黏性，受到媒体关注较少和发生过并购的公司的年报语调也同样会显著降低公司的费用黏性。

总体来说，上述结论表明年报在企业经营活动中有着特殊的地位，年报的语调会对企业的行为产生重要的影响。本书的创新或贡献可能在于以下几点。第一，明确提出了年报语调对上市公司经营活动的影响。与以往文献集中于语调对资本市场有效性的研究不同。本书没有把关注点集中在语调对资本市场的影响，而是具体考察了年报语调对公司具体经营行为的影响。这对于进一步了解年报语调在公司行为中的影响有着重要的意义。

第二，本书的研究进一步丰富了年报语调的相关文献。以往文献，探讨了年报语调对于盈余预测、盈余管理的影响。鲜有从其他角度探讨年报语调对公司经营管理的作用。本书通过实证研究发现，年报语调的信号效应在企业的实际经营中是存在的。尽管关注此类问题的学者越来越多，但关于年报语调与上市公司的实际经营行为的研究较少。本书的研究结果表明，随着年报正面语调的增加，企业的外部融资和企业创新活动均显著上升，从而体现了年报语调的信号效应。本书不仅识别出这种信号效应，更丰富了相关领域的文献，同时为深入理解年报语调作为公司治理的一种内部机制提供了证据支持。

第三，本书的研究加深了年报语调与管理层自利行为的一种博弈认识。以往研究大多从年报语调如何影响盈余操纵这一行为来对管理层操控进行考察。但实际上，管理层的自利行为有很多种，其中一个典型行为就是对费用黏性的操纵。随着外部环境的变化，公司的销售收入可能下降，那么管理层需要考量哪些费用需要继续维持进而合理化收入支出的比例。而管理层短视可能造成有利于自身的费用不减，维持"构建帝国"费用不变的现象。那么年报语调通过增加企业透明度、减少管理层的短视行为来降低企业的费用黏性，进而抑制了管理层自利动机。这部分从上市公司自利视角出发，不仅进一步为我们理解企业费用黏性拓展了视野，同时也为年报语调对管理层的监督作用提供了独特视角。

第四，就现实意义而言，由于语调存在"廉价谈话"的性质，其语言膨胀的程度完全取决于上市公司自身。且依据本书的实证逻辑，可在一定范围之内判断出积极的年报语调。对于投资者而言，年报作为会计师事务所审计的信息，其会计信息真实性毋庸置疑。但对于财务信息敏感性较差的投资者而言，根据年报语调所反映出的公司前景对其投资成为一种必然选择。对于企业管理者而言，在既定的会计信息不变的基础上，变化的增量语调倘若可以吸引投资者关注，势必会夸大企业前景、蒙混投资者视听。但语调最终以实际业绩为准，过分膨胀的语调会减少投资者关注并且吸引更多外部监督。对于监管者而言，如何监管企业过分积极的语调，判别企业年报语调是否过度渲染业绩和未来发展趋势成为一个监管难题。而依据本书的结论，企业对于披露年报会产生一个自监督的效应，会缓解一部分监管难题。

总之，通过本书的研究发现，年报语调能够有效降低企业的信息不对称程度、发挥内部监督作用，同时能够规范约束经理人行为并有效缓解企业委托—代理问题、提升公司治理水平，从而提高企业融资和创新产出、抑制费用黏性。以上结果验证了年报语调内外部治理作用的有效性，为年报语调影响企业经营行为提供了经验证据，说明了年报语调的重要作用和意义。

Preface

In the past 30 years, China's capital market has developed rapidly, and the number of listed companies has soared. As investors understand the basic information of the company, the annual report has gradually changed from a large amount of accounting information to a carrier containing rich company information.

Information asymmetry is full of capital markets. It has always been a problem that plagues academic and real worlds. The annual report, as a link of information, its special status can be imagined. On the one hand, companies publish annual reports to let investors understand the company's performance and future direction. On the other hand, relevant institutional investors (brokers, banks, etc.) help companies reduce agency costs (Shleifer and Vishny, 1986) and reduce financing costs by discriminating annual report information (Roberts and Yuan, 2010). It have made an important contribution to the expansion of the recognition of investors in listed companies and the asymmetry of corporate and market information.

It is precisely because of the central position of the annual report in the information market that more literature has begun to explore the role of information transmission in the annual report. Most of the previous studies explored the company's future performance from the readability of the annual report (Li, 2008; Bloomfield, 2008; Lee, 2012). At the same time, from the perspective of information extension, the impact of readability on analyst tracking is explored, and the role of readability on enterprise earnings management and investment efficiency is traced from the source of information. The nature of readability is to give investors a clearer understanding of the development of the company. Therefore, the more emotionally – oriented annual report tone is a useful and easy – to – understand disclosure method, which is useful information for investors, especially small and medium – sized investors.

However, the focus of previous tone of text has also focused on the profit forecast of the capital market, and less closely linked the tone of the annual report with the business activities of listed companies. In recent years, some scholars have gradually turned their attention to the combination of intonation and production management, in order to dig deep into the impact of the annual report tone on business operations. However, the existing literature finds that the influence of intonation on listed companies is not unique, and sometimes even the opposite. On the one hand, the positive tone of the annual report is a concentrated expression of good corporate governance. This is because the annual report, as a window for the company's information transmission, can better inform investors about the company's operation and future development, increase the transparency of the company, and alleviate some of the principal – agent problems. On the other hand, because the regulatory authorities are still in the blank period of tone monitoring, listed companies may use more positive tone and tone manipulation. For example, listed companies may use more positive vocabulary to guide investors and analysts to be positively optimistic about the company. This "manipulation effect" will eventually mislead external investors on the understanding of the performance of listed companies, which in turn will affect the normal business activities of the company and harm the interests of investors.

Based on the above analysis, this book focuses on the impact of the annual report intonation on its business activities. Specifically, it includes the following three aspects. Firstly, analyzing and testing the relationship between the annual report tone and external financing, only confirms the positive impact of the annual report tone on external financing, can explain that the external market is more willing to accept the positive information of the enterprise, and is the foundation of positive effect of the corporate tone. Secondly, the relationship between the tone and innovation of the annual report is analyzed. If the tone of the annual report is found to be positively related to the company's innovation, it will provide strong support for the positive effect of the annual report. At the same time, it has expanded the logical chain of the annual report tone and financing. Thirdly, analyzing the influence of the annual report intonation on the company's cost stickiness, if it is found that the annual report tone suppresses the increase of the company's cost stickiness, it indicates that the positive tone has the function of self – monitoring, which makes the information transparency and authenticity increase, thus from the information issuer's. The perspective confirms that the positive annual message tone is not "expanded language" or "cheap conversation".

The above specific studies are detailed as follows. Firstly, annual report tone and external financing. The study found that the tone of the annual report is positively related to the external financing of the company, that is, the more positive the tone of the annual report, the more debt financing the company has, the lower the debt cost. This suggests that more positive tone will reduce information asymmetry and increase corporate transparency. Further analysis found that the positive correlation between the annual report tone and external financing in non – state – owned enterprises, large enterprises, and better financial environment is more significant. After using the instrumental variable method and replacing the annual report tone metrics, it was found that the annual report tone can still promote external financing of the enterprise. The mechanism test shows that the annual report tone affects the external financing of the enterprise through the two paths of external transmission mechanism (analyst) and internal transmission mechanism (intra – enterprise control), which provides basic evidence for the signal effect of the annual report tone.

Secondly, the tone and innovation of the annual report. Based on the positive relationship between the annual tone and external financing, this part studies the relationship between the tone and innovation of the annual report. The results show that the research finds that the tone of the annual report is positively related to enterprise innovation, that is, the more positive the tone of the annual report, the more R&D investment the company has and the more R&D output. Further analysis shows that the annual report tone and enterprise innovation are more positively related to non – state – owned enterprises, small enterprises, and enterprises in areas with poor financial and legal environment. After using the instrumental variable method and Propensity Score Matching (PSM), it was found that the annual report tone can still promote innovation. The mechanism test shows that the tone of the annual report affects the innovation of the enterprise through the two paths of analysts and financing constraints, which supports evidence for the signal role of the annual report of listed companies.

Thirdly, the tone of the annual report and the cost stickiness. Cost stickiness is a manifestation of the company's inefficiency, and it is a concentrated expression of management's short – sightedness. Therefore, the corporate governance behavior of the annual report tone will allow us to observe some evidence in suppressing the cost stickiness. This part of the results found that the annual report tone will reduce the company's cost stickiness, that is, the more positive the annual report tone, the lower the company's cost stickiness. Further analysis found that the annual report tone is more negatively correlated with small enterprises, enterprises with low information transparency and high marketization levels. After using the instrumental variable method and Heckman two – step sample selection model, it is found that the annual report tone can still reduce the cost stickiness of the enterprise. For companies with a positive tone, less media attention, and a history of mergers and acquisitions, the tone of their annual report significantly reduces the stickiness of the company's expenses.

Overall, the above conclusions indicate that the annual report has an important position in the business activities of the company, and the tone of the annual report will have an important impact on the behavior of the company. The innovation or contribution of this book may be as follows.

Firstly, explicitly put forward the influence of the tone of the annual report on the business activities of listed companies. It is different from the previous literature focusing on the study of the tone of the capital market. This article does not focus on the impact of tone on the capital market, but specifically examines the impact of the annual tone on the company's specific business behavior. This is of great significance for further understanding the impact of the annual tone on corporate behavior.

Secondly, the research in this book further enriches the relevant literature of the annual report intonation. In the past literature, the influence of the annual report intonation on earnings forecast and earnings management was discussed. There are few other perspectives on the role of the annual report tone to the company's management. Through empirical research, this paper finds that the signal effect of the annual report tone may exist in the actual operation of the enterprise. Although there are more and more scholars paying attention to such problems, the research on the annual report tone and the actual business behavior of listed companies is relatively rare. The research results of this paper show that with the increase of the positive tone of the annual report, the external financing and corporate innovation activities of the company have significantly increased, thus reflecting the positive tone effect of the annual report. This paper not only recognizes this positive tone effect, but also enriches the literature in related fields. At the same time, it provides evidence to support the in – depth understanding of the annual report tone as an internal mechanism of corporate governance.

Thirdly, this research has deepened an interactive understanding of the tone of the annual report and the management's self – interested behavior. In the past, most of the research examined the management manipulation from the behavior of the annual report tone affecting earnings manipulation. However, in practice, there are many kinds of self – interested behaviors of management. One of them is the cost stickiness of the company. As the external environment changes and the sales revenue of the company decreases, the management needs to consider which expenses need to be maintained, and then rationalize the income and expenditure proportion. The management's short – sightedness may result in a cost that is not conducive to its own, and maintains the phenomenon of "building an empire". Then the tone of the annual report reduces the short – sighted behavior of management by increasing the transparency of the company, which in turn reduces the cost of the company. This part of the listed company's self – interested perspective not only further understands the corporate cost stickiness, but also provides a unique perspective on the tone of the annual report to the supervisory role of management.

Fourthly, in the real sense, due to the nature of "cheap talk" in tone, the degree of language expansion depends entirely on the listed company itself. According to the empirical logic of this paper, it can be judged that the annual report tone meets the normal standards. For investors, the annual report is the information audited by the accounting firm, and the authenticity of its accounting information is beyond doubt. However, for investors with less sensitive financial information, it is possible to invest in the company's prospects reflected in the tone of the annual report. For enterprise managers, on the basis of the constant accounting information, if the incremental tone of change can attract investors' attention, it will inevitably exaggerate the prospects of the company and confuse investors. However, the tone is ultimately based on actual performance, and the excessively inflated tone will reduce investor attention and attract more external supervision. For regulators, how to supervise the excessively positive tone of the company, to discriminate the over – rendering performance of the annual report of the company and its future development becomes a regulatory problem. According to the conclusions of this paper, the company will have a self – monitoring effect on the disclosure of the annual report, which will alleviate part of regulatory problems.

In short, through research, this book finds that the annual report tone can effectively reduce the degree of information asymmetry of enterprises, play an internal supervision role, and at the same time regulate and constrain the behavior of managers and effectively alleviate the problem of corporate principal – agents to improve corporate governance, thereby improving corporate financing and innovation, inhibiting cost stickiness. The above results verify the effectiveness of the internal and external governance role of the annual report tone, and provide empirical evidence for the influence of the annual report tone on the business behavior of the enterprise, indicating the important role and significance of the tone of the annual report.

目　　录

导　　论

一　研究背景与研究意义

（一）研究背景

我国资本市场在近三十年间发展迅速。上市公司规模不断扩张，由最初的 10 家上市公司激增到 2018 年的 3584 家①，总市值也呈现几何级数递增②。随着资本市场的火热，投资者参与股票市场的热情也逐渐被激发③，而资本市场的异象也快速显现。其中尤以"业绩变脸"最为严重，变脸原因涉及计提减值损失、市场竞争激烈、行业不景气、原材料价格上涨、汇兑损失增加、所得税率上调以及研发投入增加等。而这背后深层的原因是虚假会计信息披露，在这样看似精确的年报背后是管理层进行的会计报表操纵。

面对证券市场的异象，国务院在 2014 年发布的《关于进一步促进资本市场健康发展的若干意见》④ 中明确指出："首先，建立和完善以信息披露为中心的股票发行制度。发行人是信息披露第一责任人，必须做

---

① 截至 2018 年 12 月，中国境内上市公司（A、B 股）共计 3854 家，境外上市公司（H股）共计 267 家。数据来源于 Wind 数据库。

② 1993 年 12 月中国境内上市公司总市值为 3474.29 亿元。截至 2018 年 12 月，中国境内上市公司总市值为 434976.85 亿元。数据来源于 Wind 数据库。

③ 投资者开户数由 1996 年的 2307.23 万户激增到 2018 年的 14650 万户。数据来源于 Wind 数据库。

④ 国发〔2014〕17 号《国务院关于进一步促进资本市场健康发展的若干意见》，发布日期：2014 年 5 月 9 日。

到言行与信息披露的内容一致。发行人、中介机构对信息披露的真实性、准确性、完整性、充分性和及时性承担法律责任。其次，督促上市公司以投资者需求为导向，履行好信息披露义务，严格执行企业会计准则和财务报告制度，提高财务信息的可比性，增强信息披露的有效性。第三，要健全投资者特别是中小投资者权益保护制度，保障投资者的知情权、参与权、求偿权和监督权，切实维护投资者合法权益。"这就从发行人、公司、投资者三个层面对公司信息披露提出要求。作为证券市场的监管者，证监会在 2017 年公布的《公开发行证券的公司信息披露内容与格式准则第 2 号——年度报告的内容与格式（2017 年修订）》①中明确规定，"公司董事会、监事会及董事、监事、高级管理人员应当保证年度报告内容的真实、准确、完整，不存在虚假记载、误导性陈述或重大遗漏"。这就从法规层面，对上市公司的信息披露作出了重要规定。由此可见，信息披露成为政府及监管者关注的重点，从另一个侧面来讲，信息披露在市场中的地位也日渐凸显。

企业与市场之间的信息不对称由来已久，而年报作为沟通企业与市场的桥梁，其重要性不言而喻。Levitt（1998）指出："建立和维持高质量的会计准则对市场监管至关重要，而美国证券交易委员会之所以有权制定会计标准得益于财务报告的全面披露。"由此不难看出稳健的财务报告对于资本市场的重要性。而信息披露的主要作用，在于保护投资者和企业。Firtel（1988）认为，《证券 33 号法案》的立法意图在于通过强制性披露，力求"防止公司通过虚假陈述而出售具有欺诈性或毫无价值的证券给公众，以期对公众进一步利用。从而保护诚实的企业，通过真实的披露寻求资本，以对抗虚假宣传企业的竞争"。

财务报告是管理层与外部投资者交流公司业绩表现和治理情况的重要手段（Healy et al.，2001）。而使得年报变复杂，不外乎两个原因。

---

① 证监会公告〔2017〕17 号《公开发行证券的公司信息披露内容与格式准则第 2 号——年度报告的内容与格式（2017 年修订）》，发布日期：2017 年 12 月 26 日。

首先，企业通常比投资者更了解其商业投资机会的价值，甚至会高估其价值。因此，投资者在对企业进行投资时会面临"信息不对称问题"，这出于企业对信息的初次扭曲。其次，一旦投资者将资金投入企业的经营活动，公司就有动机去"改变"投资者的资金去向，从而产生"委托代理问题"。企业信息的再次扭曲使得年报变得极为复杂。基于信息不对称，公司可以粉饰财务报表，增加投资者关注，获取投资者信任。而基于委托—代理问题，公司亦可以变更年报中的会计分录，提高非财务信息解释力，进一步隐藏企业改变资金用途的事实。

排除不完美市场或外部性的原因，企业就有动机去权衡自愿披露的成本和收益，并为市场中的投资者提供有效的信息水平（Healy et al.，2001）。Leftwich（1980）认为，会计信息可以被视为一种公共物品，由于现有的股东隐含地为产品支付费用，所以不能向潜在的投资者收取使用信息的费用。因此，准投资者可以随意利用现有股东支付的信息，从而导致信息的潜在生产不足。这也就为年报信息不能充分反映企业整体信息环境建立了理论构想。

然而即便如此，年报的信息对于资本市场的影响依然显著。根据我国法律规定，我国上市公司须在会计年度结束后的四个月内以经审计的年度报告的形式向公众公开。与此同时，我国的上市公司都以每年的 12 月 31 日作为会计年度结束日。因此，上市公司必须在下一会计年度的 4 月 30 日之前发布其经审计的年度报告。由于不需要没有大幅波动的公司发布初步收益公告，因此它们很少在向中国证监会提交年度报告之前披露收益。① 所以，在中国证监会指定的报纸②上发布年度报告摘要通常代表其年度经营业绩和一些重大事件的首次公开发布。进一说明，在年

---

① 根据《上市公司信息披露管理办法》相关规定，上市公司预计经营业绩发生亏损或者发生大幅变动的；定期报告披露前出现业绩泄露，或者出现业绩传闻且公司证券及其衍生品种交易出现异常波动的，上市公司应当及时进行业绩预告。

② 中国证监会指定的报纸包括《中国证券报》《上海证券报》《证券时报》《金融时报》《经济日报》《中国改革报》《中国日报》和《证券市场周刊》。

度报告发布之前，中国上市公司几乎不披露任何自愿性信息。所以，年报信息的披露会对资本市场产生重要的影响。从信息发布时间来看，持有坏消息的公司发布年报的时间相比持有好消息的公司发布年报的时间更晚（Haw et al.，2000）。Chambers 和 Penman（1984）研究发现，如果年报早于预期发布，则它们对股价的影响往往要比按时发布或晚于预期发布时更大。同时他们也发现好消息披露较早、坏消息披露较晚的特点。这就通过年报发布的时间，增加了异常回报的可能性。Hines（1982）则指出，年度报告的内容是可公开获得的信息，因而它会立即反映到公司的股价中，进一步消除根据年报信息产生异常回报的可能性。即使排除这种情况，它们的内容也已经通过其他方式（如内幕消息泄漏、公司声明、业绩说明会等）更及时地传达给了市场，即市场中已经预见到了该报告中的许多信息。DeFond 等（2007）同样发现，中期财务报告频率更高的国家，年度收益公告的信息量可能会更少。这印证了 Hines 的观点。与此同时，Li 和 Ramesh（2009）通过分析交易价格和交易量表明，在日历季度末前后提交 10 - K 表格的公司，只有 1/4 出现了具有统计意义的市场反应。通过进一步验证发现，这种高度的市场反应可能是在季度末提交定期报告的公司对同行业中非提交表格公司的信息传输。Griffin（2003）进一步发现，公司在 10 - K 和 10 - Q 表格提交日期之后，投资者会有明显的反应。因此，从另一个侧面可以推断，投资者确实对年报信息较为关注。基于以上的文献表明，年报信息不论发布前后，可能均会对资本市场产生一定的影响。

而随着研究的深入，学者的关注点从年报发布的时间转向了年报内容的可读性。Pashalian 和 Crissy（1950）认为，年度报告编制中的重要问题是努力使其易于理解和更广泛地阅读。而在确定年度报告的形式和内容时，却又很难使报告具有可读性和可理解性。原因在于会计数据不仅要符合法律的要求，同时也需要符合财务专家的需求，更为重要的是，还要对利益相关者具有使用价值。基于以上三点，Parker（1982）发现，年报中董事长致辞和脚注难度分别与技术书籍和科学文献相对应。因此，较大比例的股东和其他年报阅读者无法理解其内容。Courtis（1995）认为，有效的沟通是阅读人接收到消息的解释方式与发送者意图的解释方式相同。当年度报告中的叙述性披露以超出大多数目标受众的理解水平来撰写时，就会出现这种沟通障碍。那么公司是否故意以难以阅读的报告来掩盖公司某些不当行为，或者由于无意间发布了难以阅读的报告，其结果都是相同的。这使得投资者无法合理进行投资资源的分配，从而增加了资源错配的可能性，影响个人与公司的实际成本和机会成本。所以围绕年报是否可读对企业利益相关者的影响，产生了大量的文献。

从公司自身披露角度讲，Li（2008）发现经理们可能会操纵年度报告的可读性，以向投资者隐藏不利的信息。他进一步指出，收入较低的公司倾向于提交较难阅读的年度报告。与上一年相比，收入的增加（减少）会导致年度报告比上一年的报告更易（更难）于阅读。Bloomfield（2008）对较难阅读的年报提供了两种解释。首先是管理者本身试图掩盖坏消息，进而降低可读性；其次可能是坏消息本来就更难以传递。与此同时，他还提供了一种重要的潜在解释——"管理例外"，由于会计稳健性的要求，企业披露坏消息须及时。对于预期损失须做更多的解释，这使得企业披露的可读性成为一个企业环境的函数，因此企业披露较为复杂。Bloomfield 的观点得到 Raiborn 等（2008）的印证。他们指出年度报告披露最初用于解释、澄清和扩展财务报表信息。随着商业环境和组织交易变得越来越复杂，监管机构开始主张公司需要提供更多的披露信息。从外部监督角度讲，Lehavy 等（2011）发现，一方面，公司年报的可读性较低会增加处理这些披露信息的成本，因此会增加对分析师服务的需求；另一方面，可读性较低的年报导致分析师预测的偏差。这是由于分析师可能要承担更高的信息处理成本和更高的私人搜索成本，进而导致预测的准确度降低所致。从投资者角度讲，投资者对市场的反应程度取决于信息传播的速度，而该速度受信息复杂性的影响（Hong and Stein，1999）。You 和 Zhang（2009）研究发现，对于拥有复杂 10－K 年报的公司来说，投资者的反应不足更明显。而对于易读的 10－K 年报公司来说，投资者显示出较少的市场反应不足。Miller（2010）进一步指出，由于小投资者受信息处理能力和专业知识所限，更为复杂的年报会导致交易量降低。当 10－K 报告更为复杂时，披露信息增加了非专业投资者生成或推断私有信息的概率，而经验丰富的专业投资者不受披露增加的影响。因而，小投资者将以更多样化的方式解释信息。而可读性更高的年报会增加投资者对年报内容的信息依赖，这种效果通过投资者对信息处理的流畅程度而发挥作用。更具可读性的年报当出现好消息时，会导致投资者倾向积极的估值判断；当出现坏消息时则引起负面估值判断（Rennekamp，2012）。此外，Asay 等（2016）认为，投资者在查看可读性较差的公司年报后，更有可能将外部信息纳入其估值判断。该结果表明，可读性较差的披露可能会降低经理与投资者交流信息的能力，并增加了投资者依赖外部信息来源而非只依赖于难以理解的公司披露信息。

由于年报披露的专业性和规范性要求，因此其可读性势必不能满足所有投资者对信息的需求。那么除了年报的可读性会影响投资者对于信息的判断，有没有其他方式让投资者更容易理解信息？简单的英语表述可以使公司的披露更易于阅读和理解。金融服务行业的投资者、经纪人、顾问及有能力的评估者更有可能投资那些财务披露没有被法律术语和晦涩的术语掩盖的公司（Loughran and McDonald，2009）。美国证券交易委员会认为，所有投资者都应受益于公司良好的披露表述，同时他们强调，清晰的写作也将最有利于那些"最不老练的投资者"（*A Plain English Handbook*，1998）①。当相同的问题以不同形式呈现时，控制决断问题的直觉和评估问题的可能性的心理策略原则上会产生一个可预测偏好的转变（Tversky and Kahneman，1981）。那么当年报中相同的问题以

---

① 具体参见 https://www.sec.gov/pdf/handbook.pdf。

不同的情感词汇去描述时，可能会对投资者产生不同的影响。语调的作用就应运而生了。De Long 等（1990）认为，低迷的情绪将导致股价下跌，而异常高或低的情绪将导致较高交易量，因此投资者情绪会对资本市场产生影响。而披露信息的语调会影响投资者的情绪，所以信息情感倾向就会影响公司资本市场的表现。

语调对资本市场的影响就此展开。从新闻媒体角度看，Tetlock（2007）发现，媒体悲观情绪越强预示着市场价格的下行压力越大，与此同时，也预示着异常高或异常低的市场交易量。与 Tetlock 的观点相呼应，Heston 和 Sinha（2015）使用汤姆森—路透社新闻文章为样本，发现提及某家特定公司文章中所含净正面语调（正词频减负词频）越多，文章发表后的一到两天内有较高的收益回报。反之，当负面语调较多时，就会伴随着较低的短期股票收益。从季度盈余公告和盈余电话会议角度看，Demers 和 Vega（2010）认为，经理人的净乐观语调会影响盈余公告期的异常回报以及公告后的盈余漂移。Davis 等（2012）发现，经理人的收益新闻稿语言向市场传达了未来公司绩效的可靠信息，并且市场对此信息作出了回应。所以收益新闻稿中的净乐观语调与未来资产回报率（ROA）正相关，并产生积极的市场反应。Price 等（2012）通过盈余电话会议中的问答部分的文本语调预测了公告后的收益漂移和异常交易量。Davis 和 Tama‐Sweet（2012）发现，经理们通常有动机将负面新闻（正面新闻）的股价影响最小化（最大化），因此相对于管理层讨论与分析（MD&A）披露，企业在盈余新闻稿中表现出的悲观语言水平明显较低，而乐观语言水平则显著较高。在控制了收益新闻稿中悲观语言后，他们发现 MD&A 中较高的悲观语言与较低的未来资产收益率相关。这一发现表明，MD&A 中的悲观语言提供了比盈余新闻稿中更多的信息。从业绩说明会的角度看，林乐和谢德仁（2016）研究发现，管理层在业绩说明会中的净正面语调，会引起市场的正向反应；而对发布的负面语调会有显著的负向反应。林乐和谢德仁（2017）通过进一步研究发现，业绩说明会中的管理层正面语调对分析师荐股评级有着显著的正影响。其正面语调提高了分析师更新评级的可能性。

现有语调文献集中在对资本市场的讨论中，而鲜有文献关注语调对企业经营管理的影响。年报语调不同于其他类型的文本语调。作为上市公司重要的信息输出，它不仅向投资者展示了公司当年的经营业绩，同时也会向投资者展望企业未来的发展态势。也正因为如此，企业和投资者更加重视年报中透露出的情感信息。与其他互动对答的披露形式不同，年报是一种与投资者的单向交流，因而管理层有着充足的时间和精力去编制年报（曾庆生等，2018）。那么企业就有动机去操纵年报语调。而基于已有的会计事实，企业变动年报语调的意义并不大。原因在于，管理层出于对职业生涯、薪酬绩效激励等的考虑，操纵语调对于企业业绩的提升并无实质意义。因此，本书认为年报语调会真实反映企业的经营情况。

正是由于我国年报的特殊性以及年报语调涉及的企业经营活动较多。因此，研究年报语调对企业经营活动的影响成了一个较为典型的实际话题。而本书的研究目的就是从企业经营活动的层面，探讨年报语调对企业的作用，以深入了解年报语调的影响作用。

此外，年报语调对于上市公司管理层的影响，也是鲜有探讨的一个重要问题。这是因为年报语调作为管理层和外界沟通的信息渠道，需要权衡多种因素。一方面，通过正面语调，提升投资者信心，为分析师正面评价企业做好铺垫。另一方面，由于管理层短视及压力，管理者可能利用年报语调掩饰自身利己行为，而利己行为必将影响企业的整体效益。那么在外界对年报的关注下，管理层可能会放弃自己的一些利己行为，因而在年报语调的压力下这种权衡的行为间接促进了企业的健康发展。因此，年报语调起到了内部监督的作用，同时帮助投资者维护了自身的合法权益。

尽管已有学者从年报语调与上市公司行为进行了探讨，但是国内此类研究还比较缺乏。年报语调大部分给外界释放了积极的信号进而影响上市公司的经营行为，但是当与管理层利益碰撞时，上市公司的管理层是否会对年报语调进一步操纵，以积极语调掩饰自利行为取得"双赢"局面；还是怕"纸包不住火"而减少自利行为，为日后获得更大管理层激励做足准备是一个值得关注的问题。

基于以上背景，本书研究的主要问题如下。第一，年报语调能否成为缓解企业与投资者之间信息不对称的重要枢纽？投资者通过年报信息了解企业运行状况。由于会计信息的复杂性和可操纵性，年报语调已成为佐证年报信息的重要标示。投资者可以从企业的年报语调信息中获得企业的真实经营状况，降低融资市场的信息不对称，进而缓解企业融资约束，减少融资成本。

第二，企业的创新离不开融资，而企业融资需要缓解外部信息不对称。因此，在面对融资和创新项目双重信息不对称时，年报语调能否消除信息噪声，缓解信息不对称，增强企业创新产出，此问题值得研究。

第三，管理层是年报语调的发出者，面对与外部投资者、董事会的双重代理问题，以及"构建帝国"等自利动机的存在。管理层在面对企业费用黏性时，年报语调是会增加费用黏性，还是会抑制费用黏性，值得我们进一步探讨。

（二）研究意义

1. 理论意义

首先，本书的研究丰富了公司治理领域的文献。良好的公司治理需要企业内外部合力共同作用完成。公司在改善外部治理的同时，更需要重视内部治理的直接作用。会计信息质量是企业内部治理的重要领域。而会计信息中非数字信息，对企业在资本市场表现以及日常经营活动起到了关键作用。年报语调作为非财务信息的指示标，对企业内部治理影响颇深。本书试图结合企业实际经营，探究年报语调对于企业经营活动的具体作用以及如何影响企业融资、创新等活动，为进一步完善现代企业会计信息的治理、更好构建新型公司信息治理模式提供更多的理论支持。

其次，基于信息经济学的观点，信息不对称的根源不仅在于市场参与方所拥有的私人信息的不同，更在于获取信息能力的不同。信息的不对称，造成了市场参与者资源配置的低效率，并且对市场也造成了一定的负面冲击。年报信息作为企业在公开市场的权威信息，具有相对透明性，这就减少了市场参与方获取信息的难度并在一定程度上缓解了信息不对称。而年报披露的专业性和规范性，又使得普通投资者对企业信息掌握不充分、不全面，进一步加剧了信息鸿沟。年报语调作为信息情感的导向能够直接反映企业未来发展态势，这就降低了投资者作出错误决策的可能性。因此，年报语调作为上市公司的信息风向标，降低了投资者和公司之间的信息不对称，对公司提高信息披露质量有着重要的促进作用。同时对改善公司治理环境，提高企业经营活动效率有着显著影响。

年报语调的特点是使得信息简明易懂，降低了信息处理难度。本书希望能够从年报信息的角度丰富信息不对称相关理论。具体而言，本书欲通过公司年报语调分析其能否通过缓解外部投资者信息不对称，进而增加企业信息透明度、影响企业经营行为。同时探讨管理层是否会由于语调的影响，约束自身行为、调整经营策略、促进企业持续健康发展。

再次，现有文献通常是对语调在资本市场中的作用进行研究。具体而言，多数文献集中在信息披露后，针对语调对企业在资本市场的表现进行研究。例如，新闻媒体在暴露企业信息时，使用的正面词及负面词数量会对企业未来股票价格、股票流动性产生影响。企业的盈余电话中管理层的语调，会影响企业的未来收益。季度盈余公告中的正、负面词汇，会预示着企业股价的飘移。因而大部分语调通过关联市场反应来影响资本市场信息效率，反映公司的股价及未来收益。但就目前来讲，鲜有研究语调对于企业经营活动影响的文献。因此，本书的研究是对这类文献的一个较为重要的补充。与此同时，以往的研究忽视了语调发出者对于语调内容的影响。管理层作为公司信息的发出者是否会考虑自身的利益，语调是否具有选择倾向。成长期公司的年报语调、社会关注度较高的年报语调、业绩较差公司的年报语调都会不同程度地反映经营层披露的策略。而管理层在面对复杂的委托—代理关系时，更可能从自身利益角度去操控年报语调。所以本书从年报语调的角度，考察其对公司费用黏性的影响。一方面可以从研究中，分析出管理层自身博弈的倾向。即公司长远利益和自身利益的选择。另一方面，对于识别语调的公司内部治理效果有着重要的意义。

最后，本书进一步深化了年报语调对于经营活动所产生的影响，具体考察了年报语调是否会对企业融资和创新产出产生影响，进而使得投资者可以清晰地辨别企业当前及未来发展态势，这为公司注入资金、增加企业融资，同时缓解企业创新资金不足增添了动力。此外，这些分析对于理解年报语调与上市公司经营行为有着重要的意义。

2. 现实意义

本书研究了年报语调对于企业经营活动的影响，结果发现，年报语调会显著提高企业的融资水平、促进企业创新、降低企业费用黏性。这些结论在一定程度上补充了语调对企业经营行为影响的文献，为年报语调对我国上市公司的影响提供了一些实证证据。因此，本书的研究对于监管者、投资者、公司自身有着重要的实践意义。进一步来讲，对于开展年报语调监管、保护投资者合法权益、完善公司内部治理有着至关重要的作用。

从监管者角度讲。首先，证监会目前的披露规范所要求的是公司在不影响披露完整性和不引起阅读不便的前提下，保持文字简洁，提高可读性。因其没有涉及对年报语调的规范，所以对年报语调的监督管控可以补全监管短板。监管部门对于上市公司的数字信息，有着较为严格规范的监管方法，而随着中国资本市场的不断发展，越来越多的上市公司利用监管漏洞，在年报的非数字信息上面做文章。这不仅损害了投资者的利益，更扰乱了资本市场的秩序，破坏了监管规则。其次，随着资本市场的放开，上市公司受到国内外资本的追逐日趋明显。为了更好地规范上市公司行为与国际市场的衔接，监管部门需要制定符合国际标准的年报规范。由于中文的复杂性和理解的困难程度与英语不同，如何使中文年报语义在转述时不发生偏离，是摆在监管当局面前的一个重要问题。语调作为年报的一种情感导向，其在不同语境下是具有一致性的。因而规范年报语调有助于监管当局对企业的监督，防止非数字信息风险的发生。最后，由于国内外市场存在一定的差别，比如监管环境的差异、信息披露制度强弱的不同。这就为企业形成监管套利开拓了空间。因此，在会计信息不断与国际接轨的同时，更应该注重非会计信息的披露质量和规范。为上市公司吸收国际资本提供一个良好的制度环境，也为上市公司走向海外把好监管大门。

从投资者角度讲。首先，我国证券市场的投资者以散户居多，且投资经历和专业水平参差不齐。对于上市公司专业化的年报信息，其理解的困难程度显著不同。而年报中的非数字信息不同于专业的会计信息，它可以快速有效地让投资者更加了解公司所处的市场环境以及发展前景。年报语调正是非数字信息的情感特征，有助于企业披露信息的可读性。其次，对于专业的投资机构而言，其会计信息的分析能力旗鼓相当，能否掌握企业的私有信息是决定投资企业成败的关键所在。而企业的年报语调，不仅反映了企业当前的发展状态，更反映了董事会和管理层对于企业未来的信心程度。进而机构投资者可以从年报语调信息中获得更多企业软信息，完善投资决策、提高投资效率。最后，投资者对年报语调的关注，开启了一种观察资本市场的新方向，促使企业在信息披露时，关注非会计信息和会计信息的匹配以提高披露质量。更为重要的是，投资者要提升自身投资水平，切忌盲目投资。

从公司角度讲。一方面，年报语调反映了公司当前的盈利状况，市场竞争环境、未来发展态势为公司更好地融资、扩大规模营造了良好的信息氛围。另一方面，年报语调也成为公司自我监督的内部治理手段。由于会计信息与语调信息相辅相成，所以依托会计信息，语调信息也在一定程度上抑制了公司操控语调的动机。强化了公司的内部控制，从而在某种程度上改善了公司的运营环境。

从媒体和分析师角度讲。首先，年报语调为分析师和媒体增加了关注企业的新手段，使得跟踪分析更加符合资本市场的需要，有利于推动外部监督的创新。其次，打开了分析企业的新大门。分析师和媒体能够从非会计信息中获得更多的对于企业的认识，可以更加直观地判断企业盈利的后续性，为投资者作出更加准确的判断。最后，年报语调的分析有利于促进分析师和媒体的国际交流和融合。年报语调的分析，在中国还处于方兴未艾的状态，而在国外，分析师能够准确捕捉管理层的语调倾向。因而未来对中文年报语调的分析有助于对上市公司进行深度观察，并提高媒体和分析师预测企业及其行业在资本市场表现的准确性。

二　文献综述

(一)　文本语调的相关文献

1. 文本语调的类型

积极语言和消极语言对信息处理方式有重大影响。Katz（2001）认为，语言会影响信息的理解，无论一个群体的"信息"如何合乎逻辑或清晰，它可能会传达并激发另一个群体的不同价值观和情感。Tversky 和 Kahneman（1981）认为，框架信息会被解码为正面信息或负面信息，并且这种解码决定了某一部分信息将有助于对信息价值的感知。属性框架效应的发生是因为信息解码与其描述性效价有关。他们认为，属性的正面标记导致信息的编码倾向于在记忆中引起有利的关联，而相同属性的否定标记可能导致编码引起不利的关联记忆（Levin and Gaeth，1988）。

同时 Meyerowitz 和 Chaiken（1987）发现，在处理信息时存在消极性偏见，其中负面信息对判断的系统性影响要大于客观等效的正面信息。这也就印证了为何文本中的信息常以正面语调居多。而负面语调带来的可能不仅仅是对业绩的否定，而且会造成"损失的影响比收益的影响更大"的局面（Kahneman and Tversky，1979）。

Kearney 和 Liu（2014）认为，公开披露的公司信息是文本情感的重要来源，因为他们是来自更了解公司的内部人士所发布的权威信息，因此这些文本中的语言风格和语气可能会传达有关公司未来业绩的重要信息，而不仅仅是财务报表中的数字信息。这种公司所表达的情绪在验证公司业绩和资本市场的定性信息时有较强的作用。所以本书按照信息披露的形式，逐一分析其文本语调的应用。

电话会议文本语调方面的应用。首先，与财务报表和书面新闻稿相比，电话会议使得管理人员可以减少文本信息的约束而提供信息。其次，分析师可以在问答环节（以下简称"讨论"部分）中发现信息，提出后续问题，询问更多细节。当公司业绩不佳时，管理人员在电话会议宣讲期间提供更多信息，同时在讨论期间也会比宣讲期间提供更多的信息。这里有两个原因。一是在公司表现不佳的情况下，宣讲信息无法满足分析师对信息的需求。二是管理人员不愿在会议宣讲期间自愿披露此信息。因此，讨论期间的信息量较多（Matsumoto et al.，2011）。所以电话会议期间的问答部分能够更多地透露出管理层的真实语气。Allee 和 DeAngelis（2015）从电话会议中考察管理层叙述部分的语调偏离，进一步通过叙述部分的语调偏离程度来评估管理者的自愿披露的质量以及投资者对这些披露的反应。他们发现语调的分歧与公司未来业绩、管理者的财务报告决策、管理者的激励以及管理观念的行动有关系。结果证明，语气分歧反映并影响了管理者在电话会议中传达的信息。季度盈余电话会议所传递的公司语调是公司信息披露的重要内容。Price 等（2012）研究了季度盈余电话会议的增量信息对市场的反应。他们发现，电话会议语调是异常收益和交易量的重要预测指标。在电话会议后的 60 个交易日内，电话会议语调影响盈余惊喜。语调在问答部分对收益后的公告偏差具有较强的解释力，同时语调的发出者也会对盈余会议产生影响。Davis 等（2015）从经理人自身的乐观语调入手，研究语调对盈余会议的影响。他们的证据表明，经理特定倾向在乐观语气或消极语气的电话盈余会议中都发挥了重要的作用。这一证据表明了语气对盈余电话会议有影响。同时表明语气并不仅仅是对管理者的私有信息、未来业绩或公司战略激励的反映，更是对经理人特定的乐观或悲观倾向的展示。他们进一步还发现，个别经理的语气风格会影响盈余会议的整体基调，这表明经理人的语言风格可能会影响市场对公司最重要的披露事件的反应。与国外的盈余电话会议相似，国内采用业绩说明会的形式公布业绩。林乐和谢德仁（2016）通过对业绩说明会上的管理层语调分析发现，投资者选择听话听音。投资者对管理层正面的语调会作出正面的反应，对负面的语调作出负面的回应。从一个侧面说明，业绩说明会成为企业影响资本市场信息披露的一个重要平台。

分析师报告在文本语调方面的应用。Huang 等（2014a）利用363952 份分析师报告在去除报告中盈利预测、股票推荐和目标价格等信息后，对讨论内容进行分析。他们发现投资者对负面的文本反应强于对正面文本的反应，这表明，分析师在传播"坏消息"时对投资者的影响尤为重要。股票评级和价格目标只是分析师研究的基础，分析师报告的内容在于分析细节和语调。分析师报告的细节和语调往往可能为投资者提供额外信息。Twedt 和 Rees（2012）认为，分析师报告的语气反映了分析师对该公司的潜在情绪，同时也表明了分析师的利益与公司价值估计及股票推荐的冲突程度。分析师语调可能干扰投资者的判断。Winchel（2015）考察模糊语调报告和混合语调报告如何影响非专业投资者解读，并且投资者对这两类报告会作出何种反应。结果表明，当分析师提供相对明确的正面论据时，投资者会研判内容而不是盲目跟从。因此，一份带有严格正面且毫不含糊的报告会比混合报告对投资者产生更积极的反应。另外，当分析师提供支持有利评级，但积极论据含糊不清时投资者通常更加相信双边论证。与单方面论证相比，在正面报告中加入负面评价会增加可信度，这使得投资者更加相信未来企业会有更好的业绩。分析师语调还取决于是否有承销商的干预。Cowen 等（2006）发现，有承销业务公司的分析师实际上比那些没有承保活动券商的分析师预测乐观度要低。对于承销商公司分析师来说，乐观情绪特别低，是因为公司的声誉会降低研究的乐观程度。还有证据表明，零售经纪公司的分析师比仅为机构投资者服务的分析师更乐观。此外，分析师语调与管理层也有关系。Libby 等（2008）发现，分析师与企业管理层保持良好关系时，他们可以直接从电话会议参与和信息访问中受益。结果表明，预测中的乐观或悲观模式部分是有意识地对这种良好关系激励的回应。管理层报告中的风险披露部分属于负面语调，其披露的比例会影响分析师跟踪数量。蒋红芸等（2018）以风险词汇频次占董事会报告部分总字数及全文总字数的比例构建了风险信息披露指数。风险披露指数越高，分析师跟踪就会减少，其原因是分析师预测的价值体现在其异质性上（Lang and Lundholm，1996）。而搜集企业独特信息需要承担大量的机会成本，风险披露的成本增加，使得分析师跟踪减少。Kravet 和 Muslu（2013）则发现，风险披露增加了预测分歧以及预测修正。首先，他们认为，风险信息的披露增加了信息的不确定性，因而理解信息难度增加，从而降低了分析师预测的准确性并且增加了预测的分歧。其次，由于信息不确定性增加，使得对分析师需求也会增加，分析师跟踪随之增加。

媒体文本语调方面的应用。当信息呈现出不流畅的趋势时，投资者在作出投资决策时就会更加重视信息的流畅性（Shah and Oppenheimer，2007）。当披露的信息更可读时，说明文本本身的语气更为明朗，模糊语调减少，个人处理信息时越明确。Rennekamp（2012）发现，更可读的披露会导致小投资者作出更强烈的反应。当新闻更为积极时，估值判断的变化会更积极。而当新闻消极时，估值判断的变化会更加消极。从管理者角度来讲，Yang（2012）同样发现，当信息不确定性较高时，市场对好消息和坏消息预测的响应都很强，并且信息不确定性很高时，坏消息对价格反应更强。游家兴和吴静（2012）发现，媒体积极或者消极语调会使得股票价格偏离基本价值。这源于市场情绪通过影响投资者心理进而作用于他们的投资决策，由于投资者对市场情绪的跟风，就加剧了非理性投资情绪。在信息透明度低的公司，这种偏离更显著。媒体情绪还会影响 IPO 溢价率，汪昌云和武佳薇（2015）发现，媒体语气越正面其 IPO 溢价率越高，反之亦然。同时他们进一步发现，媒体负面语调越少，超募资金比例可能越高。这一发现也是源于投资者情绪的误定价。进一步讲，媒体情绪对于其他投资者也会有不同的作用。王靖一和黄益平（2018）发现，媒体情绪对于 P2P 网络借贷具有显著影响。媒体的正面情感与平台成交量正相关。媒体情绪还会影响到管理层。Liu 和 McConnell（2013）发现，在决定是否放弃低价收购时，管理者对公告中股票价格的敏感度受到媒体语调的影响。他们将结果解释为管理者在制定公司资本分配决策时具有声誉风险，并且媒体关注的水平和语调提高了低价收购对管理者声誉风险的影响。所以在放弃低价的收购尝试时，媒体语调使得经理人和股东利益趋于一致。

评级报告文本语调方面的应用。Agarwal 等（2016）发现标准普尔信用评级报告中的净正面语调与异常收益显著负相关，并且语调可以预测未来的评级变化。进一步，他们发现与以往的文献不同，当标准普尔面临更高的利益冲突时，评级行动报告的语调并不是更积极。而 Kiesel（2016）采用了穆迪信用评级报告的语调和长度检验其是否对股票收益或信用违约掉期（CDS）市场产生直接影响，他们发现评级报告中的语调对股票收益和 CDS 利差有着显著的影响。尤其是在报告中的否定词居多时，就会引起股市负面反应和 CDS 利差的增加。

其他语调方面的应用。Melloni 等（2016）发现，公司的商业模式报告在采用国际综合报告委员会提出的"综合报告"形式后，其语调是正面的，并且这种正面的语调与披露操纵有关，即通过印象管理来操纵语调。董事会特征会影响商业模式报告的语调。特别是，在公司治理较弱的董事会，它会提供更加积极的披露。

年报语调方面的应用。由于年报语调主要集中在 MD&A 部分，所以多数文献就 MD&A 部分透露出的语气进行分析（李锋森、李长青，2008；Feldman et al.，2010）。进一步讲，文献分析的主要问题集中在盈余管理、投资效率、内部人交易等方面（王华杰、王克敏，2018；朱朝晖、许文瀚，2018；曾庆生等，2018），而目前鲜有年报语调对企业实际经营影响的文献。一方面，是源于中国年报的语调分析还处在起步阶段；另一方面，是由于中文特殊性导致了分词的困难，进而对后续词典的构成也造成了不小的麻烦。这些原因阻碍了相关研究的进展。

2. 语调词典

研究文本语调，通常是统计文本中正、负面词出现的比例，而正、负面词就是通过词典预设的。词典的运用在上述文献中已有应用（Tetlock et al.，2008；Laughran and McDonald，2011；Da et al.，2014）。外文中常用的词典有 Harvard IV - 4 词典、Henery 词典以及 LM 词典（Laughran and McDonald，2011）。较早的语调文献中使用的是 Harvard IV - 4 词典（Tetlock，2007；Tetlock et al.，2008）。但是 Harvard IV - 4 词典所涵盖的词汇并非都是金融词汇，还涉及心理学及社会学。DIC-TION 是一个基于字典的程序，可以计算在当代美国公开披露信息中最常遇到的词汇类型（Hart，1984）。因此，DICTION 非常适合分析管理者的叙述性披露，这些披露与公开披露的其他信息有共同的主题（如现在和未来、讨论目标和计划）（Davis et al.，2012）。而后 Henry（2008）构建了 Henry 词典，这个词典的应用语境是在盈余电话会议，所以它所含负面词不足。国外 10 - K 年报中通常采用 LM 词典来测度语调。此外，还有通过构建特定词汇进行的研究，如 FEARS 指数和 EPU 指数（Da et al.，2014；Baker et al.，2016）。

国内文本语气的起步比较晚，因此，在词典方面，分为两种类型。一是基于汉语的复杂性，构建自己的词典。代表的有汪昌云和武佳薇

（2015）利用《现代汉语词典》、《最新汉英经济金融常用术语使用手册》、LM 词典、知网—中文信息数据库构建了财经媒体词典。王靖一和黄益平（2018）通过对和讯网"互联网金融"版块下的文章以及专业书籍《互联网金融十二讲》进行分词，将词频大于 5 的词纳入词典。二是借鉴外文词典进行翻译，或直接运用情感词典，例如谢德仁和林乐（2015）参照 Henry 词典和 LM 词典，根据中文语境，手工挑选正面词及负面词构建情感词典。曾庆生等（2018）对 LM 词典进行翻译，构建情感词典。王华杰和王克敏（2018）以台湾大学制作的《中文情感极性词典》作为情感词词典。从以上我们可以看出，语调词典在国内的发展还处于初级阶段，能够应用于中文年报分析的情感词典目前还没有出现，因此本书的语调词典借鉴曾庆生等（2018）的做法来构建中文年报语调的情感词典。

（二）语调在资本市场和公司治理中的应用

1. 语调在资本市场的作用

市场中的好消息一般伴随着正面语调，而市场中的坏消息，则一般伴随着负面语调。Kothari 等（2009a）研究了管理者是否会推迟坏消息相对于好消息的披露。如果管理者积累并保留坏消息达到一定的门槛值，一旦泄密并立即向投资者透露一些好消息，那么负股价对坏消息披露的反应程度将大于正股价对好消息披露的反应程度。并且据他们的分析表明，管理层平均会延迟发布坏消息。管理者隐瞒坏消息的倾向可能源于代理问题，管理披露偏好与股东偏好的不一致，所以管理人员通常拥有更多的私人信息。各种激励措施可以激励管理者披露或隐瞒他们的私人信息（Healy and Palepu，2001；Verrecchia，2001）。Baginski 等（2016）发现，即使语调有低成本和验证的困难性，但在碰到被容易证实的盈利新闻时，语调价值仍会凸显出来。他们将语言的定量披露特征的变化与语调的市场定价的变化联系起来。具体而言，当管理预测和语调一致时，语气的增量定价会得到加强。

当投资者使用所有可用信息来确定投资的边际收益和价值时，资本市场就可以有效地分配资源。金融和会计文献中的大量论文研究了资本市场的信息流动性和对此类信息反应的及时性。这些论文大多集中于检查量化信息的流动，如财务报表中的会计数据。除了这些易于量化的数据，公司还在其年度报告中提供详细的描述性信息。Beaver（1968）表明，资本市场会对年度盈余公告内容作出反应。Frazier 等（1984）使用名为 WORDS 的计算机程序来识别年报是否是正面主题，在 1978 年的 74 份年报中，发现正面或者负面主题可以预测下一年度的累积的异常回报，年报语调对资本市场的影响就此展开。

Loughran 和 McDonald（2011）认为，年报语调可以简单地反映会计数字信息。他们的观点表明，文本分析有助于理解信息对股票收益的影响，即使语调没有直接引起股票收益回报，它也会成为分析师获取信息来源的有效方式。Li（2006）以年度报告的文本测试股票市场的效率，研究了公司年度报告的风险情绪对未来收益和股票收益的影响，通过计算 10 - K 文件中与风险或不确定性相关的词语频率来衡量年度报告的风险情绪。他发现，风险情绪的增加与未来收益减少有关。Jegadeesh 和 Wu（2013）研究也同样表明，10 - Ks 的语调与其发布后的市场回报显著相关。Feldman 等（2010）探讨了 10 - Q 和 10 - K 表格中管理层讨论和分析（MD&A）部分是否具有超出财务指标的增量信息内容。他们将单词分为正面和负面，以测量 MD&A 部分相对于先前的定期 SEC 文件的语气变化。其结果表明，即使在控制应计利润和盈余惊喜之后，在提交 10 - K 表格的短期窗口内市场反应与 MD&A 部分的基调变化显著相关。进一步表明，管理层的语调变化在提交 10 - K 表格后两天内至下一季度盈余公告后一天内显著增加了投资组合漂移收益，超出了应计利润和收益意外所传达的财务信息。

从媒体角度来看语气与资本市场的关系。Tetlock（2007）使用来自《华尔街日报》专栏的内容衡量媒体和股票市场之间的关系。发现较高的媒体悲观预测市场价格有下行压力，而异常高媒体情绪或者低悲观情绪则预示高的市场交易量。Tetlock 等（2008）进一步究揭示了量化语言是否以及为何提供有关公司收益和回报的信息。一方面负面的词汇传达了有关公司收益的负面信息，而股票市场价格会对负面词中嵌入的信息作出较快的反应；另一方面有关公司基本面中的负面词可以更有效地预测收益和回报。进一步讲，Engelberg（2008）按照 Tetlock（2007）中概述的方法计算道琼斯新闻中公司盈余公告否定词的数量。试图将财经媒体中的定性收益信息与收益后公告偏差联系起来，他们发现，基于文本的"软"信息对股票价格的预测比"硬"信息对盈余惊喜的预测更有效。具体而言，新闻报道的语言内容预测价格的波动比预测未预期收益波动更大。Henry（2008）在控制财务业绩条件下观察了市场反应，发现盈利新闻发布的语气也会影响投资者。特别是随着新闻稿的语调变得积极，异常的市场回报也会更高。

语言障碍可以被看作一种公司负面语调的表现形式。Brochet 等（2016）研究语言障碍如何影响资本市场对信息披露的反应。语言障碍较大的国家的公司可能包含复杂表达和错误表达。当公司的电话会议使用复杂英语和更多错误表达时，当日内价格变动和交易量较低。当公司位于非英语国家并且有更多讲英语的分析师参与电话会议时，资本市场对复杂英语和错误表达的反应更为消极。这种障碍也间接表现为文本的不确定性。Demers 和 Vega（2010）证明了文本不确定性在传达有关公司经济不确定性信息方面的作用，以及市场在文本信号对价格形成过程的反应。特别是，他们发现文本不确定性增加了收益波动性，从而增加了管理层盈余预测的误差以及专业的分析师预测分歧。这些发现意味着，与理论"廉价谈话"文献中的建议相反，管理者可能会使用不确定的语言来误导投资者，与此同时使用更加不确定的语言也可能传递出公司经营中的不确定性。他们还发现，公告期股票收益率与文本不确定性负相关以及对于具有较高文本不确定性的公司而言，盈余惊喜的定价会减弱。重要的是，即使在控制了之前记录的波动性驱动因素之后，文本不确定性仍有助于预测盈余公告后的异常收益波动率。

从法律角度讲，Rogers 等（2011）揭开了披露语调与股东诉讼之间的关系，以此确定管理者使用乐观语言是否会增加诉讼风险。结果发现，有诉讼的公司更倾向于在盈余公告中使用积极的语言。此外，当经理们的语调异常积极并且参与异常抛售时，诉讼风险会逐渐增加。进一步发现，只有当同期披露语调异常积极时，内幕交易才会与诉讼风险相关联。与用积极语调掩盖事实不同，Hanley 和 Hoberg（2010）发现，由于承销商和发行人在合法和声誉方面对招股说明书中的任何错误陈述都要承担责任，因此净正面语调向投资者发出的积极的信号更为有效。

2. 语调在公司治理中的作用

语调对企业融资的影响。Kothari 等（2009b）通过整合收集关于公司的管理层披露、分析师报告以及新闻媒体报道发现，当内容分析为有利披露时，公司的资本成本、股票收益波动率和分析师盈利预测的分歧显著下降。反之，不利的披露会造成公司的资本成本、股票收益波动性和分析师盈利预测分歧的显著增加。李锋森和李长青（2008）发现，投资者对 MD&A 信息的过多依赖会造成管理层对披露内容的操纵，出现"报喜不报忧"的情况，但 MD&A 部分在整体上对于销售收入、经营现金流有着重要的辅助预测功能。

语调对管理层的影响。从媒体语调对管理者薪酬来看，Kuhnen 和 Niessen（2012）发现，首席执行官（CEO）薪酬的消极新闻报道差异较大，争议最多的部分是股票期权。他们发现，在对 CEO 薪酬进行更多负面新闻报道后，公司会减少期权授予并增加其他薪酬奖励（包括股票奖励），从而降低薪酬对绩效的敏感度。特别是当公司和 CEO 更为关注声誉时，增加新闻消极报道后，期权、薪酬的减少更为明显。Buehlmaier（2015）使用基于媒体文本的内容，证实了关于收购方媒体内容越积极则收购的成功的概率越大。管理层语调也会对公司行为产生影响。Lar-ker 和 Zakolyukina（2012）对电话会议中首席执行官和首席财务官的语言特征进行识别，以此来考察财务误报。通过研究发现，欺骗性的首席执行官习惯使用非常积极的情绪单词和较少的焦虑词汇，非欺骗性的首席财务官则使用更多的否定词和非常消极的情感词。曾庆生等（2018）认为，经理人在编制年报时有"口是心非"的嫌疑。他们的研究发现，年报语调越积极，其在年报公布后的一段时间里净卖出规模较大；并且在中期市场表现差、信息透明度低以及非国有控股的公司，其语调与净卖出的反向关系越大。从管理层风险披露的角度讲，王雄元等（2018）通过构建年报风险信息披露余弦相似度，探讨风险披露与审计费用的关系，结果发现，其余弦相似度越大，审计费用越低。从一个侧面可以理解为公司风险信息披露的语调越相似，则可以降低其审计费用。

语调对企业未来业绩的影响。Huang 等（2014b）发现，异常正面语调与未来收益和现金流量负相关。他们进一步发现，当企业有强烈的动机迎合投资者看涨情绪时，异常语调更为积极。在新股票发行、公司合并或收购活动之前，异常语调通常会更高。当公司向首席执行官授予股票期权，并通过相关的管理激励来降低股价时，他们更倾向于向下操纵异常的语调。其他形式的语调也间接反映了未来业绩。Abrahamson 和 Amir（1996）发现，年报致股东信中包含的信息可用于评估公司的未来业绩，致股东信中负面词的比例与其发布的前后六年的会计绩效指标呈负相关。Davis 等（2012）发现，管理人员在整个盈利新闻稿中可以使用语言来直接并更巧妙地表达他们对未来业绩的预期。在经理汇报财务状况时，投资者期望管理者的收益新闻发布语言能够传达正面和消极两种情绪。但已有文献表明以正面的方式呈现信息会比以负面方式呈现信息产生更有利的影响（Levin et al.，1998），因而正面语调多用于展示未来业绩。Ferris 等（2012）揭示了发行人在其招股说明书中公司的保守程度（以负面词占总词数比例衡量），以及这种保守主义如何影响首次公开募股（IPO）的定价过程，进一步验证了这种保守主义是否具有对公司未来经营业绩和股票收益的解释力。他们发现，在完整的招股说明书中，风险因素和 MD&A 部分语调越保守，抑价比率越高。此外，他们认为，非技术性 IPO 的招股说明书越保守，那么就会包含更多的公司未来经营业绩的有用信息。

就具体年报语调对未来业绩的影响来看，Schleicher 和 Walker（2010）发现，管理人员会操纵年报中前瞻性叙述语调。大量即将发生的业绩下滑的公司偏向于在前瞻性叙述部分提高语调。薛爽等（2010）考察了年报 MD&A 部分信息的披露是否能够帮助投资者对下一年公司的扭亏为赢进行预测，他们发现，对于 MD&A 中提到的内外部因素越多，对于下一年扭亏为盈越不利。公司战略性改进措施比内部经营管理措施更能提升企业业绩。并且改进措施越多，下一年度的扭亏可能性越大。Kang 等（2018）发现，经理人的积极语调是有风险的，因为年报中的数据已经包含了公司的主要发展远景。同时经理人还可能存在一些尚未发现的趋势，如战略报告或认知偏差等。因此，他们重点关注公司在每个财政年度结束后需要披露的年度报告的叙述部分，探讨经理人对公司的评估信息与公司业绩之间的关系。首先，他们发现，公司的当前业绩表现越好，公司 10 - K 的语调就越正面。其次，在报告语调中存在过度积极的信号时，10 - K 的积极语调和盈余持续性就会存在负向关系。

语调对公司盈余管理的影响。朱朝晖和许文瀚（2018）通过拟态环境理论，认为管理者通过语调操纵让投资者更加相信公布的业绩，从而减少投资者对管理层盈余管理的关注，因此年报语调操纵与公司的盈余管理正相关。随着上市公司内外部治理机制的成熟和完善，经理人非效率投资被识别的可能性加大，管理者面对解聘和诉讼的风险就会增加，因而经理人会通过操纵语调的方式掩盖非效率投资。所以当企业存在非效率投资时，语调操纵会进一步影响公司的盈余管理。王华杰和王克敏

（2018）认为，应计操纵会影响年报可操作语调。他们进一步发现，当应计操纵为正时，年报的可操纵语调为正，反之同负。应计操纵与年报可操作语调的同方向变化同样揭示了管理层会通过操纵语调配合管理层的盈余管理活动。

（三）年报语调与公司治理及其与本书研究内容的结合

1. 年报语调与企业融资

Healy 和 Palepu（1993，1995）认为，投资者对公司的看法对于公司经理非常重要，尤其是公司准备发行公共债务、股权或是进行收购业务时。考虑到一个经理人相较于外部投资者会拥有更多的信息。Myers 和 Majluf（1984）指出，如果这种信息不对称无法解决，那么这些公司会认为公共股权或债务报价对现有股东来说代价高昂。因此，预计进行资本市场交易的经理人有动机提供自愿披露。减少信息不对称问题，从而降低企业的外部融资成本。

信息披露可以降低资本成本。第一，因为信息披露可以降低公司内外部之间以及公司当前和潜在投资者的各种群体之间的信息不对称程度。Diamond 和 Verrecchia（1991）认为，减少信息不对称可以通过吸引大量投资者增加证券流动性来降低公司的资本成本。Easley 和 O'hara（2004）表明，披露的信息和私人信息之间的差异会影响资本成本，投资者较高的回报往往拥有更多私人信息。这种私人信息可能使其投资组合更合理。信息的数量和质量会影响资产价格。第二，信息使投资者能够降低对股票估价的误差程度，从而降低公司的资本成本。Klein 和 Bawa（1976）以及 Barry 和 Brown（1984）认为，可获得信息较少的证券可能被视为风险较高的证券。与该风险相适应，市场参与者可合理地要求持有此类证券的溢价。这样在无形当中，企业的融资成本就会变高。第三，Lambert 等（2007）证明会计信息的质量可以直接或间接地影响资本成本。直接影响是，因为较高质量的披露会影响公司与其他公司现金流量的评估协方差。间接影响是，因为较高质量的披露会影响公司的实际决策，这可能会改变公司预期未来现金流量与这些现金流量的协方差，与市场中所有现金流量之和的比率。他们的结论表明，不论是哪种影响，都可以得出信息质量的提高导致资本成本明显下降。

从信息接收方来说。银行是信息的重要接收者。首先，银行贷款是外部信贷的主要来源（Chava et al.，2008；Graham et al.，2008）。其次，通过主动监控，银行可以比普通股东和其他市场参与者（如金融分析师、共同基金和保险公司）更好地获取公司特定信息。此外，银行可能在贷款谈判期间直接要求详细的公司特定信息。与股票市场的投资者相比，金融中介文献已经积累了强有力的证据支持银行处理金融信息的卓越能力（Bharath et al.，2008）。

从信息输出方来说，尽管有证据表明年度报告的可读性影响了经验丰富的股票市场参与者（如金融分析师），但尚不清楚可读性对于复杂的债权人（即银行）的影响。即是否属于公司的准内部人拥有的信息多于外部市场参与者。Loughran 和 McDonald（2013）探究了 IPO 文件中的语言模糊性与一些关键的 IPO 绩效指标之间的联系。他们的研究结果表明，公司披露的模糊文本增加了估值的不确定性。因此，他们认为，年度报告中使用的高度模糊词语可能使银行等外部资本提供者更难以正确评估公司的风险特征及其价值。换言之，年度报告的模糊语气可能会增加公司的信息风险，提高债权人风险溢价水平，增加贷款成本。而清晰的语调可以厘清公司的风险状况，为其进一步融资提供帮助。王雄元和曾敬（2019）通过计算董事会报告中未来展望部分风险关键词的年度差异，以此衡量公司的风险状况，验证了公司风险披露会降低银行贷款的利率。王雄元和高曦（2018）又从年报风险披露的长度入手，探讨了其与权益资本的关系，结果发现风险披露的内容越多，权益成本越小，进一步说明风险的披露增加了市场的信任。年报语调作为年报信息的情感倾向，可以有效表明年报信息的正、负面态度，更重要的是缓解了阅读者与发出者由于年报复杂性导致的信息不对称，从而有效降低了融资的成本。

2. 年报语调与企业创新

Merkley（2014）探讨了盈利绩效如何与企业的叙述性研发披露决策相关联，他对叙述性研发披露的细节、语调和可读性进行内容分析，发现管理者根据盈利表现会调整研发披露。研发披露之所以具有信息性，是因为它显著影响了卖方分析师行为和信息不对称。

会计信息是年报语调的基石，我国年报语调是基于会计的数字信息形成的。会计信息从一个侧面决定了语调的情感变化。由于企业创新的周期性以及结果的不确定性，就会导致外部投资者对于企业的创新活动的价值难以真正理解。在信息不对称的情况下，企业的委托—代理（李春涛、宋敏，2010；鲁桐、党印，2014）及融资问题（张杰等，2012；鞠晓生等，2013；Cornaggia et al.，2015）成为影响创新的主要因素。而缓解这些难题的正是企业的会计信息，它可以有效缓解信息不对称。江轩宇等（2017）发现，会计信息的可比性与企业的创新正相关。而描述会计信息的语调词汇可以展示当期与上一期的财务信息差异，为创新提供有力的财务支持。然而创新活动的长期性特点容易诱发管理层短视，从而抑制创新投入。但是会计语调以会计实物为基础，真实的语调能够更多地抑制经理人的短视行为，从而缓解了委托—代理问题，增加创新。

对于创新面临的融资约束问题，投资者通常愿意以增加额外收益的方式控制可能存在的投资损失。因此创新活动就要面临较高的融资约束。如何破解融资约束，其方法仍然是缓解企业与外界的信息不对称。会计信息的披露一方面降低了企业的风险溢价（曾颖、陆正飞，2006；Li.，2010），提高投资效率（Biddle et al.，2009）。另一方面，降低了信息成本。财务报表的可比性降低了分析师获取信息的成本，增加了分析师对公司可用信息的数量和质量（Franco et al.，2011）。同时抑制了分析师的乐观偏差，促进了企业的创新（伊志宏等，2018）。

从已有的文献来看，多数文献依据的角度都是从会计的数字信息入手，较少文献从会计的描述性信息挖掘其与创新的关系。语调作为会计信息的直接反映，对于公司涉及创新的业务风险状况而言，其解释力度远胜于会计数字信息。分析师在解读这些信息时，能为外部投资者提供较为有用的倾向性信息，这类信息对于缓解信息不对称作用极大。

3. 年报语调与费用黏性

当销售额增加时，其成本随之增加，当销售额下降时，其成本却不能对称式的下降，这种不对称的变化被称为费用黏性（Anderson et al.，2003）。产生费用黏性是由于管理人员在销售增加时会增加资源，但是当他们预计当前销售额下降是暂时的，就会慎重决定维持未使用的资源。通过这种方式，来寻求最小化当前和未来的调整成本，这样就造成了费用黏性。这些管理资源分配决策的基础是对未来需求的预期，而预期驱动的决策对调整资源的当前和未来成本都有影响（Chen et al.，2019a）。

费用黏性增加通过两种途径，包括未使用资源的程度和调整成本的大小（Chen et al.，2019a）。如果未使用资源较少或者调整成本较高时，管理层较少调整预期决策，因而容易发生费用黏性。反之，如果未使用资源较多，调整成本较低，则会发生反黏性效应。而管理层除了这两个要素，会不会受到其他因素的影响（如管理层机会主义），进而影响管理层调整预期的决策。Banker 等（2011）发现管理层机会主义动机是费用黏性产生的主要动因。而年报语调又是内部人可操纵的信息（曾庆生等，2018），因此语调对于费用黏性的影响可能扩展费用黏性的相关文献。

现有文献已经从以下几个角度探讨其与费用黏性的关系。如外部监督（梁上坤等，2015；梁上坤，2016，2018）、融资约束（江伟等，2015；翟胜宝等，2015）、委托—代理（Kanniainen，2000；Chen et al.，2012；谢获宝、惠丽丽，2014；秦兴俊、李粮，2014）、内控质量

（Calleja et al.，2006；于浩洋等，2017；石善冲等，2018），管理层薪酬（罗宏等，2015；梁上坤，2016），管理层性别（全怡，2018）。但是文献中，鲜有语调对于费用黏性的影响。

现有文献主要从委托—代理角度来阐释费用黏性的成因，认为减少代理成本可以抑制费用黏性的发生。然而他们在解释中忽视了管理层信息披露所产生的自监督问题的存在。管理层可能会判断各种自利行为所带来的利益，进而对自利行为获利和费用黏性进行比较，作出符合自身利益的决策。而决策的结果则会以语调作为"掩护"，保障自利行为的实施。然而语调基本以会计实物为基础，过分夸张的语调会引起外部监督者的关注。管理者可能为了减少多余的"关注"，继而减少语调的膨胀。这就实现了语调对管理层的"自监督"效应。所以语调作为信息的直接传播途径影响委托—代理关系，进而影响费用黏性的大小。

从目前掌握的文献来看，仅有 Chen 等（2017）从管理层未来展望部分入手，发现管理层积极的语调会带来企业费用黏性的增加。当管理者预计未来需求会反弹时，他们可能会将未使用的资源减少一些，从而降低当前和未来的调整成本。因此，具有积极语调的管理者增加了向上的资源调整，从而导致更高程度的成本黏性。那么管理者是否只从管理需求角度考量成本黏性，本书在借鉴前人理论成果的前提下，会进一步探讨费用黏性和年报语调的作用关系。

三　研究内容、基本思路及研究方法

（一）研究内容

本书首先对我国上市公司的年报沿袭及发展历程进行了概述，并对与本研究相关的语调领域的国内外文献进行梳理回顾，找到国内年报语调领域需要研究的问题。通过整理发现，以往大多数研究围绕着语调与资本市场的有效性进行研究，这些研究主要围绕盈余预测、长短期市场反应、公司未来业绩等方面来探讨语调的影响。但近些年，开始有一些学者关注年报语调对于上市公司行为的研究。年报作为承载企业会计信息的重要报告，是外界和企业沟通的重要信息渠道。可读、易懂的年报势必会减少信息不对称性（Li，2008；Lee，2012），同时也是上市公司信息透明度的重要指标。总之，上市公司年报不仅能够减少外部信息噪声，而且还可以提升企业信息质量。因此，年报在资本市场上扮演较为重要的中介角色，是资本市场重要的关注点（Feldman et al.，2010；Huang et al.，2014b；Baginski et al.，2016）。

年报语调是管理层向外界传递公司业绩一种形式，通过影响盈余管理（Lo，2017；王华杰、王克敏，2018）或者内部人交易（曾庆生等，2018）等方式，对当年的业绩产生一定影响。进而管理层会斟酌比较年报语调与管理层自利带来收益（王克敏等，2018）。由于年报语调受到业绩的影响更为明显，调整空间较小，就会迫使管理层放弃自利行为，进而通过语调规范了管理层行为。减少了管理层"短视"的发生，驱动管理层调整管理行为达到预期经营业绩。

语调的特性决定了其在缓解信息不对称方面会发挥较为重要的作用。而信息不对称最为严重的地方莫过于资金融通的市场，这就引出了本书的第一个研究——年报语调与外部融资。进一步来讲，创新又是以融资为先导的，本书进而引出第二个研究对象——年报语调与创新。而语调的可操控性会影响外部融资与创新，故本书关注了语调与企业自利行为的关系，选择了费用黏性作为研究的第三个对象。

本书的第一部分实证和第二部分实证分别从上市公司的外部融资和创新两种行为进行论证。如前所述，当年报语调发挥促进作用时，能够增加企业的外部融资和创新。如果上市公司年报语调相比其他同行业企业较消极时，公司的外部融资以及创新活动也相应减少。本书通过实证检验，识别出了年报语调对于上市公司外部融资和创新均表现为促进效应，证明年报语调对于上市公司有着积极的促进作用。第三部分分析了年报语调与管理层自利行为的关系，探讨了年报语调是否会降低企业费用黏性。对于管理层而言，企业的费用黏性，是获得自身"福利"的一种方式。在业务扩张期间所增加的管理费用及财务费用，是业务量下降后管理层所不愿舍弃的隐形福利。而年报语调又会以语调的积极或消极情感告知投资者，因此就会造成两方面问题。一方面，管理层需要权衡费用黏性和语调公布后所带来的收益。比较薪酬反馈与减少费用黏性得到实际利益、预期收益和当下收益的兑付时间。另一方面，年报语调的基础也是建立在公司经营业绩上，管理层为了达到预期的目标，必然会减少自利行为，因此从这个方面来讲管理层会主动放弃一些短视行为。本书通过实证检验，识别出了年报语调对于上市公司费用黏性表现出抑制效应。

（二）研究基本思路

本书以年报语调对于公司经营活动的影响为研究对象，遵循"现象发现—理论梳理及解释—实证检验—排除内生性干扰—机制探索—政策建议"的思路，对年报语调与公司经营活动及公司治理行为进行系统性研究。具体技术路线如下。

首先，简述国内外语调问题的研究角度，突出本书研究年报语调的意义，寻找相关理论基础和文献支撑。其次，一是从国泰安数据库以及相关网站获取所需公司基本信息资料和年报语调构建的基础数据，对相关的基础数据进行描述性统计分析。二是构建计量模型，识别年报语调对企业融资、企业创新、企业费用黏性的影响效果。即如何缓解企业融资约束、提升企业创新产出、降低企业费用黏性得到预期结果。进一步从样本异质性入手，考察企业内外部不同因素对结果造成的差异。三是探究年报语调与企业经营活动之间的内生性问题，主要使用工具变量法、得分倾向匹配法和 Heckman 两阶段模型法识别两者的因果关系。再次，对年报语调与企业经营活动的影响进行一系列稳健性检验后，探索年报语调对经营活动的传导机制。最后，根据实证结果提出本书的政策建议。

（三）研究方法

本书采用规范研究与实证研究相结合、定性分析与定量研究相结合的方法。具体如下。第一，文献归纳法。通过梳理归纳语调在资本市场的作用，引出语调对企业经营活动的影响，归纳总结出现实问题的理论渊源。分析得到需要本书解决的问题。第二，逻辑归纳法。本书运用逻辑演绎的方法，从信息不对称的角度出发，以企业基本的融资活动为逻辑的起点，分析年报语调对融资的影响，而由于企业创新离不开融资活动，进而推导出年报语调对企业创新活动的影响。从委托—代理关系的角度出发，寻找管理者重视年报语调的根源。进而研究管理层在面对费用黏性时，年报语调所起的作用。第三，实证研究的方法。通过运用年报语调数据以及公司融资、创新、费用黏性数据，通过实证检验的方法，验证年报语调对公司融资、创新和费用黏性的影响得出相关结论。本书所有的实证检验和计算均使用 STATA15 软件完成。

具体实证检验模型包括以下几种：第一，采用面板固定效应研究年报语调对公司融资的影响；第二，使用混合 OLS 回归研究年报语调对公司创新的影响，并采用公司层面聚类稳健标准误（Cluster）进行修正；第三，使用混合 OLS 回归研究年报语调对公司费用黏性的影响，并采用公司层面聚类稳健标准误（Cluster）进行修正。

除了主要实证分析，本书还从企业内外部异质性考察年报语调对企业经营活动的影响，以及从年报语调与经营活动之间内生性、稳健性角度分析其相互关系，此外，本书还探究了年报语调影响企业经营活动的潜在机制。

四　研究框架与结构安排

本书包括六个部分，即导论、理论依据、制度背景、三章实证、最后的结论及政策建议，各部分内容简述如下。

导论中分为五个部分，分别为研究背景与意义、文献综述、研究内容与研究方法、研究框架、创新。

第一章为年报语调对公司经营活动的理论基础与年报语调的相关背景情况。一方面，从市场有效性、信息不对称、委托—代理理论以及法与经济学的角度进行分析，挖掘年报语调对企业经营活动影响的理论基础，从而应用相关理论为研究提供分析框架。另一方面，对年报语调的背景情况进行介绍，主要分析年报语调在我国的发展、行业省份分布特点等。

第二章为年报语调对企业融资活动的影响。第一，引出年报语调与企业融资活动的问题。第二，根据理论基础引出本章假设。第三，对年报语调与企业融资进行实证检验。分析其异质性（分别从企业性质、企业规模、企业所处金融环境三个角度进行分析）。第四，在缓解年报语调与企业融资内生性并做相关稳健性检验后，探究潜在的机制（分别从分析师跟踪和内部控制两个角度进行分析）。

第三章为年报语调对企业创新活动的影响。第一，引出年报语调与企业创新活动的问题。第二，根据理论基础引出本章假设。第三，对年报语调与企业创新进行实证检验。分析其异质性（分别从企业性质、企业规模、企业市场化程度三个角度进行分析）。第四，在缓解年报语调与企业创新内生性并做相关稳健性检验后，探究潜在的机制（分别从分析师跟踪和融资约束两个角度进行分析）。

第四章为年报语调对企业费用黏性的影响。第一，引出年报语调与企业费用黏性的问题。第二，根据理论基础引出本章假设。第三，对年报语调与企业费用黏性进行实证检验。分析其异质性（分别从企业规模、企业透明度、企业所处市场环境三个角度进行分析）。第四，做完相关稳健性检验后，进一步探讨语调性质、媒体关注以及并购对实证检验的影响。

最后为本书的研究结论和政策建议的提出。本部分是对第二、第三、第四章主要结论进行的总结，并针对实证结果提出相应的建议，指出本书的不足之处以及未来可能延伸的方向。

本书的结构框架如图 0 – 1 所示。

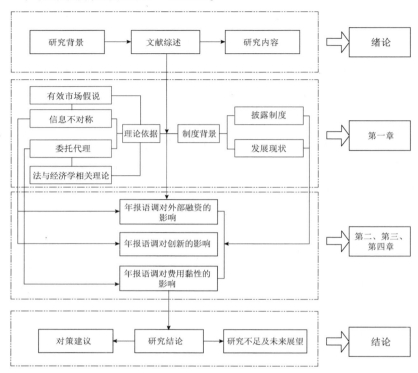

图 0 – 1　本书的结构框架

五　研究创新

第一，针对传统基于资本市场的语调分析，本书另辟蹊径从经营行为的角度来探讨年报语调对其影响，进一步深化了年报语调对上市公司经营行为影响的认识。以往文献主要围绕年报语调对资本市场的影响（Tetlock，2007；Feldman et al.，2010；Loughran and McDonald，2011；Baginski et al.，2016）。一方面，年报语调通过信息传递给投资者信心，增加了其持股比例，提升了股票价格，反映了企业未来业绩。另一方面，由于管理层可能会对语调进行操纵，语调往往会成为管理层利益博弈的最终结果，其语调本身的公信力受到质疑，那么其传递的企业信息就是"膨胀"的。这往往容易造成资本市场信息不对称。与以往文献的区别，本书没有继续关注语调与资本市场的关系，而是根据中国市场特点以及年报特殊的体例，考察年报语调对于企业经营活动的影响。这不仅可以深化年报语调对上市公司影响的认识，同时可以进一步了解我国年报语调对公司行为的影响。

第二，本书首次提出了年报语调对企业经营活动的"信号"效应。企业通过年报建立了与市场的联系。其信息在一定程度上反映了企业的内在需求，而年报语调能够具象地描述企业当前现状并形成"信号"。当市场中交易者接收到公司的"信号"时，会对公司年报语调进行解码，并根据解码结果作出相应的投资决策。当企业发出正面语调信号时，就会吸引投资者的目光。反之，当企业消极信号较多时，其外部经营环境也会给予消极反馈。本书研究表明，随着年报净正面语调的增加，企业的外部融资和企业的创新活动都有显著的提升。从而体现了年报语调的"信号效应"。本书不仅识别出信号效应的存在，而且丰富了关于融资和创新的相关文献。同时也为深入理解年报语调对经营活动的职能作用及作为公司外部治理机制存在的必要提供了帮助。

第三，本书提出了年报语调与管理层自利行为博弈关系的认识，以往研究都是从管理层如何影响语调这一方面进行研究的。但实际上，语调作为管理层可操控的对象会与管理层其他自利行为相互产生影响，那么语调会对于管理层其他自利行为产生哪些影响？现有文献还鲜有论述。本书选取费用黏性作为管理层自利的一个度量指标。研究年报语调对于费用黏性的影响。结果表明积极语调会抑制管理层费用黏性，从一定程度上反映了语调的监督效应。即管理层受到语调向外界传递声音的影响，其会在未来回报和费用黏性中进行博弈，并最终在语调的监督下放弃自利行为的实施。这一部分实证研究不仅有助于理解管理层在自利行为中的博弈，同时也为管理层"管理"语调提供了全新借鉴。

第一章　理论依据与制度背景

第一节　理论依据

一　有效市场假说

随机游走理论认为,证券价格水平的未来路径比一系列累积的随机数的路径更不可预测。用统计学的语言描述就是，连续的价格变化是独立的，是具有相同分布的随机变量。这意味着价格变化系列没有记忆，进而过去的价格不能预测未来的价格。

Kendall 和 Hill（1953）研究 22 种英国股票和商品价格序列时，得出结论："在以相当接近的间隔观察到的一系列价格中，从一期到下一期的随机变化是如此之大，以至于淹没了可能出现的任何系统性影响。数据的表现几乎就像徘徊在序列中一样。"价格变动接近零序列相关性的观察结果与经济学家已有的观点不尽相同，这些经验性观察也就成为"随机游走模型"的标签。

Fama（1965）的博士学位论文回顾了有关股票价格行为的相关文献，研究了股票市场收益的分布和序列依赖性，成为研究股票价格随机性的转折点。基于连续的价格变化是独立的，并且价格变化符合某种概率分布的假设。Fama 发现，连续价格变化的独立性与"有效"市场是一致的，也就是说，每个时间点的价格都代表内在价值的最佳估计。这反过来意味着，当内在价值发生变化时，实际价格将"即时"调整，其中瞬时意味着（其中包括）最初的实际价格将超过新的内在价值。而构成独立性的两个因素如下：一是反应灵敏的指数观测者之间利用价格变动的依赖关系进行竞争；二是复杂的分析师的存在，其中复杂性意味着既可以更好地预测与价格有关的经济和政治事件的发生，又可以评估此类事件对价格的最终影响的能力。因而从这个侧面讲，年报信息对于分析师的判断十分重要，它促使股票价格的波动。

有效市场假说是信息与资本市场的基础理论假说。Samuelson（1965）认为，"合理预期价格随机波动的证据"始于"在竞争激烈的市场上，每个卖方都有一个买家"的观察。如果人们能确定价格会上涨，那就已经上涨了。Samuelson 解释道："我们期望市场上的人们，为了追求渴望和明智的自我利益，会考虑到未来事件的那些因素。从概率的角度来看，这些因素可能被认为是将他们的影子投射在他们面前。"

Fama（1970）对有效市场理论和经验证据进行了全面的回顾，将有效市场定义为在可用信息交易中无法提供异常利润的市场。因此，仅当我们建立回报模型时，市场才能被认为是有效的。从此开始，市场有效性的检验成为市场行为和资产定价模型的联合检验。

一般而言，有效的股票市场是股票价格反映公司基本信息的市场。在这种情况下，公司的市场价值变化与公司内在变化相一致，而不一致会影响股票的交易。但即使投资者意识到这一变化，那么这种变化也不会立即反映到市场价格中（Koller et al.，2010）。Brealey 等（2012）将有效市场定义为不能获取高于市场回报的超额收益。换而言之，股票价格基本反映了公司的公允价格。

考虑到股票价格反映的信息以及交易能否促成超额收益，将有效市场分为三类，分别是弱有效市场、半强有效市场、强有效市场。在弱有效市场中，当前股票价格会反映过去与股票价格变化相关的所有信息。

这些信息包括先前价格、交易量等数据。基于上述信息，在股票市场中不可能获得超额利润。因此，如果市场是弱有效的，技术分析不会产生超额收益。在半强有效市场中，当前的股票价格不仅反映了历史价格的信息，还反映了所有当前公开信息，这些信息包括收购公告、股息支付，会计政策变化等。最后，在强有效市场中，呈现以下特征。一是信息得到充分反映。资本市场上的其他尚未披露的信息不会影响股票价格波动，只有未预期到的信息可能会影响其发生。二是信息及时有效。在信息发布时，信息能够及时传递，迅速反映到股票价格变动上。具体到投资者层面，就是以近乎零成本快速获取信息进行决策。三是理性人判断。理性经济人对公司股票进行基本分析，只需要考虑风险和收益的取舍，不考虑外生因素。因而这样的理性人也反映了一种平衡，即认为股价虚高和股价低估的投资者相等，如果不等就会有套利空间存在，那么投资者就会通过买卖股票使得二者相等。当前股票价格反映了所有可能公开的信息。这种市场效率形式意味着在内幕信息交易中赚取超额利润是不可能的。

强有效市场保证了价格不会偏离公司价值并且市场套利机会消失，而提高市场的有效性最根本就是要解决证券价格形成过程中在信息披露、传递以及反馈三个方面所出现的问题。其中最重要的就是要解决信息披露问题，这是信息的源泉。只有解决了信息披露问题，才会让其他环节得以正常进行，如信息解读。只有及时准确地披露信息，投资者和分析师才可能作出正确的判断。由此来看，信息披露才是建立有效资本市场的基础。

证券市场的投资者和上市公司得以沟通的桥梁是年报。因此，年报作为信息中介，对投资者和上市公司"沟通"起到了重要作用。那么年报语调作为信息风向标，一旦保证了语调在资本市场中的传递效率，势必对整个资本市场的效率起到关键性作用。

通常上市公司的管理人员比市场更有优势预测公司的某些情况，这会在公司与市场之间产生信息不对称。所以需要信息披露来缓解信息不对称性。Core（2001）认为，对于没有增长机会的公司而言，强制披露足以降低公司的信息不对称性。由于该类公司不需要外部融资，且诉讼、激励和专有成本较低，因此几乎不需要自愿披露。对于具有高增长机会的公司，强制披露可能带来较高的信息不对称。因为对于这些公司而言，通过自愿披露来减少信息不对称是最佳的，并且最优化是根据强制披露的质量与上述提到的成本来权衡确定的。所以高增长公司使用更多的是自愿披露，但他们可能仍然比低增长公司有更大的信息不对称。

Verrecchia（1982）检验出公司披露的公共信息是私人信息的完美替代品。他表明，投资者选择购买的昂贵私人信息的数量通常会减少公司披露的公共信息量。因为每个财务报告都代表了从私人信息中获利的机会，因而更高的报告频率鼓励知情交易者获取私人信息，从而增加信息不对称性。一系列理论文献表明，公开披露通过为投资者提供平等的信息获取途径来减少信息不对称（Fu et al.，2012）。Diamond（1985）也同时发现，当公司公开披露信息时，投资者获取私人信息的动机就会减少。当投资者对公司的价值存在差异化时，就会出现信息不对称，而拥有优质信息的投资者可以牺牲其他投资者的利益进行盈利交易。为了弥补这些预期损失，不知情的投资者将要求回报溢价。根据 Merton（1987）投资者的认知假设，投资者对他们了解的公司或他们可以评价判断的公司更有可能进行投资。较高的披露质量进一步减少了信息不对称，提高了公司的知名度或降低了处理公司特定公共信息的成本，进而会使得公司股票在不知情的投资者中进行更多交易（Brown and Hillegeist，2007）。

Healy 和 Palepu（2001）认为，公司披露对有效资本市场的运作至关重要。公司除了受监管披露的财务报告，一些公司还进行自愿交流，如管理预测、分析人员的介绍和电话会议、新闻稿和其他公司报告提供披露信息。此外，金融分析师、行业专家和金融媒体等信息中介机构也会对公司进行适当的披露。而年报作为监管披露中缓解信息不对称的重要桥梁，能够及时为市场上的交易双方提供信息。年报语调作为年报信息的风向标，可以更直观、更高效地反映信息内容，对于提高市场效率意义重大。

在尚未达到强有效市场的阶段，股票价格尚不能完全反映所有信息，上市公司和投资者之间就会出现信息不对称。由于收集上市公司私有信息的成本较大，对于普通中小股东而言，翻阅上市公司的年度报告是了解企业信息的重要途径。即使对于年报信息掌握不充分的投资者，分析师也会通过专业地解读分享企业的信息。与此同时，证监会规定，"在每个会计年度结束之日起4个月内将年度报告全文刊登在中国证监会指定网站上；同时将年度报告摘要刊登在至少一种中国证监会指定报纸上"①，这样媒体也会充分披露企业的信息，起到监督作用（孔东民等，2013）。

而不论是分析师或是媒体，其发布信息的根据依然是年报。年报中的语调是非数字信息中最为重要的部分。分析师和媒体通过深挖年报中所蕴藏的语调信息，减少企业和市场的不对称性，并最终将信息传递给投资者，提高市场效率（代昀昊，2015）。

二 信息不对称理论

Hayek（1945）认为，市场是一个整体，不是因为所有市场成员都对整个市场均有所了解，而是因为它们有限的单个视野有足够的重叠性，因此通过许多中介机构可以将相关信息传达给所有人。一个可能的情形是，一个人所拥有的所有市场信息都来自分散在参与市场过程中的其他人所供给的信息。而如果将价格系统视为一种传达信息的机制，

---

① 中国证监会第21号公告《公开发行证券的公司信息披露内容与格式准则第2号——年度报告的内容与格式（2014年修订）》，发布日期：2014年5月28日。

这种机制当然会随着价格的上涨而变得不那么完美，以至单个参与者不知道需要多少信息才能采取正确的行动。因此，市场中所面临的问题不再是资源优化配置，而是如何使人们充分掌握信息并利用信息配置资源。

Arrow 和 Debreu（1954）认为，竞争均衡或瓦尔拉斯一般均衡符合帕累托最优状态。若对初始收益进行适当的再分配，任何具有帕累托效率的配置都能达到瓦尔拉斯均衡。而以上的结论必须满足信息条件假定，即经济活动中的行为人拥有相同的信息量即完全信息。然而这样的完全信息一般是不存在的。

Harsanyi（1967）将不确定性条件下的选择转换为风险条件下的选择，这样在参与人并不知道它的具体选择是什么时，可以知道各种选择的概率分布。所以就解决了行为人在不知道对手的情况下定义规则的无意义。那么根据海塞尼转换，行为人拥有私人信息，使不完全信息转换成完全但不完美信息来处理。根据海塞尼的方法，所有社会参与人的类型都是给定的。其他参与人虽然不知道真实参与者类型，但是可以知道这些参与者类型的概率分布，而这种概率是公共知识。而依据这种公共知识，意味着投资者可以清楚地知道厂商封锁坏消息所得到最大收益和最小收益，而且也意味着厂商知道投资者知道这一概率。这样就从阿罗的完全信息转到了能够解释大部分经济现象的信息不对称。在海塞尼转换的基础上，他又提出了贝叶斯纳什均衡，即在不完全信息静态博弈中，同时参与博弈的双方，没有机会观察到对手选择。对于给定对手的选择，每个参与人的最优选择依赖于自身战略。由于参与者知道对手策略的分布概率，而不知道对手真实的策略类型，所以参与者不会知道对手会选择怎样的策略。但是参与者可以预测其他对手的选择与其所拥有策略选择的关系，进而在给定自己的选择条件以及参与者类型与策略选择关系条件下，使得自己期望效用最大化。这样也就找到了不对称信息的均衡点。

Akerlof（1970）认为，在许多市场中，买方使用一些市场统计数据来判断预期购买商品的质量。在这种情况下，单个卖家有动机去销售劣质商品，因为高质量的市场统计数据出自整个群体，而不是单个卖家，结果整个市场就会趋向于降低平均商品质量。所以应该认识到，在这些市场中，社会收益和私人收益是不同的。因此，在某些情况下，政府干预可能会增加各方的福利。信息不对称的一方会因为缺乏信息或信息不完整而丧失交易信心，那么这对于交易双方来说，成本都是巨大的。以阿卡洛夫的旧车市场为例，经过卖家包装的两类二手车的车价，与原来实际车价产生了巨大的信息差价。当买主没有通过旧车市场买车时，或许会产生一个较为公平的交易。原车主可能得到比旧车市场更高的出价，同时买家的出价也可能较低。而随着交易的发生，买家认为自己总是处于交易的不利位置，因此故意压价，就使得交易无法完成。而在这种情况下，旧车交易市场的卖家以低价满足买家，但旧车质量越来越差，使得交易难以继续。那么对于旧车市场中的卖方来说，如果可以提高产品质量（不卖名实不副的二手车），长此以往就能得到买家信任，降低交易成本；而买主也可以通过类似的策略买到可信任的二手车。

在例子中，旧车市场中质量较好的二手车会被质量较差的二手车排挤出市场，进而市场中充斥着大量的低质二手车，这就是由于买卖双方信息不对称造成的市场价格下跌，继而引起低质商品驱逐优质商品，从而导致市场成交量下跌、引起逆向选择。此外，旧车市场中，还存在大量的道德风险问题。简单来说，就是由于卖家机会主义行为带来的更大风险。由于买方在签订买车协议时，不能观测和监督到卖家的隐匿行为或不作为，从而有利于卖方做出损害买方行为的发生，导致买方利益受损。

Spence（1973）提出信号传递模型，这实际是一个动态不完全信息博弈。参与方有两个人，一个是信息发出者，一个是信息接收者。

信息发出者通常拥有信息接收方所没有的私有信息。信息接收者的行动函数通常与信息发出者的信号相关。而从柠檬市场中，我们已经看到非对称信息会导致效率的损失，如果商家有坏车包赔损失的规定，即付出一定成本后，这样的信号可能有助于克服市场无效率。这也意味着信息传递是有成本的。而且行为人在传递信号中所发生的成本是不同的，这样才保证了信号传递的有效性。正如 Spence 所举的例子，受教育的成本与能力负相关；一个人接受教育水平的多少可能同时揭示出他的工作能力，但是公司可能无法获得其相应工作能力。然而，企业可以通过向受教育程度不同的个人支付不同的工资来影响个人的教育选择。

Stiglitz（1986）发现，由于市场、信息、竞争的不完全，使得市场机制很难达到帕累托最优。而由于现实中市场失灵的基础是市场不完备、信息不完全、竞争不完全，因而市场失灵的原因不再局限于外部性等问题。所以弥补市场失灵，需要政府干预市场。Stiglitz（1987）认为，价格作为市场信号可能影响市场参与者的行为。在信息不对称的情况下，价格可能会引起需求的变动。一个典型的例子，投保者支付的价格更高，其发生意外的可能性更大。保险公司可以将投保者按意愿支付的价格将其分类，使其选择不同的保险。在信息甄别模型中，非对称信息使得市场失灵，偏离最优的市场均衡水平。

Hellwig（1980）认为，通过市场进行交流依赖于大量独立信息源的存在。由于偏好的差异，均衡价格通常不是"有效"信息的汇总者。所以每个交易者对价格的影响可以被忽略，因此这种低效率是无关紧要的，那么市场中均衡价格就依赖于信号的均值和噪声交易者的需求。所以推想市场中的"旧车"卖家，旧车的价格必然包含了其自身的噪声，而买家在购买旧车时，通过不断地询价（市场足够大，同质产品足够多）会自动得到一个"合理"的均衡价格。显然价格信息的有效性（买车人询价的结果）来自有效信息的多少（有效卖车者的信息）。

信息的价值不在于解释信息存在的意义，而在于说明它和企业生产要素一样，需要被纳入核算的框架。在现代经济中，信息反映了商品的价格，价格是经济信息的中心。社会资源配置本质上是以价格信号为基础，那么信息也就决定了经济生活中人们的博弈过程，任何一方占据了信息的制高点，就会获得相应的利益诉求。

信息不对称在公司研究中的应用由来已久。由于利益博弈的焦点一致，投资者和公司管理者信息不对称的矛盾日益加深。公司为了扩大规模、缓解融资约束，向市场寻求资金支持。投资者为了使得自身的资产保值增值，为企业提供资金支持。因而企业与投资者构成了博弈的双方。首先，投资者需要了解企业的实际经营情况和未来发展方向，避免一味接受企业发出的信息而造成投资错配。然而信号是有噪声的。一方面，企业的管理者通过年报以及各种信息披露，释放出积极信息以吸引投资者的关注。另一方面，由于监管法规和相关法律要求，不能完全披露所有信息，因而财务报表的分析就成为企业价值活动探索的重要领域。其次，企业披露信息给投资者，其信号不可避免地受到内部其他信息的干扰。面对企业内部复杂的委托—代理关系，管理层为了达到业绩要求，通过操作财务报表、虚增收益，继而释放了企业虚假的信号。此外，管理层还会受到外部监督（分析师、审计师、机构持股等）并且鉴于对监管的忌惮，因此可能释放出较为公允的信息。在资本市场中的投资者由于信息混杂，难免会出现逆向选择。而一旦投资者将资金注入企业，管理层可能会引发资金用途的道德风险，把应该用于投资净现值较高的项目的资金挪作他用，导致了投资者因信息不对称造成投资风险。

本书研究的是年报语调对公司经营行为的影响。因此，信息不对称是理论基础。公司意图通过积极的年报信息吸引投资者注入资金缓解企业融资困难的窘境，进而增加企业创新。年报语调，一方面，解释了企业经营业绩的现状（会计实务），另一方面反映了管理层和董事会对企业未来发展的态度，进而缓解了企业部分信息不对称造成的经营困难。作为企业信息的接收者，投资者是年报最主要的受众；而复杂冗长的披露信息，使得年报较低的可读性阻碍了投资者进一步了解企业。而年报语调作为年报非数字信息的情感倾向，在避开复杂会计信息的同时，可以直接让投资者掌握公司未来发展前景，从而缓解了信号发出者（企业）的噪声。

三　委托—代理理论

随着生产力的发展，社会分工进一步细化，企业所有者由于能力、精力、知识等原因无法继续管理企业。而专业分工产生了一批具有相应能力的代理人，他们的知识及精力可以满足委托人的需求并行使委托。但在委托—代理关系中，由于委托人和代理人利益诉求不同，即委托人追求委托事项的利益最大化，而代理人追求的是自己的工资收入、休闲时间的最大化，这必然导致了二者的冲突矛盾。因此，产生了委托—代理冲突。

委托—代理理论的基础是非对称信息博弈论，而非对称信息就是前述的信息不对称，进而我们从时间上区分非对称信息所影响的委托—代理类型。即发生在委托人和代理人签订合同之前的，称为逆向选择。由于市场中向委托者发出信号的代理人较多，因而委托人较难分辨出符合要求的代理人（私有信息），进而发生了逆向选择；而发生在签订合同后的，称为道德风险。它是指代理人在信息不对称条件下，按照现有合同不承担相应经济行为的全部后果，最大化自身利益，而损害委托者利益的行为。此外，从非对称信息内容中看，还可分为隐匿行为和隐藏知识。

亚当·斯密在《国富论》中提到："［股份制］公司的经理人，使用别人的钱而不是像使用自己的钱那样仔细。就像有钱人家的管家一样，注重小事，而不注重主人的荣誉。因而疏忽大意总是在公司的事务管理中占据上风。"

Means（2017）在《在现代公司和私有产权》中提到，股东已经将其私人所有权的法律地位换成了资本收益的接受者。董事和经理的利益可能与公司所有者的利益有所不同。公司通过扩大所有权来实现所有权和控制权之间的分离，贝雷尔和梅因斯称之为准公共公司。其主要特征是其庞大的规模及其对公开资本市场的依赖。两权分离消除了所有者对管理权所产生的制衡。凭借这种强大的权力，管理层更加重视追求自己的利益，而忘却所有者的利益。Alchian 和 Demsetz（1972）同样认为，在一个以自我利益为中心的世界中，有价值的资源的所有者系统地将控制权交给了管理者是错误的。委托—代理问题初见端倪。

Jensen 和 Meckling（1976）将代理关系定义为一种合同，根据该合同，一个或多个人（委托人）委派另一个人（代理人）代表他们执行某些服务，这涉及将某些决策权限委派给代理人。如果关系的双方都是效用最大化的人，则有充分的理由相信代理人不会总是为委托人的最大利益行事。委托人采取适当的激励措施来限制与代理人的分歧，并通过花费必要的监督成本来限制代理人的异常经营活动。此外，在某种情况下，委托人支付一些特殊事件的绑定成本以保证代理人不会采取某些可能损害委托人的行为，或者确保代理人如果采取这种行为将得到补偿。但是即便如此，也很难确保代理人从委托人的角度作出最佳决策。而随着经理的所有权要求下降，经理人投入大量精力进行创造性活动（如寻找新的盈利点）的动力也随之下降。实际上，经理人避免这样的创新活动，仅仅是因为他们需要花费大量的精力来管理或了解新技术。但是为了避免个人成本和随之而来的焦虑，就在客观上造成了公司的价值大大低于其应有价值的情况。

Fama（1980）认为，所有权和控制权的分离可以被解释为"合同"视角下，经济组织的一种有效形式。即管理和承担风险，在公司的合同中自然分离。由于公司受到来自其他公司竞争的影响，这在客观上有效地监督了整个团队表现及成员个体的绩效。尤其是经理人面对来自市场内外部监督时，鉴于竞争在经理人劳动力市场中的作用，当企业的薪酬体系对绩效不敏感时，企业就会失去管理者，而最优秀的人才会最先离开。他认为，经理人劳动力市场实行的工资修订程序相当于经理为他过去的表现而进行的全部事后调整。这就为公司所有权和控制权分离后的管理层激励问题找到了答案。

Fama 和 Jensen（1983）发现，代理问题中决策过程很重要。由于发起和执行重要决策的决策管理者不是主要的剩余索偿人，因此在决策财富影响中所获得的份额较小。如果没有有效的控制程序，此类决策管理者将更有可能采取偏离剩余索偿人利益的行动。决策的控制（批准和监视）与决策的管理（发起和实施）分开，意味着个体代理不能对同一决策行使管理权和控制权。决策管理、控制的扩散与分离之所以有好处，是因为它们允许将有价值的知识用于决策过程中最相关的环节，并有助于控制分散剩余索偿的代理问题。在复杂的组织中，分散剩余索偿的收益以及将决策功能与剩余风险承担分离的收益通常大于它们产生的代理成本，这其中还包括将决策管理和控制分开的机制成本。

Costa（1986）从项目风险的角度研究委托—代理问题。当经理必须选择是否委托有风险的项目时，如果没有适当的激励措施并且当项目失败会给经理人带来负面信号进而损害经理人未来收益时，经理人可能会拒绝具有正预期利润的项目。张维迎等（1995）从企业结构中发现，初始委托人的最优监督积极性和最终代理人受监督下的最优工作努力都随共同体规模的扩大而严格递减。对于一定规模的经济而言，所有权共同体的分割将使委托人的监督积极性和代理人监督下的工作积极性大大提高。这是由于对剩余利益没有直接贡献的监督人员减少的缘故。McAfee和 McMillan（1991）同样发现，在一个团队中，由于团队产出是线性的，无论监督个体还是团队，其效果是一样的。因而个人贡献的不可观测性并不一定带来搭便车问题，对代理人的监督实际是约束了委托人自身的行为，而非代理人的行为。

现代企业所有权和经营权的分离，使得经营层有更大的权利。在向外界暴露公司信息时，其委托—代理问题也尤为严重。首先，作为职业经理人考虑到股东以及监管的要求，应当如实完整地披露公司相关信息。其次，作为代理人有自身的利益诉求。因此，可能会通过对信息的不完全地披露抑或虚假披露，达到与委托人的合同要求，进而获取高额薪酬。最后，分析师、媒体等外部预期，会增加披露的压力，进一步管理层为了"达标"，会通过"合理"的披露达到预期。而从效果来看，无论管理层出于后两种的哪一个原因进行披露，都会危害到投资者的切身利益。而年报语调作为以一定会计实务为基础的非数字情绪表达，使得管理层在语调操纵中的空间不断缩小。因此，年报语调可能会抑制管理层的自利行为。

四　法与经济学相关理论

立法和司法保障了稀缺资源分配的公平性，因而法律活动要以资源合理配置、效用最大化为目的，那么基于这样的论断，法律活动也可以用经济学的分析方法作为指导。法律是调整人们相互关系的行为规范，所以很难定量分析，而经济学本质上是实证的科学。在法律与经济学日益密切的社会背景下，学者开始意识到这种特殊关系，对法律的经济学分析可以从定量的角度，使人们了解彼此的经济行为及效率差异，从而有助于法律制度的改革，并最终实现利益最大化。

作为法与经济学初创时的重要代表人物罗纳德·科斯（Ronald H. Coase），曾在其经典之作《社会成本问题》中提到："如果经济活动仅是以获得的价值大于失去的价值衡量，那么显然这个活动是合理的。但是，在个人决定与社会合约之间进行选择时，我们必须牢记，对现有制度的改变会导致某些决定的改善，也很可能导致其他决定的恶化。此外，我们必须考虑到运行各种社会合约所涉及的成本（无论是市场运作还是政府部门运作），以及迁移到新社会合约中所涉及的成本。在设计和选择社会合约时，我们应该考虑整体实施效果。"（Coase，1960）后来学者将科斯的观点精炼为，当产权明确或者交易成本为零时，无论将财产权赋予谁，市场均衡总是有效率的。因而会实现帕累托最优。而当交易成本不为零时，不同的产权界定会导致不同的资源配置结果。

理查德·A. 波斯纳（Richard Allen Posner）在其《法律的经济分析》中提到，所有法律活动（立法、执法、司法、诉讼）和法律制度（公法制度、审判制度）的最终目的就是最大限度利用自然资源和最大限度增加社会财富（Posner，2014）。因而市场交易保证了资源向更高价值的财富转移。而在交易过程中会存在行为人的机会主义动机，而契约法有效阻止了交易一方采取的机会主义行为。

公司在资本市场中的表现，取决于市场中利益相关者对公司的信任程度。而公司的信息披露，是其获得市场信心的重要保障。参与市场交易的投资者也会更加依赖企业发布的信息。因而信息成为投资者和企业的重要纽带。由于信息的稀缺性（公司个体所产生）和独特性，企业试图通过控制信息使其效益最大化，在理论上可行的。由于投资者处于被动接受信息方，因此按照波斯纳的观点，企业在信息交换的过程中可能发生机会主义行为。这种行为也的确在实际资本市场中经常发生。所以，为了避免和减少公司披露信息的机会主义行为以及保护投资者的合法权益，我国在 1993 年通过的《中华人民共和国公司法》以及 2006 年通过的《上市公司信息披露管理办法》分别在法律法规方面，最大限度地抑制了公司在信息披露中的信息不对称、保护了投资者的合法权益。从科斯的角度看，产权规定得越清晰，所节约的社会成本也就越多。当投资者获得公司信息后，却没有看到想要获取的信息，如果法律本身没有作出相关规定，那么投资者则会与公司就信息披露的问题陷入无休止的争论。但是一旦有明确的法律规定，那么投资者与公司的争论也就可以停止了。所以产权越清晰，争执的可能性越低，交易成本也就越小。

La Porta 等（1998）从法律保护投资者的角度，发现当公司的管理者为自己的利益行事时，与证券市场相关的权利就变得至关重要。这些权利赋予了投资者从经理那里获取投资收益的权力。股东收到股息是因为他们可以将不支付股息的董事投票出去。所以对于股东而言，涉及投票权以及参与公司投票的便利性的法律保护尤为重要。但全世界的执法差异很大，因而会计准则成为判断投资者保护法律执行力度的重要标尺。此外，各国也会为弱投资者保护环境寻找一种替代机制，如强制性股息等。同时，对投资者保护较差的另一种适应性应对措施是所有权集中。他们发现，所有权集中度越高的国家，法律对投资者的保护程度也越弱，这与他们的实证证据相吻合。而法律环境（法律规则以及法律执行）对于一国资本市场的规模和发展程度至关重要。良好的法律环境可以保护潜在的金融家免受企业的侵害，因此投资者参与资本市场的意愿被提高从而扩大了资本市场的规模（La Porta et al.，1997）。

La Porta 等（2000）发现，在某些国家中，强有力的投资者保护可能特别重要，财产权会得到极大的保障，进而可以免受政治干扰。强有力的投资者保护提高了公司治理有效性，在分散的股份所有权以及公司间资本的有效分配中体现得淋漓尽致。与此同时公司也会受到投资者保护进而提高盈利能力。La Porta 等（2002a）认为，当外部投资者的权利受到法律更好地保护时，他们愿意为股票和债务等金融资产支付更高的价格。他们之所以付出更多，是因为他们认识到，有了更好的法律保护，该公司的更多利润将作为利息或股利返还给他们，而不是由控制该公司的企业家所征用。通过法律对企业家征收的限制，提高了公司证券在市场中的价格。反过来，这使更多的企业家可以从外部为他们的投资筹集资金，进一步也扩大了市场规模。但是他们也谈到改善投资者保护是一项艰巨的任务。在某种程度上，投资者保护的性质以及更普遍的金融市场监管本质深深地植根于每个国家的法律结构及其法律渊源。边际改革可能无法成功实现改革者的目标。从我国的实践来看，证监会始终把对投资者的保护作为重要职责，公司治理的乱象也在投资者保护的过程中逐渐消除，这间接提高了公司治理的水平。而其中最为重要的是使信息披露制度不断完善，使投资者保护进一步加强，从而间接保障了年报语调的客观性。

第二节　制度背景

一　信息披露的界定

（一）信息披露内容

信息披露主要是指公司以招股说明书、上市公告书以及定期报告和临时报告等形式，把公司及与公司相关的信息，向投资者和社会公众公开披露的行为。上市公司信息披露是连接投资者和企业以及市场的信息桥梁。投资者对上市公司信息的获取也主要是通过从企业披露的各类临时公告和定期报告中获得。投资者在获取企业披露的这些信息后，作出投资抉择。因而信息披露对投资者的投资至关重要。由于公司所处发展阶段的不同，以及入市核准及相关法律的规定的不同。本书梳理了上市公司信息披露的主要内容，从表1－1中，不难发现，定期报告对于投资者长期投资具有重要的参考价值，而其中的年度报告更是重中之重。

表 1-1 上市公司信息披露主要内容

信息类型	披露时间	信息主管机构	信息披露内容	信息法规制定机构
发行信息披露	公开发行前	证监会	招股说明书	证监会制订细则
			上市公告书	
			配股说明书	
	上市后的定期报告	证监会和证券交易所	季度报告	
			半年度报告	
			年度报告	
持续信息披露	上市后的临时报告	证监会和证券交易所	重大事件	交易所制订细则
			合并报告	
			收购公告	

　　年报（Annual Report）是上市公司每一个会计年度对其报告期内的生产经营概况、财务状况等信息进行披露的报告，是上市公司信息披露制度的核心。一般而言，上市公司年报披露包含的基本内容大致相同，其基本格式也有统一的规定。根据中国证监会 2017 年 12 月 26 日第 17 号公告《公开发行证券的公司信息披露内容与格式准则第 2 号——年度报告的内容与格式（2017 年修订)》，企业年报应该包括以下内容：重要提示、目录和释义，公司简介和主要财务指标，公司业务概要，经营情况讨论与分析，重要事项，股份变动及股东情况，优先股相关情况，董事、监事、高级管理人员和员工情况，公司治理，公司债券相关情况，财务报告，备查文件目录。根据 2017 年修订的 2 号准则，第九条规定，公司年度报告中的财务报告应当经具有证券期货相关业务资格的会计师事务所审计，审计报告应当由该所至少两名注册会计师签字。所以审计事务所是年报编制的外部单位。根据第十四条规定，公司董事会、监事会及董事、监事、高级管理人员应当保证年度报告内容的真实、准

确、完整。所以年报编制的内部人员包括上述董（监）事会人员。

因此，年报的构成从形式上较为规范，但从编写人员来看较为复杂，这就不难解释年报所传递的公司信息为何在资本市场中总频频"变脸"。近年来，随着证监会对于信息披露问题的高度重视，净化了信息披露的环境。所以就整体看，年报在一定程度上缓解了上市公司和投资者之间的信息不对称。

（二）信息披露原则

2004 年 1 月 31 日，国务院印发《关于推进资本市场改革开放和稳定发展的若干意见》[①] 中明确提道："强化上市公司及其他信息披露义务人的责任，切实保证信息披露的真实性、准确性、完整性和及时性。"2006 年新修订的《中华人民共和国证券法》[②] 第六十三条规定，"发行人、上市公司依法披露的信息，必须真实、准确、完整，不得有虚假记载、误导性陈述或者重大遗漏"。这就从政府规范和法律要求的角度为信息披露的基础奠定了基调。

具体来讲，披露的真实性是信息披露的首要原则，真实性要求发行人披露的信息必须是客观真实的，而且披露的信息必须与客观发生的事实相一致，发行人要确保所披露的重要事件和财务会计资料有充分的依据。完整性要求所披露的信息在数量上和性质上能够保证投资者形成足够的投资判断意识。准确性原则则要求发行人披露信息必须准确表达其含义，所引用的财务报告、盈利预测报告应由具有证券期货相关业务资格的会计师事务所审计或审核，引用的数据应当提供资料来源，事实应充分、客观、公正。此外，证监会鼓励公司结合自身特点，以简明易懂的方式披露对投资者特别是中小投资者决策有用的信息，但披露的

---

① 国发〔2004〕3 号印发《关于推进资本市场改革开放和稳定发展的若干意见》，发布日期：2004 年 1 月 31 日。

② 《中华人民共和国证券法》已由中华人民共和国第十届全国人民代表大会常务委员会第十八次会议于 2005 年 10 月 27 日修订通过，自 2006 年 1 月 1 日起施行。

信息应当保持持续性，不得选择性披露。① 这就为年报语调的真实性，准确性奠定了基础。

然而在披露原则和法律法规指引下，公司信息披露违规仍屡禁不止，一方面，企业通过虚构业务，虚增资产，收入及利润"吸引"投资者。另一方面，出现了应计提不计提，"业绩洗澡"等问题，导致了信息披露失真。监管部门对此进行了重拳出击，典型事例是珠海市博元投资股份有限公司和江苏雅百特科技股份有限公司因触及重大信息披露违法情形被强制退市。② 与此同时2018年颁布的《关于修改〈关于改革完善并严格实施上市公司退市制度的若干意见〉的决定》规定了重大信息披露违法、欺诈发行或其他涉及国家安全等领域的重大违法行为，将被强制退市。

（三）年报在我国的发展

我国年报的规范化发展是随着资本市场发展而发展的，从1991年开始，证券市场刚刚成立，投资者和市场在信息传递方面存在诸多不规范现象。证券分析师往往充当了信息传递的"入门指导"（代昀昊，2015），在此阶段人们忽略了信息的真实来源。资本市场上的异象也频出，在这种环境下，年报信息受到扭曲。

规范阶段（1991—2001年）。2001年上交所颁布了《上海证券交易所上市公司信息披露工作核查办法》，标志着年报信息的规范性被监管部门所重视。在核查办法的具体操作中，着重关注了年报文稿是否存在虚假陈述、是否存在关键数字信息的错误、是否存在重大遗漏等关乎年报准确性及完整性的重要指标。

完善阶段（2001年至今）。《公开发行证券的公司信息披露内容与

---

① 证监会证监会公告〔2017〕17号《公开发行证券的公司信息披露内容与格式准则第2号——年度报告的内容与格式（2017年修订）》。

② 具体参见《上市公司年报披露进入密集期证监会将强化监管防乌龙》，搜狐焦点，2019年3月25日，https://xianyang.focus.cn/zixun/dbb0145e63cf8733.html。

格式准则第 2 号——年度报告的内容与格式》作为影响年报内容与格式的编制规范，随着时间推移几经修改。2001—2017 年①经过 10 次修订，年报逐渐成为资本市场重要的信息载体，自此我国证券市场的年报也进入标准化阶段。一方面，年报规范性逐步加强；另一方面，受披露制度的影响，年报披露越来越细化，年报越来越"厚"。投资者从年报中获取信息也更需要耐心和专业的解读；而语调可以为投资者在信息复杂的年报中抽丝剥茧，帮助投资者迅速厘清公司业绩和发展前景。

年报按照证监会规定的《上市公司行业分类指引（2012 年修订)》，可以分为 13 个门类、90 个大类。其种类繁多，内容涉及广泛。对于投资者来说，阅读规范专业的年报显然具有难度。此外，由年报引申出来的分析师调研报告以及新闻媒体等评论，对投资者接受信息的能力同样提出了巨大挑战。针对年报有可能趋于复杂化的趋势。早在 2003 年修订的《年度报告的内容与格式》第六条已经规定："在不影响信息披露完整性和不致引起阅读不便的前提下，公司可采取相互引证的方法，对相关部分进行适当的技术处理，以避免不必要的重复和保持文字简洁。"2015 年修订《年度报告的内容与格式》第三条进一步说明"鼓励公司结合自身特点，以简明易懂的方式披露对投资者特别是中小投资者决策有用的信息"。这些规定都为年报的简明易读铺平了道路。

（四）年报与市场主体的关系

上述部分明确了年报的概念、年报的发展。这一部分结合年报服务的对象进一步明确了年报与各市场主体的关系。

1. 年报与分析师

证券分析师通过分析年报发布研究报告，在投资者和企业之间起到了信息传递的作用。Frankel 等（2006）认为，分析师是资本市场中占

---

① 其他修订年份分别为 2003 年、2004 年、2005 年、2007 年、2012 年、2014 年、2015 年、2016 年。

主导地位的信息中介。由于年报可读性差，分析师可能面临两类问题。首先，可读性差的年报可能导致信息混淆，要求分析师在获得评估和解释年报的额外信息时会产生更大的私人搜索成本。其次，由于复杂性高的年报可能导致不准确的预测和建议，从而对分析师的职业生涯产生不利影响。Lehavy 等（2011）发现，10 - K 文档中包含了大量的书面交流或叙述，年报可读性就会对分析师预测产生影响。进一步讲，对于 10 - K 年报可读性较差的公司来说，分析师需要花费大量时间去生成信息量更大的报告。此外，不可读的 10 - K 年报的盈利预测准确性更低并且不确定性更高。因此，年报的信息对分析师会产生巨大的影响。

2. 年报与投资者

我国资本市场上，中小股东占有很大比例，对于获取上市公司的信息有着强烈的意愿。中小股东直接获得上市公司的信息较为困难。因此，年报就成为中小股东获取公司信息的直接方式。Luo 等（2018）认为，由于所有权和管理权的分离，使得年度报告等信息披露成为管理层与外部利益相关者（如股东）之间的重要沟通桥梁。外部投资者和少数股东可以通过年度报告了解公司的财务状况、业绩和现金流量，从而评估公司成长性和管理能力，但是年报受到管理者操纵较为普遍。Bloom-field（2002）认为，不太可读的年报难以被投资者理解，因为它要求投资者投入更多的时间和精力来识别和提取相关信息。进一步讲，由于投资者可能并不具备完整的财务和金融知识，所以对于信息的反馈有时滞。You 和 Zhang（2009）提供的证据表明，投资者对 10 - K 文件中提供的信息反应不足，而这一影响对 10 - K 报告更为复杂的公司更为明显。

与中小股东不同，大股东往往与公司有着特殊的联系。一方面，大股东作为公司外部监督的重要力量（Shleifer and Vishny，1986）。另一方面，大股东又是公司利益的重要受益者。因此，大股东往往会侵占小股东的利益，掏空公司价值（Claessens et al.，2000）。那么年报作为大股东自身利益博弈的焦点，需要考虑更多的问题。首先，对于外部投资者而言，考虑到对公司未来的影响，大股东可能会与管理层"合谋"。其次，出于对自身利益的保护，大股东会通过自身的渠道来获得相应的信息以避免损失。

3. 年报与管理者

管理层是年报编制的重要参与者。Eugene 和 Kare（1992）认为，管理层可以通过发布年度报告减少股东对公司不确定性信息的疑虑，进一步让员工、债权持有者、供应商放心其经济利益在公司是安全的。由于年报直接体现经营业绩，因此，管理层有动机去进行年报可读性操作。王克敏等（2018）认为，管理者出于自利的目的通过操纵年报的复杂性，进一步隐藏关于公司和自身的坏消息。其目的是增加投资者解读成本，使得投资者无法看清公司真实的业绩。曾庆生等（2018）认为，内部人可能通过语调的操纵误导投资者，营造有利的股票交易环境。

（五）年报内容中涉及语气的部分

与曾庆生等（2018）的观点一致，本书未选择 MD&A 部分基于两点。第一，证监会发布的年度报告的内容与格式 2012 修订版中，管理层分析与讨论首次出现在年报摘要中，并且年报正文中以管理层分析与讨论为标题在 2015 年以后的年报中才大量出现，且有些公司目前还是以董事会报告为标题。① 因此，MD&A 部分内容是掺杂在董事会报告中的。并且如前所述，证监会关于年报格式与内容修订频繁，此部分内容不断变化。第二，年报中其他部分也涉及了较多的管理层分析与讨论内容。因此，我们把年报作为语调分析的主体更适合。以下就年报其他章节中涉及语气的部分进行概括总结。

公司业务概要涉及语气的部分包括公司要报告所从事的经营模式、业绩驱动变化，公司所属行业地位及发展阶段，核心竞争力（关键技术

---

① 例如，万科 A（000002）正文目录中始终以董事会报告代替 MD&A 部分的内容。

人员，土地使用权等）的变化需要详细分析及需要采取的措施。

重要事项概要涉及语气的部分包括说明公司未分配利润的用途和使用计划，被环保、安监、税务等其他行政管理部门给予重大行政处罚，以及被证券交易所公开谴责的情形，应当说明原因及结论。股权分置改革承诺、收购报告书或权益变动报告书中所作承诺、资产重组所作承诺，如承诺超期未履行完毕的，应当详细说明未完成履行的原因及下一步的工作计划。年度报告披露后面临暂停上市情形的公司，应当披露导致暂停上市的原因以及公司拟采取的应对措施。公司应当披露报告期内发生的重大关联交易事项，如实际交易价与市价存在较大差异，应当说明原因。大额销货退回需披露详细情况。鼓励公司结合自身生产经营情况、战略发展规划、人才与资源优势等开展各项精准扶贫工作，并积极披露报告期内履行扶贫社会责任的具体情况。

股份变动及股东情况概要涉及语气的部分包括对报告期内因送股、转增股本、配股、增发新股、非公开发行股票、权证行权、实施股权激励计划、企业合并、可转换公司债券转股、减资、内部职工股上市、债券发行或其他原因引起公司股份总数及股东结构的变动、公司资产和负债结构的变动，应当予以说明。

优先股相关情况概要涉及语气的部分包括优先股的利润分配政策调整或变更，公司应当披露原因和变更的程序。报告期内盈利且母公司未分配利润为正，但未对优先股进行利润分配的，公司应当详细披露原因以及未分配利润的用途和使用计划。

董事、监事、高级管理人员和员工情况涉及语气的部分包括报告期如存在任期内董事、监事离任和高级管理人员解聘的，应当说明原因。

公司治理涉及语气的部分包括公司治理实际状况与中国证监会发布的有关上市公司治理的规范性文件是否存在重大差异，如有重大差异，应当说明具体情况及原因。公司应当就其与控股股东在业务、人员、资产、机构、财务等方面存在的不能保证独立性、不能保持自主经营能力的情况进行说明。存在同业竞争的，公司应当披露相应的解决措施、工作进度及后续工作计划。鼓励公司详细披露报告期内对高级管理人员的考评机制以及激励机制的建立、实施情况。若会计师事务所出具非标准意见的内部控制审计报告或者内部控制审计报告与董事会的自我评价报告意见不一致的，公司应当解释原因。

公司债券相关情况涉及语气的部分包括公司债券募集资金使用情况，并说明是否与募集说明书承诺的用途、使用计划及其他约定一致。报告期内资信评级机构对公司及公司债券进行不定期跟踪评级并重点说明与上一次评级结果的对比情况。报告期内债券受托管理人履行职责的情况。受托管理人在履行职责时可能存在利益冲突情形的，公司应当披露其采取的相关风险防范、解决机制。

二　年报语调的沿革

首先，为了更直观地了解年报语调发展历程，本书对 2007—2017 年每年的年报语调①以及年报字数进行了分析。年报语调与字数统计如图 1 – 1 所示，首先可以直观看出，年报的字数随着年份的增加有逐渐递增的趋势。从 2007 年的平均 116177. 3 个汉字到 2017 年的 168238. 8 个汉字，增幅达 44. 81%，净增加 52061. 5 个汉字。就具体阶段而言，2007—2011 年，年报字数有一个明显的爬升过程，尤其在 2008 年前后。原因是新《企业会计准则》自 2007 年 1 月 1 日起施行。体现到会计报表上的时间应该是 2008 年。由于对原有会计实务更加精细的分类，提高了会计信息披露质量，因而增加了年报的字数。2011—2013 年，2012 年出现了一个凹点。这是因为 2012 年证监会在其年报内容与格式规范的文件中出现了"管理层讨论与分析"专栏，把以往散落在年报各处的董事会展望、比较与分析等说明压缩于一个章节，因而出现了回落。随

①　年报语调 = （正面词汇 – 负面词汇）/（正面词汇 + 负面词汇）。

着年报格式的日益规范，在后续的年份中，出于对投资者的保护以及与国际接轨，规定同时在境内和境外证券市场上市的公司，如果境外证券市场对年度报告的编制和披露要求与本准则不同，应当遵循报告内容从多不从少、报告要求从严不从宽的原则。所以年报字数在 2012 年后又有了明显的增加。

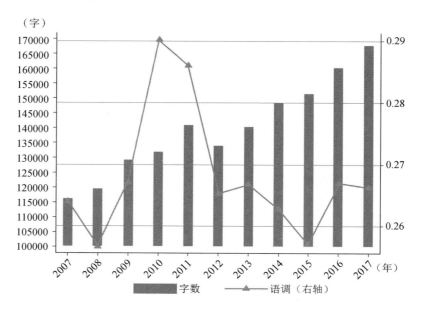

图 1 - 1　年报语调与字数统计

资料来源：上海交易所、深圳证券交易所相关上市公司年度报告。

其次，从图 1 - 1 中发现，年报语调基本为正，与曾庆生等（2018）研究相一致，说明我国语调基本上偏积极。与年报字数呈逐年递增不同，年报语调没有因为字数的增加，而产生相应的递增趋势，反而与特殊年份的关联更加紧密。2008 年年报语调有一个显著的回降，这是由于美国次贷危机引起的国际金融危机，造成了我国上市公司业绩的下滑，进而导致了语调的低迷。2010 年的高语调是由于 2010 年 11 月 11 日，中小板综合指数从 1959.13 点涨到了 8017.67 点，带动了整个资本市场活跃，因而面对积极向好的局面，上市公司就会从年报的语调中透露出来。2012 年经济持续走弱，从国内生产总值（GDP）同比增速看，2012 年直到第 3 季度，经济走势才稍显平稳，GDP 同比达到最低的7.5%。[①] 经济的低迷也伴随着企业未来负面的展望。与此同时，企业的经营业绩也趋于下滑，年报语调在 2012 年出现了递减趋势。2015 年的股灾导致了市场流动性恐慌，极大地影响了企业的经营业绩。所以在 2015 年出现了与 2008 年相同的语调低值。从上市公司语调的周期性波动可以发现以下几点。第一，年报语调的波动与沪深股市的波动基本一致，同时还受到国家宏观经济的影响。说明上市公司业绩与股市同步性较高，因而年报语调"配合"了股票市场的周期性震荡。第二，不论在任何困难的环境中，企业总是保持较为"乐观"的态度。原因在于企业作为资本市场的最大受益者，在面对较为复杂的经济环境时作出乐观的判断有利于挽回投资者信心，避免更大的损失。

此外，信息披露质量也是影响年报语调的一个重要方面。自 2001 年 5 月起深交所发布了《深圳证券交易所上市公司信息披露工作考核办法》，标志着我国上市公司信息披露评价体系[②]的初步形成。由于目前只有深圳交易所公布了考评结果（分别为 A、B、C、D 四个等级[③]），如图 1 - 2 所示，上市公司仅为在深圳证券交易所上市的公司，对应的年报语调为每年深圳交易所上市公司的年度平均语调。图 1 - 2 可以清晰地观察到三段明显的趋势，分别为 2001—2006 年（语调下降阶段）、2007—2011 年（语调爬升阶段）、2012—2017 年（语调平缓阶段）。从

---

① 参见 http：//tech. ifeng. com/a/20180620/45031577_ 0. shtml。

② 《深圳证券交易所上市公司信息披露工作考核办法》 （2001 年 5 月 10 日深证上〔2001〕48 号）第三条：本所对上市公司信息披露工作考核以上市公司该年度每一次信息披露行为为依据，从及时性、准确性、完整性、合法性四方面分等级对上市公司及董事会秘书的信息披露工作进行考核。

③ 依据上市公司披露信息的质量由高到低，分别为 A（最好）、B、C、D（最差）。

2001 年起出现了语调的下降阶段，原因在于 2001 年《年度报告的内容与格式》中较 1999 年多出一条规定，"凡对投资者投资决策有重大影响的信息，不论本准则是否有明确规定，公司均应披露"。所以上市公司全面披露就此展开。信息质量逐年显著提高的同时，也就伴随着年报语调的下降。2007 年后，随着 B 级考核结果越来越多（侧面反映了上市公司整体披露质量的上升），公众对信息的信任程度也随之加深，语调也有了显著的递增趋势。2011 年中国证券监督管理委员会公布了《信息披露违法行为行政责任认定规则》，这进一步加大了对信息披露违规和违法的处理力度。① 出于对法律和法规的敬畏，上市公司的语调从 2011 年到 2012 年有了明显的下滑趋势，但从 2012 年到 2017 年始终保持着较为平稳的语调环境。

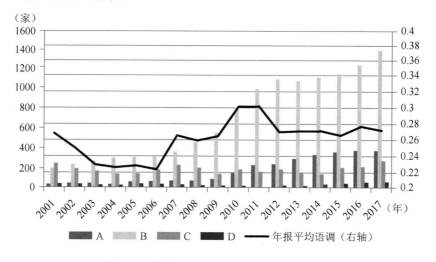

图 1-2　年报语调与信息披露评级的统计

资料来源：年报语调根据上市公司年度报告计算得出；信息披露评级来源于国泰安数据库。

---

① 《信息披露违法行为行政责任认定规则》（〔2011〕11 号）第五条：信息披露违法行为情节严重，涉嫌犯罪的，证监会依法移送司法机关追究刑事责任。依法给予行政处罚或者采取市场禁入措施的，按照规定记入证券期货诚信档案。依法不予处罚或者市场禁入的，可以根据情节采取相应的行政监管措施并记入证券期货诚信档案。

从图 1 - 2 中还可以发现，在深圳交易所上市的公司逐年递增，且考评结果为 A 和 B 的公司数量是不断增加的。但是整体来看，年报的平均语调并没有随着上市公司信息质量的提高而增长。以 2001 年和 2011 年为例，语调整体下降趋势的开始都是由于定性事件（法律法规的颁布）所引起的，这是符合基本常识的。而唯一一段同步增长出现在 2006—2011 年，源于 2001—2006 年市场的规范所培养起的社会信任，继而随着披露质量的提高，呈现出语调稳步增加。但是在平稳增长的趋势中，也有像 2008 年金融危机爆发时的下跌，这也呼应了前述图 1 - 1 的统计结果。因而通过前述中的年报字数与语调以及本段中信息评级与语调，不难得出以下结论——语调与政策法规以及外生冲击事件（金融危机）紧密相连。一个合理的解释是，语调基本反映了公司的经营情况，与此同时法律法规约束了企业的披露行为。因此在受到经营冲击和政策冲击时，年报语调会有所波动。

　　Michel（1979）发现，上市公司的股利政策存在明显的行业差异。所以，由于行业性质的差异，公司对于企业未来的利润分配有着精细的考量。年报作为股东接收公司信息的重要媒介，其释放出的情绪对于投资者影响极大。因此，由于行业特点及影响因素不同，所以各个行业的年报语调也有所不同，进而影响了投资者的投资收益。为此本书将 2007—2017 年所有上市公司按行业分类，使用申银万国行业分类标准统计行业年报语调的情况，判断语调是否有显著的行业特征。根据表 1 - 2，年报语调最高的行业是信息服务业，其语调均值约为 0.32。其次是计算机业，其语调均值与信息服务业较为接近。高语调也反映了企业较好的盈利能力。同时说明了这些行业在我国发展态势良好。而语调较低的行业集中在采掘、钢铁、银行、非银金融、金融服务几个行业中。其语调较低的原因，一部分在于其所处的是传统行业以及落后产业，因此盈利能力正在逐步衰减；所以市场收益较低，导致了年报的低语调。综上来看，可以得出对语调的另一个认识，那就是年报语调受行业影响较为严重。

表 1 – 2   2007—2017 年年报语调行业的分布

申万行业	上市公司个数	年报语调
交运设备	139	0.2615459
交通运输	114	0.2606021
休闲服务	44	0.2706345
传媒	142	0.2839810
信息服务	164	0.3220305
信息设备	111	0.2735028
公用事业	157	0.2697890
农林牧渔	115	0.2610262
化工	387	0.2541147
医药生物	310	0.2852434
商业贸易	122	0.2535968
国防军工	50	0.2555313
家用电器	76	0.2572243
建筑建材	142	0.2805709
建筑材料	85	0.2487141
建筑装饰	124	0.2930112
房地产	182	0.2847036
有色金属	135	0.2447476
机械设备	516	0.2782717
汽车	166	0.2649032
电子	249	0.2745642

续表

申万行业	上市公司个数	年报语调
电气设备	202	0.2771846
纺织服装	121	0.2534848
综合	120	0.2393966
计算机	199	0.3125392
轻工制造	148	0.2580744
通信	102	0.2864305
采掘	79	0.2328288
金融服务	53	0.2274891
钢铁	40	0.2297995
银行	25	0.2377318
非银金融	58	0.1911832
食品饮料	104	0.2537730

资料来源：根据上市公司年度报告计算得出。

　　我国各个省份市场化程度及法制化程度有较大的差别。这也决定了上市公司所处的外部环境有着较大的差异。市场化程度从某种意义上来说，对于吸引上市公司入驻当地有着天然的优势。法制化程度一方面加强了对投资者的保护，另一方面约束了上市公司的行为使得公司披露更加真实。为此本书将2007—2017年所有上市公司的年报语调按省份分类，统计省份年报语调的情况，判断语调是否有显著的省份特征，见表1-3。在排除上市公司特别集中的北京市、上海市、广东省后，浙江省的年报语调最高，其次为湖南省。语调较低的地区有青海省、宁夏回族自治区等。一个明显的原因是，当地的区位优势越小，上市公司面临的经营环境可能越差，企业的年报语调就会越低。与此同时，企业年报语调的羊群效应明显，虽然四川省的上市公司有 122 家，云南省只有 34 家上市公司；但是同处西南地区，使得企业具有相近的语调属性。

表 1-3　　　　　　　**2007—2017 年年报语调省份的分布**

省份	上市公司个数	年报语调
上海市	328	0.2627617
云南省	34	0.2573937
内蒙古自治区	27	0.2379333
北京市	321	0.2935613
吉林省	44	0.2564764
四川省	122	0.2561068
天津市	52	0.2713951
宁夏回族自治区	13	0.2102778
安徽省	107	0.2709700
山东省	200	0.2605215
山西省	39	0.2229849
广东省	623	0.2772699
广西壮族自治区	37	0.2414585
新疆维吾尔自治区	56	0.2623838
江苏省	408	0.2702588
江西省	42	0.2557143
河北省	61	0.2571991
河南省	80	0.2604771

省份	上市公司个数	年报语调
浙江省	435	0.2853208
海南省	35	0.2353828
湖北省	106	0.2686718
湖南省	107	0.2741060
甘肃省	33	0.2333557
福建省	133	0.2729827
西藏自治区	17	0.2491463
贵州省	29	0.2716113
辽宁省	80	0.2546256
重庆市	52	0.2511792
陕西省	49	0.2533290
青海省	13	0.2211698
黑龙江省	37	0.2332768

资料来源：根据上市公司年度报告计算得出。

第二章　年报语调对企业外部
融资的影响研究

第一节　问题提出

外部融资是企业经营发展过程中不可或缺的一个重要环节，而融资难问题又是困扰中国企业的不争事实。据世界银行等机构发布的《中小微企业融资缺口——对新兴市场微型、小型和中型企业融资不足与机遇的评估》报告表明："我国41%的中小微企业存在信贷融资困难，约2300万个中小企业无法获得外部融资或外部融资无法满足其需求。该评估进一步指出，我国中小微企业潜在融资需求达4.4万亿美元，融资供给仅2.5万亿美元，潜在融资缺口高达1.9万亿美元，缺口比重高达43.18%。"[①] 据此，我国企业获得外部融资难度可见一斑。融资难的客观事实会引起融资贵的必然结果。这进一步又制约了企业的外部融资。同时，融资难的问题引起了政府部门的高度重视，例如，2018年政府工作报告提出，要着力解决小微企业融资难、融资贵问题。[②] 2019年中央办公厅和国务院办公厅联合印发的《关于加强金融服务民营企业的若干

[①]　MSME Finance GAP, https://www.ifc.org/wps/wcm/connect/03522e90 - a13d - 4a02 - 87cd - 9ee9a297b311/121264 - WP - PUBLIC - MSMEReportFINAL. pdf? MOD = AJPERES&CVID = m5SwAQA.

[②]　参见 http://www.gov.cn/zhuanti/2018lh/2018zfgzbg/zfgzbg. htm。

意见》^①指出："要着力破解民营企业信息不对称、信用不充分等问题，鼓励金融机构增加民营企业、小微企业信贷投放。积极支持符合条件的民营企业扩大直接融资。"因此，研究如何破解企业融资难不仅有理论意义，而且更具有现实意义。

信息不对称会造成企业的融资约束加大（Myers and Majluf，1984；Fazzari et al.，1988）。当总信息保持不变，信息不对称增加就会导致不确定性增加，使风险溢价提高（Klein and Bawa，1976；Barry and Brown，1985；Hughes et al.，2007）。进而为了弥补可能发生的风险的损失，企业的融资成本将会增加。所以，借款人有动机向贷方披露有利信息以减少信息不确定性（Akerlof，1970）。基于此，学界从如何缓解企业与市场信息不对称的角度来探索减少外部融资压力的路径。有学者认为高质量的披露标准，会降低资本成本（Levitt，1998；Leuz and Verrecchia，1999）。从企业的角度讲，高质量的披露标准会产生高质量的信息披露，从而减少了信息不对称（Brown and Hillegeist，2007；Cheng et al.，2014）。从信息媒介角度讲，分析师跟踪会降低投资者和管理者之间的信息不对称，从而减少融资成本（张纯、吕伟，2007；Bowen et al.，2008）。新闻媒体通过减少信息信息不对称（Bushee et al.，2010；黄俊、郭照蕊，2014），促进企业外部融资（才国伟等，2018）。然而，信息不对称的降低不仅仅取决于信息披露的渠道以及解读信息的中介，更取决于信息本身（Healy and Palepu，2001）。年报作为企业信息的载体，除了包含有关财务数字信息，还含有大量的定性文本信息，以帮助投资者解释定量信息内容。这些定性披露的语调对于影响投资者对公司价值的评估非常重要（Huang et al.，2014b）。此外，它还会影响信息媒介的判断，如分析师的研报倾向等（Allee and DeAngelis，2015）。无

① 《中共中央办公厅　国务院办公厅印发〈关于加强金融服务民营企业的若干意见〉》，中国政府网，2019 年 2 月 14 日，http：//www.gov.cn/zhengce/2019 - 02/14/content _ 5365818.htm。

论从直接角度还是间接角度，年报的语调都会在整个信息传递过程中影响其接受者（如投资者、分析师、审计师等）的行为。而已有研究只关注了年报数字信息在信息不对称方面的作用，却很少关注语调在信息传递方面的作用。

事实上，语调作为资本市场的风向标，在国外研究当中已经相当丰富。已经有研究证明，资本市场会对媒体语调、管理层分析与讨论（MD&A）语调、盈余电话会议语调、盈余公告语调、招股说明书语调、业绩说明会语调中的定性词汇作出反应（Tetlock，2007；Feldman et al.，2010；Davis et al.，2012；Price et al.，2012；Loughran and McDonald，2013；林乐、谢德仁，2016）。但语调对于公司经营行为的研究目前还较少。从盈余管理的角度讲，管理层乐观语调与应计盈余管理正相关（朱朝晖、许文瀚，2018）。从内部交易角度讲，年报语调又有被内部人操纵的嫌疑（曾庆生等，2018）。从影响信息传递渠道讲，管理层语调影响分析师行为（Schleicher and Walker，2010；林乐、谢德仁，2017）。那么年报语调对其他相关利益体是否也有重要影响？目前不得而知。

年报作为企业信息输出的重要内容，从内容上看，是对其过去一年经营成果的总结；从实质上看，一是对广大投资者的汇报，二是对未来经营的展望。所以年报成为多数投资者用脚投票的重要依据，同时也是向外部市场展示企业未来发展机遇的重要契机。正因为此，与其他披露的信息相比，其披露的规范性和真实性更高。进一步讲，监管部门对于年报的披露更加重视，要求"信息披露义务人应当真实、准确、完整、及时地披露信息，不得有虚假记载、误导性陈述或者重大遗漏"①。所以，年报语调作为财务和非财务信息的定性描述，对于投资者准确理解公司经营现状和发展前景尤为重要。需要特别指出的是，财务信息的确定性使得语调与其内容

---

① 中国证券监督管理委员会令第 40 号，发布日期：2007 年 1 月 30 日。

基本一致，而非财务信息的语调对于投资者来说才更具有意义。在融资市场中，银行综合运用金融和非金融因素可以更准确地预测未来的违约（Grunert et al.，2015）。因此银行分配信贷资源不仅关注财务信息，而且还关注经营环境和行业背景等信息（赖黎等，2016a），所以企业年报的非财务信息对于银行信贷资源的配置起到了关键作用。而语调可以能动地改造信息理解方式，进而可能对信息的认识有所改变（Tversky and Kahneman，1981），因此年报语调对于融资有着重要的作用。

与资本市场语调相关研究百花齐放的现状不同，年报语调在信贷市场扮演着怎么样的角色，目前还鲜有论述。年报语调对于不同类型的贷款发挥着怎样的作用？不同产权企业的语调在信贷市场获得融资的状况有何不同？市场环境不同的地区，企业年报语调是否会影响信贷融资？对于以上问题，鲜有文献回答。

鉴于此，本章以2007—2017年沪深A股非金融上市公司年报语调为基础，从外部融资视角检验了年报语调对于上市公司融资的影响。结果表明，年报语调会增加企业的债务融资并且减少融资成本。在控制内生性问题、更换语调词典和语调度量方式后所得结果依然稳健。进一步的检验表明，非国有控股公司，公司规模较大，位于金融化程度较高地区的公司，年报语调对于增加企业外部融资具有更加显著的作用。机制检验表明，年报语调通过吸引分析师跟踪加强外部监督、提高企业内控强化内部监督的方式来增加外部融资，从而减少融资成本。

本章可能存在以下边际贡献。首先，从年报语调这一视角出发，关注了对于缓解外部融资压力方面的作用，从而丰富和发展了企业融资方面的文献。其次，以往多数语调文献探讨了对资本市场的影响，本章则从公司经营层面关注语调对于企业融资的帮助，从而丰富了语调在公司经营层面的文献。最后，本章的结论对于融资者和投资者都有较为重要的意义——缓解企业外部融资压力，不仅要重视硬信息对于融资的影响，还要重视年报语调这样软信息的积极作用。

本章剩余部分的结构安排如下。第二节为综述外部融资与年报语调的相关文献、提出本章假设；第三节为研究设计，包括样本选择，数据来源，变量定义，计量模型建立，变量相关性分析；第四节为实证结果报告与分析；第五节为进一步讨论，其中包括内生性、稳健性以及影响机制；最后是本章小结。

第二节　理论分析与研究假设

信息不对称是造成企业外部融资受阻的重要原因（Diamond and Verrecchia，1991）。这使得投资者对预期回报的期望变大（Easley and O'hara，2004），进而要求更高的资产回报，引起融资溢价（Amihud and Mendelson，1986；Coles and Loewenstein，1988），进一步提高了企业的融资成本。因此，许多学者从如何降低企业信息不对称角度破解企业外部融资紧张的难题。

在实践中，企业意识到信息不对称会增加融资成本，因而其有动机通过主动披露信息，来缓解自身外部的融资压力。而更多的自愿披露会降低企业的融资成本（曾颖、陆正飞，2006；Francis et al.，2008），同时随着披露信息质量的提高，融资成本也会降低（Dhaliwal et al.，2011a）。进一步讲，企业的会计信息透明度提高会使银行对其授信额度增加，贷款利率降低（Yu，2005；梁上坤等，2013）。除了财务信息，非财务信息的披露也可以缓解融资约束（何贤杰等，2012），降低企业融资成本（Dhaliwal et al.，2014）。

信息媒介是沟通企业和外部市场的桥梁，分析师等中间媒介为企业和外部市场缓解信息不对称，减小融资压力发挥了重要作用。信息披露量更大的公司，分析师跟踪越多，分析师预测更为准确（Lang and Lundholm，1996），这样就减少信息不对称，降低融资成本（Mansi et al.，2011）。高质量的审计增加了信息的可信度（Healy and Palepu，2001），会减少融资成本（Pittman and Fortin，2004）。媒体也可以缓解企业与银行间的信息不确定性（赖黎等，2016a），减少贷款成本。总之，传播媒介通过解读辨别企业的信息，向投资者传递出企业的私有信息，缓解信息不对称，减少了融资约束（姜付秀等，2016）。

企业缓解与外界信息不对称的最终目的是获得融资。Allen 等（2005）发现，中国公司最重要的四大融资来源是国内的银行贷款、公司自筹资金、国家预算和外国直接投资。其中两个最重要的融资渠道分别是银行贷款和自筹资金。银行贷款是企业获取外部融资的重要来源（Chava et al.，2008）。其作为信贷资金的供给者和分配者，需要面对企业的逆向选择和道德风险（Stiglitz and Weiss，1981）。因而缓解银企间的信息不对称，对企业获得外部融资和减少融资成本更为重要。有学者从银企关系入手，发现银行家担任公司董事有助于企业获得银行贷款（Booth and Deli，1999；Güner et al.，2008）。但是这样的银企关系只能是个例。对于大部分企业而言，企业的会计信息对于银行才是重要的（Bharath et al.，2008）。传统观点认为，企业的硬信息对于贷款十分重要（Stein，2002；林毅夫、孙希芳，2005）。硬信息包括了企业的基本情况和盈利状况。这些信息对于具有卓越处理金融信息能力的银行来说较为容易。但对软信息而言，其披露的语言和方式较为多样，银行对于这类信息的处理较为困难。

因此，软信息成为银行贷款关注的新焦点。首先，对于包含丰富软信息的社会责任报告而言，Dhaliwal 等（2011b）研究指出，公司自愿编制独立发布的企业社会责任（CSR）报告是为业绩变现和风险管理所做的特殊努力和承诺。因而软信息成为公司披露信息的佐证和保障。其次，信息不透明的财务报告容易造成股价崩盘（Hutton et al.，2009）。这是由于年报语调掩盖了公司堆积坏消息的行为所产生的，这些活动会增加其信息风险，债权人为控制可能存在的信息隐患，增加了风险溢价并导致其产生较高的借贷成本。最后，银行会相应改变非价格合同条款，以应对年报中不确定的表达方式。其中，公司披露的模糊文本会增加估值的不确定性。因此，当年度报告中使用的模糊词语的频率过多时，可能使银行等外部资本提供者更难以正确评估公司的风险特征及其价值（Ertugrul et al.，2017），因而增加了企业的外部融资成本。综上所述，语调在年报中的作用如下。一方面，明确非财务信息的具体含义，例如语调在管理层讨论分析中对于公司未来前景的展望是否正面、所处行业竞争环境是否严峻有明确指向。另一方面，风险警示作用。风险警示语调对于投资者识别企业风险（Hope et al.，2016）、增加企业信息量、降低信息不对称进而降低贷款利率有着重要的作用（王雄元、曾敬，2019）。这显著发挥了其"信号"作用。从市场角度讲，明确告知了公司的经营状态和经营需要。从企业角度讲，为寻求潜在投资者和解决经营困难奠定了基础。基于以上分析，提出本章的假设1：

H1：年报语调与债务融资正相关，与债务融资成本负相关。

当政府大量掌握银行的所有权时，国企凭借政治关联普遍获得了银行贷款（La Porta et al.，2002b）。因而，银行对于国企的贷款更为宽松（方军雄，2007）。其原因如下。第一，在晋升锦标赛的压力下，官员以短期经济增长为目标，国有企业作为拉动经济增长的主力，被要求进行过度投资（曹春方等，2014）。所以，国企在获得了政府的隐形担保后（贺京同、何蕾，2016），银行更加支持国企的融资需求。第二，声誉机制是重要的履约保障。国企以国家声誉为背书，银行业相信其有动力按约履行贷款合约（孙铮等，2005），因而良好的银企关系减少了双方的信息不对称，使得国企贷款更易。第三，非国有企业先天的风险较大（孙铮等，2005），银行为了避免风险，信贷政策较少倾向于非国企。第四，由于缺乏必要的替代融资工具，国企本身更倾向于银行贷款（Bailey et al.，2011），这也从主观上证实了国企倾向于银行贷款的事实。从上述文献中，可以看出，国企在信贷市场中的优势地位，使得银行在分配信贷资源时，并不完全遵守市场规律（赖黎等，2016a）。进一步讲，国企的年报语调对于其外部融资的影响较小，甚至几乎不影响。但是对于非国有企业而言，其年报是银行甄别企业贷款风险的重要依据。一方面，年报语调表明了企业经营实力，语调越高公司偿还债权融资能力越强。另一方面，年报语调是对公司风险披露的一部分，语调越高表明了公司对于风险的精准把控（王雄元、曾敬，2019），有助于获得银行等投资者的认可。因而年报语调对于非国有企业而言有着重要作用。基于以上分析，提出本节的假设2：

H2：相比于国有企业，年报语调与外部融资在非国企的正向关系更显著。

流动性限制往往对小企业产生的影响大于对大企业的影响，小企业更有可能无法以市场利率获得资本而遭受信贷配给（Audretsch and Elston，2002）。与较小的公司相比，较大的公司提供了更广泛和更丰富的信息，因此银行在向大公司贷款时，对贷款的筛选和监控更少（Slovin et al.，1992）。此外，小企业通常必须依赖于金融中介，尤其是需要商业银行来满足其信贷需求，而且其信息不对称问题要大于大公司（Berger and Udell，1995）。这样容易出现道德风险和逆向选择的小公司，在贷款时要支付更多的风险溢价、贷款期限缩短且需要担保（Strahan，1999）。同样，于泽等（2017）发现，获得大量贷款的大型企业，由于持有高额现金，便利用获得的信贷资金，以委托贷款的形式转贷给中小企业从而获得利差。这样的转贷使得小企业获得贷款的利率提高且外部融资受阻。综上，小企业获得信贷支持较难成为共识，而大企业融资相对容易。对小企业而言，一方面，企业与市场的信息不对称，会进一步造成其与信贷市场的脱节，语调较高的企业会引起银行对企业业绩真实性的怀疑，银行因此加强了贷款的审查和监督环节，所以企业可能错过项目融资的最佳时间，从而减少信贷资金的获取。另一方面，由于企业规模的限制，其信息相对封闭，进而改变了融资顺序。使得语调增加优先股等的发行，以达到增资目的。基于以上分析，提出本节的假设 3：

H3：相比于小企业，年报语调与外部融资在大企业中的正向关系更显著。

中国幅员辽阔，不同的地理人文环境造成了各地区经济发展水平的差异，这也就直接导致了金融环境的差异。改善区域金融生态环境①显得尤为重要，原因如下。第一，发达的市场和金融中介机构可以作为资本的直接来源，同时确保了投资者可以获得有关企业活动的详细信息（Demirgüç – Kunt and Maksimovic，1998）。第二，金融发展缓解了银行与企业的信息不对称，银行会降低贷款担保要求（沈红波等，2011）。第三，金融市场不发达不完善，容易形成资源配置低下，投资效率不足（魏志华等，2012）。总之，金融发展水平的提高有助于上市公司获得融资（江伟，2010）。也有相反观点认为较发达地区的公司更难获得长期贷款，原因为银行改革背景下替代融资渠道的扩宽和贷款标准的提高（Li et al.，2009）。余明桂、潘红波（2008）发现地区法治金融环境的发展减少了政府干预银行给国企贷款的信贷决策。因此，金融环境越好的地区，公司获得银行贷款可能越少。但是在外部融资以银行贷款为主的环境下（García – Herrero et al.，2006），一个地区的金融化程度对于所在区域的所有企业都会有一定的影响。综上本章发现，金融化程度高的地区，信息不对称程度减弱，银企信息传递越畅通（余明桂和潘红波，2008），对于具有清晰语调的企业年报，银行的信贷决策也更倾向于这类企业。基于此，提出本章的假设 4：

H4：相比于金融环境较差地区，年报语调与外部融资在金融环境较好地区的正向关系更显著。

---

① 苏宁：《优化金融环境，改善金融生态》，中国人民银行，2009 年 7 月 7 日，http：//www. pbc. gov. cn/redianzhuanti/118742/118726/119512/2840832/index. html。

第三节　研究设计

一　数据来源与样本选择

本章以 2007—2017 年中国沪深 A 股上市公司为研究对象，使用的数据包括上市公司年报文本信息，上市公司基本信息、财务信息、风险信息。其中上市公司年报文本信息来自新浪财经网页，财务数据来自国泰安数据库（CSMAR），企业风险数据来自万德数据库（Wind）。

本章对样本进行以下处理。第一，删除资不抵债的公司样本；第二，删除金融类公司样本；第三，删除 ST 公司以及主要变量缺失的公司；第四，删除无法提取的年报文本；第五，为了避免异常值对本章实证结果的干扰，本章对所有连续变量在上下 1% 的水平下进行 Winsor 处理，得到公司年度观测值 19368 个。

二　变量定义与模型建立

（一）年报语调度量

Loughran 和 McDonald（2011）利用 1994—2008 年的 50115 个公司年度数据衡量 10 – K 年报语调时，发现基于心理学和社会学开发的 H4N 词典很难在商业领域中应用，所以一些单词也被错误地分类。因此，他们新建的 LM 词典中正、负面等词表①可以很好地与 10 – K 年报中的金融术语相匹配。由于适合中国年报的词典还没有出现，故本章参照曾庆生等（2018）的方法②，以 Loughran 和 McDonald（2011）提供的 LM 词典为基础，利用有道词典和金山词霸，对单词进行分析翻译，与曾庆生

---

① 参见 https：//sraf. nd. edu/textual – analysis/resources/#Master% 20Dictionary。
② 林乐和谢德仁（2017）利用同样的方法，参照 Loughran 和 Mc Donald（2011）、Henry（2008）等文献中的单词列表，根据汉语语境筛选正、负面词。

等（2018）不同的是，我们没有保留全部的汉语释义①。最终我们的词汇列表包括了积极词1206个、消极词4296个、停用词1917个。在创建完情感词表后，利用Python中的jieba中文分词模块对每份年报进行分词，最后统计词频。

现有文献有两种度量文本语调的方式。第一种是文本内积极词汇与消极词汇做差，除以积极词汇与消极词汇的和（Price et al.，2012；Gordon et al.，2013；谢德仁、林乐，2015；林乐、谢德仁，2017；陈艺云，2019）。第二种是文本内积极词汇与消极词汇做差除以文本内的总词数（Davis et al.，2012、2015；汪昌云、武佳薇，2015；曾庆生等，2018）。本章以第一种方法衡量年报语调（tone）。以第二种方法测度的年报语调（tone 2）在稳健性检验当中使用。

（二）外部融资的测度

参考Covas和Haan（2011）、McLean和Zhao（2014）以及吴超鹏等（2012）的方法将债务融资（debt 1）定义为企业当年短期借款、长期借款、一年内到期的长期借款、长期应付和应付债券的增加额除以年初总资产。短期债务融资（debt 2）为企业当年的短期借款加一年内到期的长期借款的增加额除以年初总资产。长期债务融资（debt 3）为企业当年长期借款、应付债券和长期应付款的增加额除以年初总资产。参考潘越等（2013）的方法将利息负债比（cost）定义为当年企业的财务费用与负债的比值。

（三）模型设定

为了验证本章的假说，本章使用双向固定效应模型来衡量年报语调对外部融资的影响，如公式（2-1）所示。

---

① 第一，两类词典翻译相同的词，我们只保留一次。第二，对于例如"使……转朝上"我们拆分成两个词，一个是"使"，一个是"转朝上"。第三，对于翻译出的人名、地名一律删除。例如（德）维布兰特，（英、德、瑞典）温纳。第四，具体名词。例如幻灯片、有图案的玻璃。第五，描述性短语。例如被关在马厩、赶入马房等。

$$financing_{i,t} = \beta_0 + \beta_1 tone_{i,t-1} + \sum \beta_k controls_{i,t-1} + \gamma t + \mu_i + \varepsilon_{i,t} \qquad (2-1)$$

其中，i 表示公司，t 表示年度。$financing$ 为被解释变量，表示公司 i 在 t 年的债务融资、短期债务融资、长期债务融资、利息负债比。$tone$ 为解释变量，表示公司 i 前一年的年报语调。$tone$ 前的系数符号及数值大小可以用来识别年报语调对企业外部融资的作用效果。$controls$ 为控制变量，控制变量的选取参考了赖黎等（2016a，2016b）以及吴超鹏等（2012）的做法，包括的变量有资产负债率（lev）、企业规模（$size$）、企业年龄（age）、资产收益率（ROA）、流动比例（Lb）、第一大股东持股比例（$firsthold$）、两职合一（$Dual$）、管理层持股比例（$Mshare$）、独董比例（$Indep$）、董事会规模（$Board$），发展速度（$growth$）、固定资产比例（Fa）、Z 值（z_score），具体定义见表 2 - 1。μ_i 和 γt 分别表示个体效应和时间效应。

表 2 - 1　　　　　　　　　　　变量定义

变量类型	变量名称	变量定义
被解释变量	$debt\,1$	债务融资，等于（短期借款的增加额 + 长期借款的增加额 + 一年内到期的长期借款的增加额 + 长期应付的增加额 + 应付债券的增加额）/年初总资产。
	$debt\,2$	短期债务融资，等于（短期借款增加额 + 一年内到期的长期借款增加额）/年初总资产。
	$debt\,3$	长期债务融资，等于（长期借款增加额 + 应付债券增加额 + 长期应付款增加额）/年初总资产。
	$cost$	利息负债比，等于财务费用/负债的比值。
解释变量	$tone$	年报语调，等于（积极词汇 - 消极词汇）/（积极词汇 + 消极词汇）。
控制变量	lev	资产负债率，等于公司年末负债与年末资产的比值。
	$size$	企业规模，等于公司年末总资产的自然对数。
	age	企业年龄，等于公司的上市时间。

续表

变量类型	变量名称	变量定义
控制变量	*ROA*	资产收益率,等于公司净利润/总资产。
	Lb	流动比例,等于流动资产/流动负债。
	firsthold	第一大股东持股比例,等于第一大股东持股数除以总股数。
	Dual	两职合一,董事长是否兼任总经理,如兼任,取1,否则取0。
	Mshare	管理层持股比例,等于管理层持股数除以总股数。
	Indep	独董比例,等于独立董事与董事人数之比。
	Board	董事会规模,等于董事会人数取自然对数。
	growth	发展速度,等于当年营业收入与上一年营业收入的比值。
	Fa	固定资产比例,等于公司固定资产与总资产的比例。
	z_score	Z值,为企业破产风险,Z值越低表示企业破产风险可能性越大。当Z值大于2.675时,表示企业财务状况良好,破产可能性小。当Z值小于1.81时,表明企业可能潜伏着破产危机,当Z值介于二者之间时,说明企业财务状况不稳定。①

三 变量描述性统计分析

表2-2是对主要变量进行的描述性统计,包含的统计信息有样本数(*Obs*)、均值(*Mean*)、标准差(*SD*)、最小值(*Min*)、25分位数(*P25*)、中位数(*Median*)、75分位数(*P75*)、最大值(*Max*)。其中债务融资(*debt*1)的均值为0.0417,中位数为0.0084。短期债务融资

---

① 来源于Wind数据库,Z值主要是分析企业财务失败或破产风险的可能性。万德数据库具体的测度方程为 $Z = 1.2 \times$(营运资本/总资产)$+ 1.4 \times$(留存收益/总资产)$+ 3.3 \times$(税前利润/总资产)$+ 0.6 \times$(总市值/总资产)$+ 0.999 \times$(营业收入/总资产)。

（debt 2）的均值为 0.0218，中位数为 0.0018。长期债务融资（debt 3）的均值为 0.0197，中位数为 0。从数据结构来看，数据严重右偏，说明上市公司债务融资分布不均。短期债务融资均值高于长期债务融资均值，说明上市公司以获得短期债务融资为主。这与赖黎等（2016a）的观点一致。债务融资的 25 分位数均为负，说明将近 1/4 的企业融资额较上年减少。利息负债比（cost）的均值为 0.0114，接近短期债务融资的一半，从一个侧面说明，上市公司的债务成本较高。年报语调（tone）的均值和中位数都为 0.2688，最小值为 0.0804，说明上市公司的语调为正且偏积极。控制变量方面，资产负债率的均值为 0.4521，这也在一定程度上印证了前述债务融资较高的现状。ROA 的均值为 0.0396，是利息复负债比的 3.47 倍，表明大部分企业收入可以覆盖融资成本。growth 的均值为 0.2211，与 tone 的均值较为接近。在一定程度上说明公司发展越好，年报的"底气"越足。z_ score 的均值为 6.9353，说明我国上市公司破产的风险性较低。

表 2 - 2　　　　　　　　　　　主要变量描述性统计

变量	Obs	Mean	SD	Min	P25	Median	P75	Max
debt 1	19368	0.0417	0.1251	− 0.2195	− 0.0141	0.0084	0.0765	0.6739
debt 2	19368	0.0218	0.0867	− 0.2024	− 0.0143	0.0018	0.0520	0.3945
debt 3	19368	0.0197	0.0789	− 0.1456	− 0.0038	0.0000	0.0246	0.4334
cost	19368	0.0114	0.0354	− 0.1782	0.0010	0.0166	0.0310	0.0710
tone	19368	0.2688	0.0705	0.0804	0.2236	0.2688	0.3148	0.4490
lev	19368	0.4521	0.2131	0.0500	0.2854	0.4526	0.6151	0.9492
size	19368	21.8819	1.2472	19.2406	20.9943	21.7333	22.6003	25.6766
age	19368	9.4112	6.0514	0.0000	4.0000	9.0000	14.0000	22.0000

续表

变量	Obs	Mean	SD	Min	P25	Median	P75	Max
ROA	19368	0.0396	0.0505	− 0.1478	0.0135	0.0351	0.0640	0.1993
Lb	19368	2.2929	2.5749	0.2217	1.0267	1.4973	2.4194	17.0881
firsthold	19368	0.3532	0.1503	0.0863	0.2327	0.3334	0.4597	0.7482
Dual	19368	0.2241	0.4170	0.0000	0.0000	0.0000	0.0000	1.0000
Mshare	19368	0.1003	0.1843	0.0000	0.0000	0.0002	0.1011	0.6743
Indep	19368	0.3693	0.0795	0.0000	0.3333	0.3571	0.4167	0.6000
Board	19368	2.1618	0.2003	1.6094	2.0794	2.1972	2.1972	2.7081
growth	19368	0.2211	0.6003	− 0.6031	− 0.0251	0.1175	0.2920	4.4291
Fa	19368	0.2403	0.1747	0.0021	0.1032	0.2063	0.3437	0.7468
z_score	19368	6.9353	9.4391	0.0311	2.0482	3.7438	7.3661	59.0465

进一步讲，本章根据年报语调的乐观的情况，将样本分为两组，以比较他们在债务融资和基本企业特征上的差异。将样本按年报语调的中位数分为两组（低乐观语调和高乐观语调）。表2-3分别报告了低乐观语调和高乐观语调的样本数量和均值，最后一列为两组样本的均值差。通过对分组结果比较发现以下几点。第一，高乐观语调的公司对于增加企业债务融资明显。从债务期限看，高乐观语调对公司短期债务融资贡献更大。第二，对于债务融资成本而言，高乐观语调公司的利息负债比更低。第三，从其他变量来看，年报语调较乐观的公司具有资产负债率低、上市时间短、资产收益率高、发展速度快等特点。相比于高乐观语调的公司，低乐观语调的公司的盈利能力和发展速度相对缓慢。

表 2 - 3 　　　　　　　　　　主要变量的年报语调差异

变量	低乐观语调		高乐观语调		均值差
	样本数	均值	样本数	均值	
debt 1	9804	0.036	9564	0.047	- 0.011 ***
debt 2	9804	0.018	9564	0.025	- 0.007 ***
debt 3	9804	0.018	9564	0.022	- 0.004 ***
cost	9804	0.014	9564	0.009	0.006 ***
lev	9804	0.478	9564	0.425	0.053 ***
size	9804	21.785	9564	21.982	- 0.197 ***
age	9804	10.743	9564	8.046	2.697 ***
ROA	9804	0.030	9564	0.050	- 0.020 ***
Lb	9804	2.037	9564	2.555	- 0.518 ***
firsthold	9804	0.350	9564	0.356	- 0.006 **
Dual	9804	0.200	9564	0.249	- 0.049 ***
Mshare	9804	0.069	9564	0.133	- 0.064 ***
Indep	9804	0.366	9564	0.373	- 0.007 ***
Board	9804	2.158	9564	2.166	- 0.008 *
growth	9804	0.201	9564	0.242	- 0.041 ***
Fa	9804	0.252	9564	0.228	0.024 ***
z_score	9804	6.374	9564	7.510	- 1.136 ***

注：***、**、*分别表示1%、5%、10%的显著性水平；括号中报告的是 *t* 统计量。

由表 2 - 4 给出的相关系数可知，年报语调与债务融资正相关，与利息负债比负相关。说明年报语调可以增加企业的债务融资，可以相对减少企业的债务成本，这与本章的假设相一致。

表 2 - 4 变量相关系数

变量	debt 1	debt 2	debt 3	cost	tone	lev	size	age	ROA
debt 1	—	0. 735 ***	0. 539 ***	0. 010	0. 117 ***	0. 021 ***	0. 082 ***	- 0. 089 ***	0. 078 ***
debt 2	0. 758 ***	—	- 0. 000	0. 026 ***	0. 080 ***	- 0. 006	0. 038 ***	- 0. 091 ***	0. 057 ***
debt 3	0. 701 ***	0. 101 ***	—	- 0. 048 ***	0. 083 ***	- 0. 000	0. 056 ***	- 0. 038 ***	0. 062 ***
cost	0. 038 ***	0. 033 ***	0. 028 ***	—	- 0. 163 ***	0. 455 ***	0. 135 ***	0. 149 ***	- 0. 324 ***
tone	0. 066 ***	0. 063 ***	0. 037 ***	- 0. 174 ***	—	- 0. 183 ***	0. 062 ***	- 0. 315 ***	0. 314 ***
lev	0. 015 **	- 0. 017 **	0. 042 ***	0. 487 ***	- 0. 202 ***	—	0. 424 ***	0. 369 ***	- 0. 391 ***
size	0. 033 ***	0. 004	0. 049 ***	0. 162 ***	0. 092 ***	0. 400 ***	—	0. 300 ***	- 0. 025 ***
age	- 0. 044 ***	- 0. 067 ***	0. 007	0. 195 ***	- 0. 306 ***	0. 356 ***	0. 261 ***	—	- 0. 228 ***
ROA	0. 060 ***	0. 056 ***	0. 032 ***	- 0. 260 ***	0. 285 ***	- 0. 357 ***	0. 007	- 0. 170 ***	—
Lb	- 0. 025 ***	0. 009	- 0. 047 ***	- 0. 683 ***	0. 184 ***	- 0. 628 ***	- 0. 271 ***	- 0. 284 ***	0. 224 ***
firsthold	0. 018 **	0. 008	0. 016 **	- 0. 029 ***	0. 010	0. 047 ***	0. 244 ***	- 0. 081 ***	0. 099 ***
Dual	0. 016 **	0. 026 ***	- 0. 000	- 0. 104 ***	0. 079 ***	- 0. 147 ***	- 0. 146 ***	- 0. 188 ***	0. 042 ***
Mshare	0. 026 ***	0. 056 ***	- 0. 021 ***	- 0. 269 ***	0. 256 ***	- 0. 355 ***	- 0. 234 ***	- 0. 529 ***	0. 152 ***
Indep	0. 007	0. 011	- 0. 001	- 0. 041 ***	0. 065 ***	- 0. 089 ***	- 0. 099 ***	- 0. 055 ***	0. 028 ***
Board	0. 006	- 0. 000	0. 011	0. 097 ***	0. 015 **	0. 158 ***	0. 248 ***	0. 072 ***	0. 009
growth	0. 086 ***	0. 078 ***	0. 043 ***	0. 012 *	0. 063 ***	0. 052 ***	0. 046 ***	- 0. 000	0. 171 ***
Fa	- 0. 044 ***	- 0. 019 ***	- 0. 048 ***	0. 309 ***	- 0. 180 ***	0. 099 ***	0. 073 ***	0. 030 ***	- 0. 132 ***
z_score	0. 003	0. 025 ***	- 0. 025 ***	- 0. 550 ***	0. 118 ***	- 0. 625 ***	- 0. 357 ***	- 0. 236 ***	0. 307 ***

续表

变量	Lb	firsthold	Dual	Mshare	Indep	Board	growth	Fa	z_score
debt 1	0.003	0.027***	0.019***	0.055***	0.006	0.022***	0.143***	-0.057***	-0.000
debt 2	0.047***	0.010	0.027***	0.068***	0.005	0.005	0.121***	-0.016**	0.036***
debt 3	-0.017**	0.024***	0.015**	0.025***	0.010	0.005	0.063***	-0.085	-0.004
cost	-0.561***	-0.051***	-0.072***	-0.172***	-0.045***	0.098***	-0.020***	0.379***	-0.488***
tone	0.258***	0.007	0.086***	0.282***	0.070***	0.006	0.256***	-0.183***	0.187***
lev	-0.752***	0.048***	-0.150***	-0.313***	-0.078***	0.164***	0.020***	0.058***	-0.832***
size	-0.305***	0.205***	-0.149***	-0.146***	-0.033***	0.230***	0.066***	0.018**	-0.485***
age	-0.334***	-0.091***	-0.195***	-0.473***	-0.062***	0.082***	-0.150***	0.011	-0.350***
ROA	0.349***	0.099***	0.057***	0.203***	0.030***	0.001	0.306***	-0.130***	0.491***
Lb	—	-0.029***	0.151***	0.326***	0.098***	-0.186***	0.039***	-0.436***	0.716***
firsthold	-0.033***	—	-0.054***	-0.202***	-0.011	0.012	0.023***	0.059***	-0.050***
Dual	0.143***	-0.060***	—	0.234***	0.099***	-0.187***	0.029***	-0.082***	0.174***
Mshare	0.336***	-0.101***	0.247***	—	0.125***	-0.157***	0.111***	-0.154***	0.332***
Indep	0.070***	-0.024***	0.106***	0.145***	—	-0.301***	0.016**	-0.065***	0.094***
Board	-0.141***	0.020***	-0.176***	-0.197***	-0.292***	—	0.009	0.155***	-0.195***
growth	-0.029***	0.037***	0.005	0.022***	0.014*	-0.023***	—	-0.090***	0.079***
Fa	-0.274***	0.067***	-0.094***	-0.175***	-0.079***	0.167***	-0.086***	—	-0.190***
z_score	0.751***	-0.060***	0.143***	0.303***	0.094***	-0.171***	0.008	-0.173***	—

注：下三角单元格报告的是皮尔逊相关系数，上三角单元格报告的是斯皮尔曼等级相关系数。***、**、*分别表示1%、5%、10%的显著性水平。

第四节 实证结果报告与分析

一 基础回归分析

针对债务融资公式（2－1）进行估计，表2－5中第（1）列显示 *tone* 的系数在1%水平显著为正，表明年报语调显著增加了企业的债务融资。可能的原因是年报语调对缓解信息不对称有着较为积极的作用。一方面公司披露信息的语调（修辞）让投资者更好地理解信息（Huang et al.，2014b），同时诉讼风险也确保了语调在合理范围内（Rogers et al.，2011）。另一方面，年报作为书面财务沟通的重要媒介，需要分析师的解读。对于可读性较低的年报而言，就会导致分析师预测准确性降低、分歧增大（Lehavy et al.，2011）。因而语调清晰明了的年报可以提高信息的可读性，缓解投资者和管理层出现的信息不对称。进一步细化外部融资的类别，将债务融资分为短期和长期。第（2）列显示 *tone* 的系数在1%水平显著为正，说明年报语调显著增加了企业的短期债务融资。同时通过第（3）列发现，*tone* 在10%显著水平下显著为正，并增加了企业的长期债务融资。但是年报语调对两类融资的作用有所不同，语调对短期债务融资作用较大。一个有竞争力的解释是，首先，年报的披露频率决定了其影响效果，由于年报按年度发布，因此当年的年报对于企业业绩的影响更大。其次，银行在对过去的年报进行信息筛查时，由于企业业绩表现既定，因而年报语调对于信息的审查意义不大，不如企业的"硬信息"更有说服力。最后，与银行的贷款结构有关，商业贷款理论（亚当·斯密，2015）认为银行发放短期贷款可以提高其流动性。因此，企业获得短期贷款也较多（赖黎等，2016a）。第（4）列显示 *tone* 的系数在5%水平显著为负，说明年报语调显著减少了企业的利息负债比。由于及时、详细地披露政策会降低贷方信息不对称并改变承销商对披露公司违约风险的看法，从而减少了其债务成本（Sengupta，1998）。详细地披露，意味着语调的清晰，能够展示企业当期和未来的发展。同时积极的语调也暗示着企业良好的发展态势。

在控制变量中，以债务融资为例，*lev*、*size*、*Lb*、*Mshare*、*Fa* 在 1% 的显著水平下为负，表明公司的资产负债（*lev*）越高，越会降低债务融资。可能的原因是债务比例越高，可能导致融资成本增大，银行继续授信的可能性降低，进一步减少了债务融资。这与梁上坤等（2013）的研究一致。资产规模（*size*）越大，据前所述，资产负债率越高，负债会更大。这与 Orens 等（2010）、Ertugrul 等（2017）的研究相一致。流动比例（*Lb*）越高，公司现金流越充分，企业贷款意愿会下降。管理层持股（*Mshare*）越多，企业非理性投资可能越少，投资减少意味着债务融资需求降低。固定资产（*Fa*）比例越大，资产周转率会降低，影响企业的盈利能力，进而债务偿还能力减弱。这与 Moscariello 等（2014）和赖黎等（2016a）研究一致。*ROA*、*growth*、*z_ score*，在 1% 的显著水平下为正。*ROA* 和 *growth* 分别从企业的盈利能力和发展情况说明其与企业债务融资的关系，企业盈利能力越强，发展速度越快，偿债能力就越强。这与曾颖和陆正飞（2006）的研究相一致。*z_ score* 越大证明企业风险越小，进而外部投资者所面临的投资风险就小，获得债务融资越多。企业上市时间（*age*）越长，债务融资越少。可能的原因是企业度过成长期，对资金需求量相对下降。随着企业发展时间的推移，积累的自有资金也逐渐增长。这与 Kim 等（2011）研究相一致。董事会人数（*Board*）越多，信息披露质量越高（高雷、宋顺林，2007）。因而会减少信息不对称，增加外部融资。独立董事比例（*Indep*）与债务融资负相关，可能的原因是，独立董事加强了对公司和管理层的监管，降低了企业的非效率融资。两职合一（*Dual*）减少了债务融资比例，可能的原因是经理人权力膨胀降低了企业信息透明度。进而债权人为了保障资产安全，减少了对公司的投资。

表 2 - 5   年报语调与外部融资

变量	(1) debt 1	(2) debt 2	(3) debt 3	(4) cost
tone	0.0855 ***	0.0552 ***	0.0278 *	- 0.0095 **
	(3.50)	(3.39)	(1.94)	(- 2.42)
lev	- 0.1795 ***	- 0.0916 ***	- 0.0876 ***	0.0226 ***
	(- 11.58)	(- 9.19)	(- 9.59)	(8.96)
size	- 0.0296 ***	- 0.0157 ***	- 0.0130 ***	0.0022 ***
	(- 7.62)	(- 6.72)	(- 5.94)	(4.16)
age	- 0.0051	- 0.0027	- 0.0033	0.0029 ***
	(- 0.60)	(- 0.51)	(- 0.78)	(2.68)
ROA	0.1450 ***	0.0971 ***	0.0437 **	- 0.0318 ***
	(3.99)	(4.10)	(2.06)	(- 6.01)
Lb	- 0.0074 ***	- 0.0004	- 0.0067 ***	- 0.0061 ***
	(- 8.14)	(- 0.76)	(- 10.61)	(- 17.57)
firsthold	0.0349	0.0189	0.0064	- 0.0065 **
	(1.39)	(1.24)	(0.45)	(- 2.06)
Dual	- 0.0005	- 0.0024	0.0021	- 0.0007
	(- 0.13)	(- 0.85)	(0.89)	(- 0.94)
Mshare	- 0.0516 **	- 0.0162	- 0.0369 ***	- 0.0092 **
	(- 2.30)	(- 1.10)	(- 3.09)	(- 2.21)
Indep	- 0.0089	- 0.0080	0.0037	0.0070 **
	(- 0.55)	(- 0.69)	(0.37)	(2.55)
Board	0.0082	0.0040	0.0018	- 0.0035 **
	(0.77)	(0.56)	(0.29)	(- 2.15)
growth	0.0072 ***	0.0062 ***	0.0001	0.0000
	(3.38)	(4.14)	(0.08)	(0.13)

续表

变量	(1)	(2)	(3)	(4)
	debt 1	debt 2	debt 3	cost
Fa	− 0. 1010 ***	− 0. 0052	− 0. 0945 ***	0. 0256 ***
	(− 6. 17)	(− 0. 52)	(− 9. 25)	(10. 48)
z_score	0. 0014 ***	0. 0004 *	0. 0008 ***	0. 0001
	(4. 55)	(2. 46)	(4. 77)	(0. 64)
_cons	0. 7502 ***	0. 3735 ***	0. 3691 ***	− 0. 0326 ***
	(8. 60)	(7. 02)	(7. 47)	(− 2. 71)
Year Fixed Effect	Yes	Yes	Yes	Yes
Firm Fixed Effect	Yes	Yes	Yes	Yes
N	19368	19368	19368	19368
adj. R^2	0. 0630	0. 0490	0. 0410	0. 2870

注：*** 、** 、* 分别表示1%、5%、10%的显著性水平；括号中报告的是 t 统计量。

二　异质性分析

(一) 公司控制权异质性的影响

由于信息不对称，政府无法确定，是由于政策负担还是经理人的道德风险给企业造成的损失。因而政府对国企的亏损都要进行事后补贴（林毅夫、李志赟，2004）。所以，地方政府对国有企业出现了无效率补贴（余明桂、潘红波，2008）。首先，源于地方政府有权任免国企的主管，使得地方政府从中捞取好处更为方便（白重恩等，2004），因此降低了补贴效率。其次，为了稳定等因素，银行有时会受到当地官员的强烈鼓励，对那些缺乏资金支付员工的国有企业提供"稳定贷款"（Cull and Xu，2003）。基于以上原因，国企获得外部融资相对"容易"，进而年报语调对于其融资影响有限。反观私营企业，经营信息的披露可能会带来经营风险（王宣喻、储小平，2002）。因此，信息不对称就成为私营企业与银行贷款的鸿沟。为了填补信息空白，语调成为私营企业获得银行贷款的关键。明确的年报语调，可以减少非财务信息的不透明，进而缓解银企信息不对称，帮助企业获得授信。

为此将样本按照企业性质分为国有企业和非国有企业。从表 2 - 6 中显示的结果发现，年报语调促进了企业的外部融资。具体地，第（5）列至第（7）列报告的非国企语调的系数均在 10% 的水平下显著为正。非国企年报语调对外部融资的影响大于国企年报语调对外部融资的影响，证明了本章的假设 2。进一步说明了，年报语调对于非国企融资的重要性。一方面，非国企年报语调会极大消除与债权者的信息不对称。另一方面，积极的语调增加了投资者的信心，促进了企业融资。本章的一个特殊发现，从第（8）列可知，虽然年报语调降低了非国企的利息负债比但不显著，而国企年报语调却显著将低了利息负债比。一个可能的原因是，私人企业的信息不对称，使得银行需要可靠的抵押物和担保（王宣喻、储小平，2002），进而抵押品降低了风险溢价（Berger et al.，2016），所以非国企本身的债务成本降低。因而语调对利息负债比减少不明显，而对国企融资成本减少较为显著。

表 2 - 6 公司控制权的影响

变量	国有企业				非国有企业			
	（1）	（2）	（3）	（4）	（5）	（6）	（7）	（8）
	debt 1	debt 2	debt 3	cost	debt 1	debt 2	debt 3	cost
tone	0.0428 (1.27)	0.0317 (1.42)	0.0147 (0.70)	-0.0120*** (-2.85)	0.1098*** (3.09)	0.0628*** (2.67)	0.0386* (1.90)	-0.0063 (-0.97)
lev	-0.1865*** (-7.84)	-0.0760*** (-5.11)	-0.1086*** (-7.02)	0.0246*** (7.75)	-0.1831*** (-8.40)	-0.1022*** (-7.10)	-0.0809*** (-6.43)	0.0222*** (5.82)

续表

变量	国有企业				非国有企业			
	(1)	(2)	(3)	(4)	(5)	(6)	(7)	(8)
	debt 1	debt 2	debt 3	cost	debt 1	debt 2	debt 3	cost
size	−0.0441***	−0.0281***	−0.0179***	0.0016**	−0.0345***	−0.0164***	−0.0154***	0.0015*
	(−6.71)	(−7.63)	(−4.42)	(2.25)	(−6.42)	(−4.92)	(−5.30)	(1.79)
age	−0.0071	−0.0038	−0.0042	0.0017*	0.0172	0.0095	0.0060	0.0045**
	(−0.59)	(−0.50)	(−0.68)	(1.71)	(1.54)	(1.26)	(0.95)	(2.35)
ROA	0.1454**	0.0958**	0.0274	−0.0317***	0.1468***	0.1057***	0.0511*	−0.0290***
	(2.54)	(2.52)	(0.78)	(−4.62)	(3.03)	(3.35)	(1.88)	(−3.73)
Lb	−0.0098***	0.0038***	−0.0141***	−0.0041***	−0.0061***	−0.0009	−0.0048***	−0.0062***
	(−3.82)	(2.77)	(−6.69)	(−6.04)	(−6.16)	(−1.39)	(−7.11)	(−15.23)
firsthold	−0.0146	0.0011	−0.0342	0.0004	0.0625*	0.0245	0.0330*	−0.0060
	(−0.39)	(0.05)	(−1.48)	(0.10)	(1.71)	(1.12)	(1.68)	(−1.27)
Dual	0.0043	0.0011	0.0015	0.0007	−0.004	−0.0044	0.0012	−0.0014
	(0.61)	(0.21)	(0.37)	(0.81)	(−0.77)	(−1.23)	(0.40)	(−1.40)
Mshare	−0.0733	−0.1287	0.0509	−0.0336*	−0.0446*	−0.0106	−0.0347***	−0.0046
	(−0.43)	(−1.41)	(0.45)	(−1.89)	(−1.89)	(−0.70)	(−2.72)	(−1.05)
Indep	0.0097	0.0099	0.0024	0.0035	−0.0337	−0.0274	−0.0005	0.0092**
	(0.47)	(0.63)	(0.17)	(1.32)	(−1.38)	(−1.63)	(−0.03)	(2.02)
Board	0.0025	−0.0011	−0.0024	−0.0023	0.0051	0.0010	0.0033	−0.0029
	(0.16)	(−0.11)	(−0.23)	(−1.31)	(0.33)	(0.10)	(0.36)	(−1.11)
growth	0.0040	0.0033*	0.0010	−0.0004	0.0074**	0.0068***	−0.0009	0.0002
	(1.24)	(1.70)	(0.43)	(−0.88)	(2.49)	(3.05)	(−0.46)	(0.53)
Fa	−0.1356***	0.0041	−0.1375***	0.0257***	−0.0744***	−0.0143	−0.0621***	0.0268***
	(−5.99)	(0.29)	(−9.13)	(8.85)	(−3.01)	(−0.94)	(−4.33)	(6.54)

续表

变量	国有企业				非国有企业			
	(1)	(2)	(3)	(4)	(5)	(6)	(7)	(8)
	debt 1	debt 2	debt 3	cost	debt 1	debt 2	debt 3	cost
z_score	0.0009	−0.0008*	0.0018***	−0.0004**	0.0012***	0.0006***	0.0005***	0.0001
	(1.35)	(−1.93)	(3.70)	(−2.35)	(3.70)	(2.89)	(2.69)	(1.24)
_cons	1.1812***	0.6793***	0.5649***	−0.0313*	0.7815***	0.3716***	0.3618***	−0.0124
	(7.19)	(7.08)	(5.78)	(−1.87)	(6.94)	(5.15)	(5.92)	(−0.70)
Year Fixed Effect	Yes	Yes	Yes	Yes	Yes	Yes	Yes	Yes
Firm Fixed Effect	Yes	Yes	Yes	Yes	Yes	Yes	Yes	Yes
N	8539	8539	8539	8539	10829	10829	10829	10829
adj. R^2	0.0820	0.0590	0.0670	0.2680	0.0680	0.0550	0.0340	0.2970

注：***、**、*分别表示1%、5%、10%的显著性水平；括号中报告的是 t 统计量。

(二) 公司规模异质性的影响

公司规模越大，证券价格就越依赖于关注企业未来流动性的大型交易机构投资者。而披露可以提高公司证券的未来流动性，因而大公司的资本成本更低（Diamond and Verrecchia，1991）。所以，公司的规模越大，其债务融资可能越多（周勤等，2006）。一方面，由于小公司往往无法准确可靠地传递其信息，因此难以建立高质量的声誉信号以克服信息不透明（Berger and Udell，1998），进而融资受阻。另一方面，小银行更有动力去提供基于客户关系的贷款服务，而大型银行的金融服务倾向于专业化、标准化（Berger and Udell，1998；张捷，2002）。所以大企业和小企业接受的融资服务就可能有差别，最终影响了他们的融资规模。而年报语调在缓解融资压力时，为外界提供了更加积极的信号，这进一步增加了信息披露充分的大企业的融资。

为此本节参考李春涛等（2014）的做法①，将样本按照企业规模分为大企业和小企业。从表 2 - 7 中显示的结果发现，年报语调促进了大企业的外部融资。具体地，第（1）列至第（3）列报告的大企业年报语调的系数均在 5% 的水平下显著为正。证明了本章的假设 3，年报语调增加大企业的外部融资。此外，第（4）列，年报语调的系数在 1% 的水平下显著为负，说明了大企业年报语调的提高会减少企业的利息负债比。可能的原因是，一方面，大企业的信息披露减少信息不对称，降低了企业的融资成本；另一方面，企业年报的积极语调反映了企业未来的良性发展，增强了债权人对企业的信心，降低了风险溢价水平。

表 2 - 7　　　　　　　　　　公司规模的影响

变量	大企业				小企业			
	（1）	（2）	（3）	（4）	（5）	（6）	（7）	（8）
	debt 1	debt 2	debt 3	cost	debt 1	debt 2	debt 3	cost
tone	0.1224 ***	0.0718 **	0.0636 **	-0.0165 ***	0.0216	0.0213	-0.0057	-0.0047
	(2.66)	(2.47)	(2.11)	(-3.67)	(0.76)	(1.05)	(-0.36)	(-0.84)
lev	-0.2879 ***	-0.0949 ***	-0.1814 ***	0.0220 ***	-0.1661 ***	-0.0935 ***	-0.0729 ***	0.0259 ***
	(-8.76)	(-4.38)	(-7.67)	(6.20)	(-9.77)	(-7.82)	(-7.51)	(8.04)
size	-0.1165 ***	-0.0642 ***	-0.0556 ***	0.0001	-0.0384 ***	-0.0214 ***	-0.0148 ***	0.0039 ***
	(-14.00)	(-12.79)	(-10.46)	(0.12)	(-8.12)	(-6.90)	(-5.34)	(4.55)
age	-0.0135 **	-0.0024	-0.0100 **	0.0022 ***	0.0134	0.0062	0.0048	0.0043 **
	(-1.98)	(-0.57)	(-2.40)	(3.03)	(1.34)	(0.92)	(0.85)	(2.11)
ROA	-0.0101	-0.0172	-0.0156	-0.0302 ***	0.1628 ***	0.1317 ***	0.0286	-0.0322 ***
	(-0.13)	(-0.33)	(-0.29)	(-3.68)	(4.29)	(4.95)	(1.32)	(-5.06)

---

① 将当年资产规模高于 67% 分位数的企业归为大企业，低于 67% 分位数的企业归为小企业。

续表

变量	国有企业				非国有企业			
	(1)	(2)	(3)	(4)	(5)	(6)	(7)	(8)
	debt 1	debt 2	debt 3	cost	debt 1	debt 2	debt 3	cost
Lb	−0.0168***	0.0039	−0.0178***	−0.0021***	−0.0062***	−0.0006	−0.0054***	−0.0062***
	(−5.20)	(1.61)	(−4.37)	(−3.26)	(−7.25)	(−1.09)	(−9.87)	(−15.91)
firsthold	−0.0591	−0.0332	−0.0507*	−0.0019	0.0214	0.0076	0.0089	−0.0038
	(−1.30)	(−1.19)	(−1.80)	(−0.47)	(0.77)	(0.39)	(0.59)	(−0.76)
Dual	0.0081	0.0002	0.0071	0.0001	−0.0007	−0.0015	0.0007	−0.0011
	(1.00)	(0.04)	(1.28)	(0.11)	(−0.17)	(−0.46)	(0.30)	(−1.13)
Mshare	−0.1470**	−0.0642	−0.0978**	0.0053	−0.0435**	−0.0139	−0.0311***	−0.0134***
	(−2.32)	(−1.56)	(−2.18)	(0.78)	(−2.02)	(−0.93)	(−2.74)	(−2.69)
Indep	0.0346	0.0129	0.0237	−0.0007	−0.0303	−0.0155	−0.0080	0.0112***
	(1.34)	(0.75)	(1.34)	(−0.27)	(−1.59)	(−1.05)	(−0.70)	(2.61)
Board	0.0149	0.0032	0.0018	−0.0024	0.0255**	0.0133	0.0106	−0.0047*
	(0.68)	(0.23)	(0.13)	(−1.64)	(2.26)	(1.58)	(1.61)	(−1.89)
growth	−0.0009	0.0016	−0.0029	−0.0004	0.0065**	0.0064***	−0.0005	0.0006
	(−0.24)	(0.62)	(−1.12)	(−1.39)	(2.45)	(3.37)	(−0.28)	(1.44)
Fa	−0.1907***	−0.0203	−0.1704***	0.0245***	−0.0604***	0.0033	−0.0645***	0.0280***
	(−6.34)	(−1.08)	(−7.59)	(8.21)	(−3.03)	(0.26)	(−5.45)	(8.16)
z_score	0.0027**	0.0007	0.0025***	−0.0004	0.0012***	0.0004**	0.0006***	0.0002*
	(2.32)	(0.84)	(3.26)	(−1.17)	(4.15)	(2.15)	(4.34)	(1.66)
_cons	2.9522***	1.5266***	1.5076***	0.0006	0.8212***	0.4439***	0.3435***	−0.0661***
	(15.48)	(13.02)	(12.57)	(0.04)	(8.09)	(6.54)	(5.72)	(−3.60)
Year Fixed Effect	Yes	Yes	Yes	Yes	Yes	Yes	Yes	Yes

续表

变量	国有企业				非国有企业			
	(1)	(2)	(3)	(4)	(5)	(6)	(7)	(8)
	debt 1	debt 2	debt 3	cost	debt 1	debt 2	debt 3	cost
Firm Fixed Effect	Yes	Yes	Yes	Yes	Yes	Yes	Yes	Yes
N	6386	6386	6386	6386	12982	12982	12982	12982
adj. R^2	0.2340	0.1540	0.1590	0.1950	0.0690	0.0510	0.0350	0.3000

注：***、**、*分别表示1%、5%、10%的显著性水平；括号中报告的是 t 统计量。

(三) 金融环境异质性的影响

金融发达地区，银行传递和获得借款企业信息较为便捷，银行可以根据信息评估这些企业投资项目进而对其合理授信。而在金融欠发达地区，信息不对称可能使企业获得融资难度增加（余明桂、潘红波，2008）。金融体系的发展有利于缓解信息不对称，因而企业获得长期贷款的可能性就会增加（Barclay and Smith，1995）。刘启亮等（2012）认为，制度环境有利于提高公司的内控质量。在金融环境较好地区的公司，其信息透明度可能更高，因而积极的年报语调则是真实可信的，会增加金融机构对其授信。从另一个侧面讲，金融发达地区各项法规较为健全，那么对于保护债权人合法利益的法律制度较为完备，所以金融机构更愿意满足当地企业的融资需求。

参考王小鲁等（2016）信贷资金分配市场化指数，将样本分为金融环境较好和金融环境较差两类。从表2-8中显示的结果发现，年报语调促进了金融环境较好地区的企业融资。具体地，第（1）列至第（2）列报告的所处金融环境较好地区企业年报语调的系数均在1%的水平下显著为正。第（3）列虽然不显著，但符号为正，证明了本章的假设4。

年报语调会增加所处金融环境较好地区公司的外部融资。此外，第（4）列，年报语调的系数在1%的水平下显著为负，说明了金融环境较好地区企业年报语调的提高会减少企业的利息负债比。一个原因是金融环境较好地区的公司信息透明度较高，所以可以减少企业的融资成本（李志军、王善平，2011）。

表 2 - 8　　　　　　　　　　金融环境的影响

变量	金融环境较好				金融环境较差			
	（1）	（2）	（3）	（4）	（5）	（6）	（7）	（8）
	debt 1	debt 2	debt 3	cost	debt 1	debt 2	debt 3	cost
tone	0.0986 ***	0.0677 ***	0.0267	-0.0131 ***	0.0717	0.0237	0.0436	-0.0036
	(3.20)	(3.30)	(1.52)	(-2.63)	(1.63)	(0.79)	(1.63)	(-0.53)
lev	-0.1952 ***	-0.1036 ***	-0.0917 ***	0.0282 ***	-0.1637 ***	-0.0837 ***	-0.0823 ***	0.0134 ***
	(-9.69)	(-7.82)	(-7.94)	(9.41)	(-6.08)	(-5.26)	(-4.91)	(2.72)
size	-0.0298 ***	-0.0161 ***	-0.0127 ***	0.0013 *	-0.0347 ***	-0.0187 ***	-0.0169 ***	0.0037 ***
	(-5.70)	(-5.20)	(-4.45)	(1.79)	(-5.44)	(-4.74)	(-4.35)	(4.18)
age	0.0011	-0.0008	0.0007	0.0036 ***	-0.0229	-0.0029	-0.0200	0.0045
	(0.12)	(-0.15)	(0.16)	(3.03)	(-0.85)	(-0.19)	(-1.16)	(1.27)
ROA	0.1433 ***	0.0867 ***	0.0526 **	-0.0330 ***	0.1370 **	0.0996 **	0.0331	-0.0298 ***
	(3.07)	(2.79)	(1.99)	(-4.96)	(2.17)	(2.55)	(0.86)	(-3.25)
Lb	-0.0077 ***	-0.0008	-0.0069 ***	-0.0061 ***	-0.0067 ***	0.0002	-0.0063 ***	-0.0059 ***
	(-6.76)	(-1.17)	(-8.69)	(-13.79)	(-4.20)	(0.25)	(-5.40)	(-10.61)
firsthold	0.0241	0.0146	-0.0025	-0.0070 *	0.0254	0.0018	0.0041	-0.0048
	(0.75)	(0.76)	(-0.14)	(-1.74)	(0.54)	(0.06)	(0.14)	(-0.86)
Dual	-0.0004	-0.0040	0.0046 *	-0.0009	0.0022	0.0023	-0.0015	0.0004
	(-0.09)	(-1.18)	(1.66)	(-1.05)	(0.28)	(0.43)	(-0.32)	(0.32)

续表

变量	金融环境较好				金融环境较差			
	（1）	（2）	（3）	（4）	（5）	（6）	（7）	（8）
	debt 1	debt 2	debt 3	cost	debt 1	debt 2	debt 3	cost
Mshare	−0.0297	−0.0063	−0.0259*	−0.0061	−0.1382***	−0.0602*	−0.0787***	−0.0250***
	（−1.17）	（−0.37）	（−1.90）	（−1.27）	（−2.62）	（−1.74）	（−2.76）	（−2.72）
Indep	−0.0047	−0.0100	0.0081	0.0068*	−0.0268	−0.0024	−0.0152	0.0095**
	（−0.23）	（−0.69）	（0.62）	（1.93）	（−0.94）	（−0.12）	（−0.93）	（2.08）
Board	0.0017	0.0012	−0.0008	−0.0029	0.0209	0.0053	0.0101	−0.0038
	（0.12）	（0.13）	（−0.10）	（−1.40）	（1.21）	（0.42）	（0.91）	（−1.36）
growth	0.0068**	0.0062***	−0.0001	0.0002	0.0069**	0.0066***	−0.0008	−0.0002
	（2.29）	（3.18）	（−0.06）	（0.60）	（2.00）	（2.61）	（−0.33）	（−0.32）
Fa	−0.1091***	−0.0101	−0.0981***	0.0228***	−0.0891***	0.0006	−0.0896***	0.0334***
	（−5.13）	（−0.76）	（−7.45）	（7.09）	（−3.04）	（0.04）	（−4.73）	（8.56）
z_score	0.0015***	0.0005**	0.0010***	0.0002	0.0011**	0.0003	0.0006**	−0.0002
	（4.11）	（2.32）	（4.44）	（1.62）	（2.07）	（1.00）	（2.02）	（−1.13）
_cons	0.7552***	0.3892***	0.3558***	−0.0160	0.9134***	0.4399***	0.5101***	−0.0731***
	（6.66）	（5.70）	（5.64）	（−1.03）	（5.16）	（4.05）	（4.82）	（−3.16）
Year Fixed Effect	Yes	Yes	Yes	Yes	Yes	Yes	Yes	Yes
Firm Fixed Effect	Yes	Yes	Yes	Yes	Yes	Yes	Yes	Yes
N	12939	12939	12939	12939	6429	6429	6429	6429
adj. R^2	0.0570	0.0490	0.0350	0.2980	0.0780	0.0510	0.0580	0.2520

注：***、**、*分别表示1%、5%、10%的显著性水平；括号中报告的是 t 统计量。

第五节 进一步检验与分析

一 内生性分析

由于年报语调与企业的外部融资可能存在内生性，比如企业的外部融资状况一直很好（良好的银企关系），同时年报也保持较为积极的语调，那么企业获得债务融资可能并非由积极语调发出的信号。因此，本节使用工具变量法缓解此类内生性问题。工具变量选取借鉴曾庆生等（2018）的方法，选取同年同行业的均值（$tone\_ind$），作为$tone$的工具变量。从相关性看，行业相同的公司，面临的外部环境较为类似，因而他们的语调有一定的相关性，而目前没有证据显示，同行业的语调会影响公司债务融资，满足外生性。此外，在弱工具变量检验中，F统计值大于10，表明不存在弱工具变量问题。表2-9的第（2）列和第（4）列回归结果中，$tone$的系数在1%的水平下显著为正，表明年报语调可以显著提高公司债务融资水平。虽然在第（3）列的回归结果中，$tone$的系数不显著，但符号依然为正，符合预期。第（5）列回归结果中，$tone$的系数在1%的水平下显著为负，表明年报语调可以显著降低公司债务融资成本。因此，在缓解内生性问题后，本节基本结论依然成立。

表2-9　　　　　　　　工具变量法回归结果

变量	(1)	(2)	(3)	(4)	(5)
	tone	debt 1	debt 2	debt 3	cost
$tone\_ind$	0.7073 *** (29.719)	—	—	—	—
$tone$	—	0.1851 *** (2.78)	0.0124 (0.27)	0.1861 *** (4.47)	−0.1294 *** (−8.78)

续表

变量	（1）	（2）	（3）	（4）	（5）
	tone	debt 1	debt 2	debt 3	cost
lev	− 0. 0450 ***	0. 0171 **	0. 0050	0. 0121 **	0. 0102 ***
	（ − 13. 101）	（2. 13）	（0. 93）	（2. 42）	（6. 28）
size	0. 0147 ***	0. 0014	0. 0007	0. 0006	0. 0008 ***
	（29. 292）	（1. 02）	（0. 70）	（0. 74）	（2. 83）
age	− 0. 0026 ***	− 0. 0007 **	− 0. 0009 ***	0. 0003 *	− 0. 0006 ***
	（ − 28. 075）	（ − 2. 49）	（ − 4. 89）	（1. 76）	（ − 10. 25）
ROA	0. 2146 ***	0. 0444	0. 0427 **	− 0. 0010	− 0. 0178 ***
	（19. 070）	（1. 55）	（2. 24）	（ − 0. 05）	（ − 2. 90）
Lb	0. 0011 ***	− 0. 0042 ***	− 0. 0012 ***	− 0. 0027 ***	− 0. 0071 ***
	（3. 758）	（ − 6. 46）	（ − 3. 05）	（ − 6. 74）	（ − 25. 64）
firsthold	− 0. 0259 ***	0. 0074	− 0. 0003	0. 0059	− 0. 0166 ***
	（ − 8. 313）	（1. 11）	（ − 0. 07）	（1. 35）	（ − 11. 84）
Dual	0. 0019 *	0. 0032	0. 0022	0. 0015	0. 0004
	（1. 783）	（1. 43）	（1. 36）	（1. 08）	（0. 77）
Mshare	0. 0352 ***	− 0. 0004	0. 0104 **	− 0. 0122 ***	− 0. 0025
	（11. 705）	（ − 0. 06）	（2. 24）	（ − 3. 27）	（ − 1. 46）
Indep	0. 0428 ***	− 0. 0026	0. 0034	− 0. 0046	0. 0135 ***
	（7. 105）	（ − 0. 22）	（0. 43）	（ − 0. 61）	（5. 35）
Board	0. 0116 ***	0. 0028	0. 0042	− 0. 0016	− 0. 0014
	（4. 685）	（0. 56）	（1. 25）	（ − 0. 48）	（ − 1. 33）
growth	0. 0003	0. 0137 ***	0. 0092 ***	0. 0036 ***	0. 0010 ***
	（0. 398）	（6. 50）	（6. 97）	（2. 70）	（3. 25）

续表

变量	(1)	(2)	(3)	(4)	(5)
	tone	debt 1	debt 2	debt 3	cost
Fa	− 0. 0359 ***	− 0. 0247 ***	− 0. 0027	− 0. 0200 ***	0. 0213 ***
	(− 12. 719)	(− 3. 41)	(− 0. 57)	(− 4. 17)	(15. 51)
z_score	− 0. 0006 ***	0. 0008 ***	0. 0002 *	0. 0005 ***	− 0. 0003 ***
	(− 7. 150)	(3. 97)	(1. 80)	(4. 24)	(− 4. 95)
_cons	− 0. 2283 ***	− 0. 0436 *	− 0. 0082	− 0. 0381 ***	0. 0464 ***
	(− 18. 115)	(− 1. 92)	(− 0. 54)	(− 2. 67)	(10. 52)
Year Fixed Effect	Yes	Yes	Yes	Yes	Yes
Firm Fixed Effect	Yes	Yes	Yes	Yes	Yes
N	19368	19368	19368	19368	19368
adj. R^2	0. 2800	0. 0190	0. 0270	0. 0020	0. 4620

注：***、**、* 分别表示 1%、5%、10% 的显著性水平；第（1）列括号中报告的是 t 统计量；第（2）列至第（4）括号中报告的是 z 统计量。

二　稳健性检验

（一）更换解释变量

为了更好检验结论的稳定性，参考曾庆生等（2018）做法，将年报语调（tone 2）定义为（积极词汇 − 消极词汇）/总词数。结果详见表 2 - 10 第（1）列至第（4）列。第（1）列至第（3）列显示，tone 2 的系数均在 10% 的水平下显著为正，表明年报语调可以显著提高公司债务融资水平。第（4）列显示 tone 2 的系数在 5% 的水平下显著为负，表明年报语调可以显著降低公司债务融资成本。参考王华杰和王克敏（2018）

的做法，本节将语调词典更换为台湾大学制作的《中文情感极性词典》，将其中积极和消极词汇的列表重新构建年报语调，年报语调（*Taiwantone*）定义为（积极词汇 – 消极词汇)/总词数。第（5）列至第（7）列显示，*Taiwantone* 的系数均在 1% 的水平显著为正，表明年报语调可以显著提高公司债务融资水平。第（8）列显示，*Taiwantone* 的系数在 1% 的水平下显著为负，表明年报语调可以显著降低公司债务融资成本。进一步验证了本节结论的稳定性。

表 2 – 10　　　　　　　　　　　更换解释变量回归结果

变量	（1）	（2）	（3）	（4）	（5）	（6）	（7）	（8）
	debt 1	debt 2	debt 3	cost	debt 1	debt 2	debt 3	cost
tone 2	0.5552*** (3.34)	0.3629*** (3.23)	0.1635* (1.72)	−0.0569** (−2.25)	—	—	—	—
Taiwantone	—	—	—	—	0.5534*** (3.91)	0.2550*** (2.68)	0.2693*** (3.11)	−0.0805*** (−3.55)
lev	−0.1802*** (−11.63)	−0.0920*** (−9.24)	−0.0878*** (−9.62)	0.0227*** (9.00)	−0.1797*** (−11.60)	−0.0921*** (−9.24)	−0.0873*** (−9.56)	0.0226*** (8.94)
size	−0.0291*** (−7.49)	−0.0154*** (−6.60)	−0.0129*** (−5.87)	0.0022*** (4.07)	−0.0292*** (−7.47)	−0.0153*** (−6.48)	−0.0131*** (−5.93)	0.0022*** (4.16)
age	−0.0052 (−0.61)	−0.0028 (−0.52)	−0.0034 (−0.79)	0.0029*** (2.69)	−0.0049 (−0.58)	−0.0027 (−0.51)	−0.0032 (−0.74)	0.0029*** (2.64)
ROA	0.1465*** (4.05)	0.0980*** (4.15)	0.0445** (2.11)	−0.0321*** (−6.07)	0.1473*** (4.07)	0.1005*** (4.27)	0.0427** (2.02)	−0.0317*** (−5.99)
Lb	−0.0074*** (−8.15)	−0.0004 (−0.77)	−0.0067*** (−10.61)	−0.0061*** (−17.57)	−0.0074*** (−8.19)	−0.0004 (−0.79)	−0.0067*** (−10.64)	−0.0061*** (−17.54)

续表

变量	(1)	(2)	(3)	(4)	(5)	(6)	(7)	(8)
	debt 1	debt 2	debt 3	cost	debt 1	debt 2	debt 3	cost
firsthold	0.0343	0.0186	0.0063	−0.0064 **	0.0342	0.0187	0.0060	−0.0064 **
	(1.37)	(1.21)	(0.44)	(−2.04)	(1.37)	(1.23)	(0.42)	(−2.03)
Dual	−0.0005	−0.0024	0.0021	−0.0007	−0.0004	−0.0023	0.0021	−0.0007
	(−0.12)	(−0.84)	(0.90)	(−0.94)	(−0.10)	(−0.82)	(0.91)	(−0.96)
Mshare	−0.0509 **	−0.0158	−0.0366 ***	−0.0093 **	−0.0507 **	−0.0151	−0.0370 ***	−0.0092 **
	(−2.27)	(−1.07)	(−3.06)	(−2.23)	(−2.26)	(−1.02)	(−3.09)	(−2.21)
Indep	−0.0087	−0.0079	0.0038	0.0069 **	−0.0093	−0.0080	0.0033	0.0071 ***
	(−0.53)	(−0.68)	(0.38)	(2.54)	(−0.57)	(−0.69)	(0.33)	(2.59)
Board	0.0087	0.0044	0.0021	−0.0036 **	0.0088	0.0046	0.0019	−0.0036 **
	(0.83)	(0.62)	(0.32)	(−2.20)	(0.84)	(0.64)	(0.30)	(−2.18)
growth	0.0073 ***	0.0063 ***	0.0001	0.0000	0.0070 ***	0.0062 ***	0.0000	0.0001
	(3.41)	(4.17)	(0.10)	(0.10)	(3.28)	(4.08)	(0.00)	(0.25)
Fa	−0.1014 ***	−0.0055	−0.0947 ***	0.0257 ***	−0.1014 ***	−0.0058	−0.0943 ***	0.0256 ***
	(−6.20)	(−0.55)	(−9.27)	(10.50)	(−6.20)	(−0.59)	(−9.23)	(10.46)
z_score	0.0014 ***	0.0004 **	0.0008 ***	0.0001	0.0014 ***	0.0004 **	0.0008 ***	0.0001
	(4.58)	(2.50)	(4.79)	(0.63)	(4.52)	(2.43)	(4.75)	(0.66)
_cons	0.7440 ***	0.3695 ***	0.3671 ***	−0.0319 ***	0.7281 ***	0.3622 ***	0.3594 ***	−0.0296 **
	(8.51)	(6.92)	(7.41)	(−2.65)	(8.30)	(6.74)	(7.25)	(−2.46)
Year Fixed Effect	Yes	Yes	Yes	Yes	Yes	Yes	Yes	Yes
Firm Fixed Effect	Yes	Yes	Yes	Yes	Yes	Yes	Yes	Yes
N	19368	19368	19368	19368	19368	19368	19368	19368
adj. R²	0.0630	0.0480	0.0410	0.2870	0.0630	0.0480	0.0410	0.2870

注：*** 、** 、* 分别表示1%、5%、10%的显著性水平；括号中报告的是 t 统计量。

（二）更换被解释变量的结果

为了使结论更加稳定，本章借鉴才国伟等（2018）将债务融资重新定义为（短期借款期初与期末的差值＋长期借款期初与期末的差值＋应付债券期初与期末的差值)/滞后一期的总资产，参考钟凯等（2016）将短期债务融资定义为（取得借款收到的现金－长期借款期初与期末的差值）/总资产，根据赖黎等（2016b）将长期债务融资定义为（长期借款＋一年内到期的长期借款)/总资产，根据李广子和刘力（2009）将利息负债比重新定义为财务费用/负债的平均值。回归结果见表 2 - 11，从第（1）列至第（3）列可以看出，年报语调在5％的水平下显著为正，增加了企业的债务融资。第（4）列 *tone* 的系数在 5％的水平下显著为负，说明年报语调降低了企业的利息负债比，再次证明了本章的假设 1。

表 2 - 11　　　　　　　　　更换被解释变量回归结果

变量	(1)	(2)	(3)	(4)
	debt 1	debt 2	debt 3	cost
tone	0.0776 ***	0.0672 **	0.0509 ***	− 0.0081 **
	(3.45)	(2.14)	(3.48)	（− 2.05）
lev	− 0.1889 ***	0.3083 ***	0.1221 ***	0.0117 ***
	（− 12.88）	(13.54)	(12.84)	(4.66)
size	− 0.0268 ***	0.0306 ***	0.0245 ***	0.0017 ***
	（− 7.57）	(7.06)	(10.15)	(3.17)
age	− 0.0047	− 0.0044	0.0023	0.0031 ***
	（− 0.58）	（− 0.59）	(0.51)	(3.09)
ROA	0.1604 ***	− 0.2489 ***	− 0.0282	− 0.0277 ***
	(4.75)	（− 6.43）	（− 1.10）	（− 5.34）
Lb	− 0.0078 ***	− 0.0051 ***	0.0016 ***	− 0.0072 ***
	（− 8.91）	（− 5.38）	(3.67)	（− 19.48）

续表

变量	(1)	(2)	(3)	(4)
	debt 1	debt 2	debt 3	cost
firsthold	0.0385*	0.0211	0.0371**	−0.0059*
	(1.66)	(0.72)	(2.56)	(−1.85)
Dual	0.0004	0.0004	−0.0026	−0.0007
	(0.11)	(0.07)	(−1.15)	(−0.99)
Mshare	−0.0421**	0.0891***	−0.0175*	−0.0108**
	(−2.05)	(4.13)	(−1.92)	(−2.50)
Indep	−0.0033	−0.0280	−0.0028	0.0074***
	(−0.22)	(−1.44)	(−0.33)	(2.69)
Board	0.0104	0.0000	−0.0137*	−0.0029*
	(1.08)	(0.00)	(−1.82)	(−1.72)
growth	0.0064***	0.0009	−0.0021*	0.0002
	(3.09)	(0.45)	(−1.92)	(0.67)
Fa	−0.0975***	0.0534***	0.0104	0.0223***
	(−6.38)	(2.90)	(0.87)	(9.17)
z_score	0.0013***	0.0008***	0.0001	0.0001
	(4.85)	(3.03)	(0.57)	(0.66)
_cons	0.6868***	−0.5805***	−0.5363***	−0.0151
	(8.63)	(−5.76)	(−9.92)	(−1.28)
Year Fixed Effect	Yes	Yes	Yes	Yes
Firm Fixed Effect	Yes	Yes	Yes	Yes
N	19368	19368	19368	19368
adj. R^2	0.0650	0.1210	0.1030	0.3160

注：***、**、*分别表示1%、5%、10%的显著性水平；括号中报告的是 t 统计量。

（三）剔除年报重述后的结果

年报重述反映了公司内控上的缺陷，一定程度上会影响年报的正常语调。年报语调作为投资者重要的投资依据，一旦发生重述，势必影响企业正常的融资活动。本章在去除重述后的年报，发现表2－12第（1）列至第（3）列显示，$tone$ 的系数均在10%的水平下显著为正，表明年报语调可以显著提高公司债务融资水平。第（4）列显示，$tone$ 的系数在1%的水平下显著为负，表明年报语调可以降低公司债务融资成本。进一步验证了本章结论的稳定性。

表2－12　　　　　　　　去除重述年报回归结果

变量	（1） debt 1	（2） debt 2	（3） debt 3	（4） cost
$tone$	0.0927 *** (3.60)	0.0599 *** (3.53)	0.0284 * (1.85)	－ 0.0106 *** （－2.58）
lev	－ 0.1776 *** （－10.93）	－ 0.0890 *** （－8.53）	－ 0.0883 *** （－9.15）	0.0220 *** (8.26)
$size$	－ 0.0274 *** （－6.55）	－ 0.0154 *** （－6.12）	－ 0.0119 *** （－5.07）	0.0018 *** (3.12)
age	－ 0.0035 （－0.44）	－ 0.0015 （－0.31）	－ 0.0023 （－0.53）	0.0029 ** (2.21)
ROA	0.1371 *** (3.63)	0.0982 *** (3.89)	0.0311 (1.41)	－ 0.0338 *** （－6.02）
Lb	－ 0.0073 *** （－7.48）	－ 0.0005 （－0.90）	－ 0.0067 *** （－9.76）	－ 0.0062 *** （－17.07）
$firsthold$	0.0275 (1.05)	0.0185 (1.14)	－ 0.0001 （－0.01）	－ 0.0065 * （－1.95）
$Dual$	0.0021 (0.48)	－ 0.0006 （－0.21）	0.0026 (1.08)	－ 0.0007 （－0.94）

续表

变量	(1)	(2)	(3)	(4)
	debt 1	debt 2	debt 3	cost
Mshare	−0.0664 ***	−0.018	−0.0507 ***	−0.0107 **
	(−2.70)	(−1.12)	(−3.88)	(−2.41)
Indep	0.0058	−0.0004	0.0104	0.0084 ***
	(0.35)	(−0.03)	(1.02)	(2.94)
Board	0.0121	0.0063	0.0050	−0.0030 *
	(1.10)	(0.85)	(0.73)	(−1.79)
growth	0.0061 ***	0.0055 ***	0.0003	0.0001
	(2.68)	(3.62)	(0.17)	(0.38)
Fa	−0.0994 ***	−0.0124	−0.0880 ***	0.0258 ***
	(−6.01)	(−1.20)	(−8.42)	(10.25)
z_score	0.0013 ***	0.0004 **	0.0009 ***	0.0001
	(4.12)	(2.07)	(4.67)	(0.53)
_cons	0.6846 ***	0.3546 ***	0.3327 ***	−0.0239 *
	(7.48)	(6.31)	(6.40)	(−1.80)
Year Fixed Effect	Yes	Yes	Yes	Yes
Firm Fixed Effect	Yes	Yes	Yes	Yes
N	17841	17841	17841	17841
adj. R^2	0.0590	0.0470	0.0380	0.2880

注：***、**、*分别表示1%、5%、10%的显著性水平；括号中报告的是 t 统计量。

（四）排除银企关系的结果

关系型贷款增加了企业的贷款可获得性。一方面，建立了良好的信贷关系的企业本身在融资上有相对优势，银行掌握了企业较为充足的私有信息，因而银企关系较好的企业，年报语调的作用较弱。另一方面，未构建良好银企关系的银行拥有较强的议价能力，企业因此会被抬高贷款利率，因而会提高企业的融资成本。所以，为了避免银企关系对回归的干扰，故去除此类样本。根据翟胜宝等（2014）对银企关系的定义，本章将银企关系定义为上市公司是否有银行持股，将持有银行股份的上市公司排除掉，再次进行回归，发现表 2 - 13 第（1）列至第（3）列显示，*tone* 的系数均在 10% 的水平以下显著为正，表明年报语调可以显著提高公司债务融资水平。第（4）列显示，*tone* 的系数在 5% 的水平下显著为负，表明年报语调可以显著降低公司债务融资成本，进一步验证了本节结论的稳定性。

表 2 - 13　　　　　　　　排除银企关系的回归结果

变量	（1）	（2）	（3）	（4）
	debt 1	debt 2	debt 3	cost
tone	0.0711 ***	0.0462 ***	0.0256 *	− 0.0106 **
	(2.85)	(2.69)	(1.69)	(− 2.55)
lev	− 0.1833 ***	− 0.0900 ***	− 0.0935 ***	0.0235 ***
	(− 11.06)	(− 8.09)	(− 9.62)	(9.05)
size	− 0.0395 ***	− 0.0213 ***	− 0.0177 ***	0.0021 ***
	(− 9.16)	(− 8.04)	(− 7.01)	(3.79)
age	− 0.0064	− 0.0023	− 0.0048	0.0035 ***
	(− 0.74)	(− 0.41)	(− 1.12)	(3.17)
ROA	0.1671 ***	0.1122 ***	0.0581 **	− 0.0323 ***
	(4.21)	(4.27)	(2.56)	(− 5.38)
Lb	− 0.0079 ***	− 0.0005	− 0.0071 ***	− 0.0062 ***
	(− 8.80)	(− 0.81)	(− 11.03)	(− 16.84)
firsthold	0.0187	0.0040	0.0036	− 0.0059 *
	(0.73)	(0.25)	(0.24)	(− 1.77)
Dual	0.0003	− 0.0025	0.0023	− 0.0007
	(0.07)	(− 0.84)	(0.93)	(− 0.95)
Mshare	− 0.0654 ***	− 0.0256 *	− 0.0389 ***	− 0.0098 **
	(− 2.91)	(− 1.71)	(− 3.14)	(− 2.30)

续表

变量	(1) debt 1	(2) debt 2	(3) debt 3	(4) cost
Indep	− 0.0037 (− 0.23)	− 0.0082 (− 0.69)	0.0072 (0.70)	0.0059 ** (2.13)
Board	0.0088 (0.79)	0.0020 (0.26)	0.0033 (0.48)	− 0.0039 ** (− 2.26)
growth	0.0061 *** (2.67)	0.0056 *** (3.42)	− 0.0002 (− 0.12)	− 0.0003 (− 0.93)
Fa	− 0.1141 *** (− 6.77)	− 0.0100 (− 0.92)	− 0.1038 *** (− 9.82)	0.0272 *** (10.50)
z_score	0.0014 *** (4.44)	0.0004 ** (2.30)	0.0008 *** (4.51)	0.0001 (0.96)
_cons	0.9773 *** (10.15)	0.5047 *** (8.45)	0.4728 *** (8.37)	− 0.0305 ** (− 2.50)
Year Fixed Effect	Yes	Yes	Yes	Yes
Firm Fixed Effect	Yes	Yes	Yes	Yes
N	17917	17917	17917	17917
adj. R^2	0.0720	0.0530	0.0490	0.2870

注：*** 、** 、* 分别表示1%、5%、10%的显著性水平；括号中报告的是 *t* 统计量。

(五) 排除政治关联的结果

政治关联对于企业获得银行贷款十分重要。一方面，在发生经济纠纷时，政治关联可以帮助企业获得必要的保护，从而降低经营风险，增加企业贷款（余明桂、潘红波，2008）。另一方面，在经济落后地区的企业，信贷资源相对有限，因此贷款方向和规模容易受到政策影响，具有政治关联的企业可能获得更多的信贷支持。所以具有政治关联的企业，年报语调对于企业获得融资的影响较弱。故应排除此类样本的影响。根据毛新述和周小伟（2015）对政治关联的定义，本章将政治关联定义为上市公司董事长或总经理现在或曾经是人大代表或政协委员，将有政治关联的上市公司排除掉，再次进行回归。发现表 2 – 14 中第（1）列至第（3）列去除有政治关联的企业样本后，年报语调依然可以显著提高公司债务融资水平。第（4）列显示，*tone* 的系数在 5% 的水平下显著为负，表明年报语调可以显著降低公司债务融资成本，再次印证了本节结论的稳定性。

表 2 – 14 　　　　　　　　　排除政治关联的回归结果

变量	（1） debt 1	（2） debt 2	（3） debt 3	（4） cost
tone	0. 0894 *** (3. 07)	0. 0570 *** (2. 90)	0. 0308 * (1. 81)	− 0. 0104 ** (− 2. 23)
lev	− 0. 1754 *** (− 9. 68)	− 0. 0898 *** (− 7. 73)	− 0. 0854 *** (− 8. 02)	0. 0226 *** (7. 54)
size	− 0. 0332 *** (− 7. 22)	− 0. 0186 *** (− 6. 83)	− 0. 0134 *** (− 5. 11)	0. 0027 *** (4. 26)
age	− 0. 0106 (− 1. 16)	− 0. 0056 (− 0. 96)	− 0. 0054 (− 1. 24)	0. 0033 *** (2. 82)
ROA	0. 1286 *** (3. 06)	0. 0890 *** (3. 23)	0. 0309 (1. 28)	− 0. 0279 *** (− 4. 78)
Lb	− 0. 0073 *** (− 6. 08)	− 0. 0005 (− 0. 72)	− 0. 0065 *** (− 7. 92)	− 0. 0060 *** (− 15. 22)
firsthold	0. 0171 (0. 57)	0. 0096 (0. 53)	− 0. 0031 (− 0. 18)	− 0. 0034 (− 0. 92)
Dual	− 0. 0009 (− 0. 19)	− 0. 003 (− 0. 85)	0. 0031 (1. 03)	0. 0015 * (1. 74)
Mshare	− 0. 0567 * (− 1. 95)	− 0. 0222 (− 1. 14)	− 0. 0355 ** (− 2. 45)	− 0. 0173 *** (− 3. 01)
Indep	0. 0014 (0. 07)	− 0. 0001 (− 0. 01)	0. 0054 (0. 45)	0. 0071 ** (2. 14)

续表

变量	(1) debt 1	(2) debt 2	(3) debt 3	(4) cost
Board	0.0186 (1.49)	0.0041 (0.47)	0.0098 (1.27)	−0.0040 ** (−2.09)
growth	0.0046 * (−1.89)	0.0056 *** (3.45)	−0.0019 (−1.25)	0.0002 (0.64)
Fa	−0.1100 *** (−5.52)	−0.0028 (−0.24)	−0.1048 *** (−8.53)	0.0240 *** (8.12)
z_score	0.0013 *** (3.48)	0.0004 * (1.73)	0.0007 *** (3.57)	0.0001 (1.07)
_cons	0.8389 *** (7.98)	0.4495 *** (7.01)	0.3780 *** (6.40)	−0.0472 *** (−3.28)
Year Fixed Effect	Yes	Yes	Yes	Yes
Firm Fixed Effect	Yes	Yes	Yes	Yes
N	13764	13764	13764	13764
adj. R^2	0.0640	0.0480	0.0440	0.2750

注：***、**、* 分别表示1%、5%、10%的显著性水平；括号中报告的是 t 统计量。

（六）加入宏观因素的结果

本章回归结果控制了年份效应，为了尽量避免由于宏观政策的影响而导致的结果偏误，本章并没有将适当的宏观变量纳入模型。基于此，参考赖黎等（2016a）的做法，将国家统计局发布的宏观景气指数纳入模型。但是由于宏观景气指数与年份效应共线，故删去年份效应。回归结果见表2-15，发现第（1）列至第（3）列表在加入宏观因素后，年报语调依然可以显著提高公司债务融资水平。第（4）列显示 tone 的系数在1%的水平下显著为负，表明年报语调可以显著降低公司债务融资成本，证实了本章结论的稳定性。

表 2 – 15　　　　　　　　　　加入宏观因素的回归结果

变量	(1)	(2)	(3)	(4)
	debt 1	debt 2	debt 3	cost
tone	0.0953 ***	0.0698 ***	0.0254 *	− 0.0106 ***
	(4.03)	(4.40)	(1.80)	(− 2.75)
lev	− 0.1786 ***	− 0.0881 ***	− 0.0898 ***	0.0210 ***
	(− 11.56)	(− 8.86)	(− 9.86)	(8.35)
size	− 0.0293 ***	− 0.0154 ***	− 0.0130 ***	0.0025 ***
	(− 7.63)	(− 6.67)	(− 5.98)	(4.75)
age	0.0047 ***	0.0031 ***	0.0013 ***	− 0.0011 ***
	(6.45)	(6.32)	(3.03)	(− 8.95)
ROA	0.1487 ***	0.1095 ***	0.0354 *	− 0.0301 ***
	(4.11)	(4.63)	(1.68)	(− 5.73)
Lb	− 0.0076 ***	− 0.0005	− 0.0069 ***	− 0.0061 ***
	(− 8.68)	(− 0.86)	(− 11.33)	(− 17.97)
firsthold	0.0315	0.0148	0.0071	− 0.0104 ***
	(1.26)	(0.97)	(0.51)	(− 3.30)
Dual	− 0.0007	− 0.0027	0.0022	− 0.0008
	(− 0.17)	(− 0.95)	(0.94)	(− 1.03)
Mshare	− 0.0564 **	− 0.0210	− 0.0366 ***	− 0.0139 ***
	(− 2.52)	(− 1.44)	(− 3.06)	(− 3.32)
Indep	− 0.0033	− 0.0058	0.0069	0.0069 **
	(− 0.20)	(− 0.49)	(0.69)	(2.52)
Board	0.0075	0.0041	0.0010	− 0.0030 *
	(0.72)	(0.58)	(0.16)	(− 1.82)
growth	0.0079 ***	0.0073 ***	− 0.0002	0.0003
	(3.72)	(4.85)	(− 0.16)	(1.02)
Fa	− 0.1005 ***	− 0.0050	− 0.0947 ***	0.0264 ***
	(− 6.19)	(− 0.50)	(− 9.31)	(10.82)

变量	(1)	(2)	(3)	(4)
	debt 1	debt 2	debt 3	cost
z_score	0.0014 ***	0.0006 ***	0.0008 ***	0.0000
	(5.22)	(3.57)	(4.95)	(0.16)
macro	0.0017 ***	0.0008 **	0.0008 ***	−0.0005 ***
	(3.78)	(2.56)	(2.80)	(−8.96)
_cons	0.5323 ***	0.2561 ***	0.2779 ***	0.0312 **
	(5.61)	(4.25)	(5.06)	(2.33)
N	19368	19368	19368	19368
adj. R^2	0.0590	0.0360	0.0370	0.2710

注：***、**、*分别表示1%、5%、10%的显著性水平；括号中报告的是t统计量。

（七）管理层讨论分析的语调进行替换的结果

不同于以往散落在年报中对公司的预测与分析，管理层分析讨论部分集中于对上市公司未来的业绩展望进行说明。由于这个部分是在证监会2012年修订的年报摘要中首次出现的专栏，因此本章收集的样本只能从2012年开始。这部分语调替换的目的是观察样本在语调范围缩小后结果的稳定性。回归结果见表2-16，第（1）列至第（3）列管理层语调可以显著提高公司债务融资水平。相比短期债务融资而言，管理层语调对于长期债务融资影响更大。第（4）列中，MD&A_ tone 的系数不显著，但符号与预期一致，证明了结果的稳定性。

表2-16　　　　管理层讨论分析语调替换的回归结果

变量	(1)	(2)	(3)	(4)
	debt 1	debt 2	debt 3	cost
MD&A_tone	0.5402 ***	0.2586 **	0.3021 ***	−0.0071
	(−3.22)	(2.21)	(2.90)	(−0.24)

续表

变量	（1）	（2）	（3）	（4）
	debt 1	debt 2	debt 3	cost
lev	− 0. 2061 ***	− 0. 1076 ***	− 0. 1018 ***	0. 0284 ***
	（ − 9. 31）	（ − 7. 45）	（ − 7. 95）	（8. 16）
size	− 0. 0483 ***	− 0. 0258 ***	− 0. 0238 ***	0. 0017 **
	（ − 8. 23）	（ − 7. 23）	（ − 6. 51）	（2. 23）
age	0. 0039	0. 0039	− 0. 0010	0. 0032 ***
	（0. 43）	（0. 72）	（ − 0. 21）	（2. 63）
ROA	0. 1116 **	0. 0971 ***	0. 0223	− 0. 0316 ***
	（2. 38）	（3. 04）	（0. 82）	（ − 4. 36）
Lb	− 0. 0078 ***	− 0. 0009	− 0. 0067 ***	− 0. 0062 ***
	（ − 7. 86）	（ − 1. 50）	（ − 9. 61）	（ − 15. 69）
firsthold	− 0. 0170	− 0. 0157	− 0. 0108	− 0. 0093 **
	（ − 0. 52）	（ − 0. 73）	（ − 0. 57）	（ − 2. 01）
Dual	− 0. 0031	− 0. 0047	0. 0014	− 0. 0003
	（ − 0. 62）	（ − 1. 30）	（0. 50）	（ − 0. 32）
Mshare	− 0. 0656 ***	− 0. 0332 **	− 0. 0293 **	− 0. 0109 **
	（ − 2. 67）	（ − 2. 07）	（ − 2. 07）	（ − 2. 18）
Indep	− 0. 0232	− 0. 0199	0. 0000	0. 0086 ***
	（ − 1. 27）	（ − 1. 52）	（0. 00）	（2. 6）
Board	0. 0080	0. 0013	0. 0051	− 0. 0050 **
	（0. 6）	（0. 14）	（0. 61）	（ − 2. 05）
growth	0. 0063 **	0. 0061 ***	− 0. 0002	0. 0000
	（2. 2）	（2. 91）	（ − 0. 13）	（ − 0. 03）
Fa	− 0. 1001 ***	− 0. 0067	− 0. 0975 ***	0. 0257 ***
	（ − 3. 85）	（ − 0. 42）	（ − 6. 14）	（7. 01）
z_score	0. 0019 ***	0. 0009 ***	0. 0009 ***	0. 0004 ***
	（5. 61）	（4. 19）	（4. 56）	（3. 37）

续表

变量	(1)	(2)	(3)	(4)
	debt 1	debt 2	debt 3	cost
_cons	1. 1548 ***	0. 5930 ***	0. 6034 ***	− 0. 0439 **
	(7. 98)	(6. 74)	(6. 90)	(− 2. 31)
Year Fixed Effect	Yes	Yes	Yes	Yes
Fear Fixed Effect	Yes	Yes	Yes	Yes
N	13366	13366	13366	13366
adj. R²	0. 0710	0. 0470	0. 0450	0. 2620

注： ***、**、* 分别表示 1%、5%、10% 的显著性水平；括号中报告的是 t 统计量。

三 影响机制分析

(一) 外部传导机制

面对公司日益增加的复杂性披露，金融分析师在向投资者传递此类消息时就会产生一个问题。分析师会利用他们的专业知识来分析这种复杂的沟通，并为财务报表使用者提供有用的信息，还是更愿意将精力集中在披露不那么复杂的公司上？显然，不太可读的年报会增加分析师披露信息的成本。也就是说，分析师可能承担更高的信息处理成本和更高的私人搜索成本，进而导致预测不准确。如果这些成本很高，那么对于年报可读性较差的公司，分析师的跟踪应该更少（Lehavy et al.，2011）。分析师跟踪越少，就会引起信息不对称，降低股票流动性（Easley and O'hara，2004），股权融资成本增加。公司转而进行债权融资，但是同样由于信息不对称，金融机构也会减少其授信比例。而公司年报语调明晰，就会减少信息不透明带来的较高的外部融资成本（Ertugrul et al.，2017）。年报语调的提高，在一定程度上反映了企业的盈利能力，这吸引了投资者的关注。当投资者需要进一步了解企业经营情况时，就增加了分析师对企业的追踪。分析师为投资者实地考察和解读年报以满足其对企业投资的信息需求。所以年报语调的提高，促进了分析师的跟踪。分析师跟踪的增加降低了信息不对称，故融资约束降低。

参考李春涛等（2014）的做法，将分析师人数定义为跟踪公司的机构数量（*analyst*）。从表 2 – 17 第（1）列发现，年报语调在 1% 的水平显著为正，验证了清晰的语调会增加分析师跟踪。为了更加直观地说明年报语调通过分析师跟踪的增加，进而促进企业的外部融资，本节使用中介效应进行回归分析。第（2）列至第（5）列是验证分析师跟踪的中介效应分析，回归结果显示，在对债务融资的回归中，加入分析师跟踪后，*analyst* 的系数在 1% 的水平显著为正，说明存在中介效应。此时，第（2）列和第（5）列 *tone* 的系数为 0.0481 和 – 0.0093，其显著性分别在 10% 和 5% 的水平下显著。说明分析师跟踪在债务融资和债务成本中起到部分中介效应。第（3）列和第（4）列 *tone* 的系数不显著，说明分析师跟踪在短期及长期债务融资中起到了完全中介效应。

表 2 – 17　　　　　　　　　外部传导机制回归结果

变量	（1）	（2）	（3）	（4）	（5）
	analyst	debt 1	debt 2	debt 3	cost
analyst	—	0.0092 *** （4.10）	0.0049 *** （3.19）	0.0040 *** （2.87）	– 0.0008 ** （– 2.12）
tone	1.2774 *** （9.65）	0.0481 * （1.81）	0.0203 （1.08）	0.0228 （1.35）	– 0.0093 ** （– 2.10）
lev	– 0.1637 ** （– 1.99）	– 0.1850 *** （– 9.59）	– 0.0806 *** （– 6.38）	– 0.1039 *** （– 9.24）	0.0226 *** （7.91）
size	0.4017 *** （19.38）	– 0.0486 *** （– 9.35）	– 0.0272 *** （– 8.02）	– 0.0204 *** （– 6.60）	0.0005 （0.85）

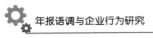

续表

变量	（1） analyst	（2） debt 1	（3） debt 2	（4） debt 3	（5） cost
age	− 0. 0167 （ − 0. 39）	− 0. 0047 （ − 0. 46）	0. 0003 （0. 04）	− 0. 0065 （ − 1. 18）	0. 0042 ** （2. 22）
ROA	3. 9061 *** （18. 93）	0. 1165 ** （2. 51）	0. 0741 ** （2. 38）	0. 0391 （1. 41）	− 0. 0254 *** （ − 3. 91）
Lb	− 0. 0255 *** （ − 5. 27）	− 0. 0076 *** （ − 7. 52）	− 0. 0001 （ − 0. 18）	− 0. 0074 *** （ − 10. 41）	− 0. 0069 *** （ − 16. 86）
firsthold	− 0. 0941 （ − 0. 79）	0. 0089 （0. 31）	0. 0053 （0. 28）	− 0. 0062 （ − 0. 36）	− 0. 0044 （ − 1. 23）
Dual	0. 0094 （0. 40）	0. 0038 （0. 78）	− 0. 0015 （ − 0. 44）	0. 0060 ** （2. 13）	0. 0002 （0. 30）
Mshare	0. 2683 ** （2. 10）	− 0. 0721 *** （ − 2. 93）	− 0. 0316 * （ − 1. 92）	− 0. 0454 *** （ − 3. 42）	− 0. 0145 *** （ − 3. 03）
Indep	0. 1048 （1. 26）	− 0. 0009 （ − 0. 05）	− 0. 0056 （ − 0. 44）	0. 0074 （0. 67）	0. 0027 （0. 90）
Board	0. 0457 （0. 76）	0. 0040 （0. 32）	0. 0024 （0. 28）	− 0. 0004 （ − 0. 05）	− 0. 0050 *** （ − 2. 58）
growth	− 0. 0401 *** （ − 3. 61）	0. 0088 *** （3. 20）	0. 0072 *** （3. 53）	0. 0006 （0. 34）	− 0. 0006 * （ − 1. 82）
Fa	− 0. 3011 *** （ − 3. 64）	− 0. 1177 *** （ − 6. 21）	− 0. 0130 （ − 1. 09）	− 0. 1031 *** （ − 8. 54）	0. 0248 *** （8. 99）
z_score	0. 0113 *** （7. 79）	0. 0008 ** （2. 53）	0. 0002 （0. 76）	0. 0006 *** （3. 25）	0. 0002 （1. 45）
_cons	− 7. 4070 *** （ − 16. 18）	1. 1839 *** （10. 21）	0. 6245 *** （8. 22）	0. 5486 *** （7. 83）	0. 0077 （0. 52）
Year Fixed Effect	Yes	Yes	Yes	Yes	Yes
Firm Fixed Effect	Yes	Yes	Yes	Yes	Yes

续表

变量	（1） analyst	（2） debt 1	（3） debt 2	（4） debt 3	（5） cost
N	14738	14738	14738	14738	14738
adj. R^2	0. 2310	0. 0740	0. 0530	0. 0520	0. 3270

注：*** 、** 、* 分别表示1%、5%、10%的显著性水平；括号中报告的是 t 统计量。

　　上述结论发现，分析师跟踪增加是年报语调影响债务融资的外部机制，但是外部机制如何发挥作用，需进一步分析。首先，分析师跟踪的增加降低了分析师预测分歧。这是由于年报语调透露出公司清晰明确的信息，因而分析师预测准确度得到提高。但是，当分析师缺少关联激励时，分析师就会更多提供行业层面信息（伊志宏等，2018）。缺少异质性信息的呈现就会增加股价的同步性。其次，股价同步性增加，信息含量就会降低，导致企业股权融资减少。而企业为了经营活动得以继续，势必增加债权融资，进而减少企业融资约束。因而分析师跟踪增加可能通过影响分析师预测偏差，进而影响股价同步性，最后减少企业融资约束。本章根据伊志宏等（2018）定义的股价同步性（SYNGH）、Hadlock 和 Pierce（2010）定义的SA指数，以及周开国等（2014）定义的分析师预测准确度（Ferr）来探讨年报语调与他们的关系。回归结果见表2－18，*tone* 的系数在10%水平下显著，因此进一步证明了分析师跟踪的内在机理。

表 2 - 18　　　　　　　　年报语调对分析师预测的影响

变量	（1） Ferr	（2） SYNGH	（3） SA
tone	－ 4. 4376 ** （ － 2. 09）	0. 5909 *** （4. 43）	－ 0. 1655 *** （ － 6. 57）

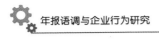

续表

变量	(1)	(2)	(3)
	Ferr	SYNGH	SA
lev	− 4. 3318 ***	− 0. 5353 ***	0. 1245 ***
	(− 3. 87)	(− 7. 55)	(6. 56)
size	0. 5051 **	0. 2414 ***	− 0. 0601 ***
	(2. 30)	(13. 68)	(− 9. 92)
age	− 0. 0978	0. 0023	− 0. 0072
	(− 0. 57)	(0. 05)	(− 0. 65)
ROA	− 20. 5856 ***	0. 7710 ***	0. 0419
	(− 8. 76)	(4. 27)	(0. 85)
Lb	− 0. 2687 *	− 0. 0283 ***	0. 0040 ***
	(− 1. 95)	(− 5. 97)	(3. 91)
firsthold	− 3. 5686 **	− 0. 1869	− 0. 0092
	(− 2. 00)	(− 1. 64)	(− 0. 33)
Dual	− 0. 2601	− 0. 0163	0. 0073
	(− 0. 85)	(− 0. 68)	(1. 57)
Mshare	− 0. 6278	0. 0886	0. 0459 ***
	(− 0. 40)	(0. 79)	(3. 29)
Indep	0. 3908	0. 0515	0. 0062
	(0. 19)	(0. 53)	(0. 46)
Board	0. 6467	− 0. 0376	− 0. 0129
	(0. 54)	(− 0. 62)	(− 1. 18)
growth	− 0. 2200	− 0. 0157	0. 0021
	(− 0. 72)	(− 1. 55)	(0. 63)
Fa	− 0. 5162	0. 0172	− 0. 0015
	(− 0. 22)	(0. 21)	(− 0. 08)
z_score	0. 0384	0. 0051 ***	0. 0005
	(1. 00)	(3. 69)	(1. 08)

续表

变量	(1)	(2)	(3)
	Ferr	SYNGH	SA
cons	-5.9177 (-1.29)	-5.1263*** (-12.31)	-1.9084*** (-13.78)
Year Fixed Effect	Yes	Yes	Yes
Firm Fixed Effect	Yes	Yes	Yes
N	19368	18707	19367
adj. R²	0.0080	0.3170	0.7390

注: ***、**、*分别表示1%、5%、10%的显著性水平; 括号中报告的是 t 统计量。

（二）内部传导机制

银行将 ICW（内部控制缺陷）视为一种重要的信息风险因素。ICW 会导致会计质量变差, 从而增加信息风险 (Ogneva et al. , 2007)。财务报告质量在私人债权合同中起着重要作用, 而且内部控制薄弱导致的信息风险无法通过贷方获取借款人内部信息来消除 (Kim et al. , 2011)。而财务报告的内部控制旨在确保会计的可靠性信息, 从而为外部用户提供可能更高质量的财务报表。因此年报语调作为财务信息的准确性和谨慎性的体现, 进一步提高了财务报告的内控质量, 使得信息风险得以化解, 扩大了企业的融资规模。年报语调的提高, 在一定程度上表明了, 企业会计确认当年的盈利情况。而企业良好的内控质量, 势必以稳健的会计原则为准绳。即"宁可预计可能的损失, 不可预计可能的收益"。因此在稳健性原则下透露的年报净语调, 反映了企业良好的内控质量, 内控的提升又进一步缓解了信息风险, 进而降低了融资成本并扩大了融资规模。

参考周守华等（2013）的做法, 采用迪博（DIB）内控风险数据库中的数据衡量企业内部控制水平，并取自然对数。从表 2 – 19 第（1）列发现，年报语调在 1% 的水平下显著为正，验证了年报的语调会提高企业的内控水平。为了更加直观地说明年报语调通过提高内控质量，进而增加企业的外部融资，使用中介效应进行回归分析，第（2）列至第（5）列是验证企业内控质量的中介效应分析。回归结果显示，在对债务融资的回归中，加入企业内控质量后，bd 的系数在 1% 的水平下显著为正，说明存在中介效应。此时，第（2）列、第（3）列以及第（5）列 *tone* 的系数分别为 0.0670、0.0391 以及 – 0.0100，其显著性均在 5% 的水平下显著。说明企业的内部控制在债务融资、短期债务融资以及债务成本中起到部分中介效应。第（4）列 *tone* 的系数不显著，说明公司的内部控制在长期债务融资中起到了完全中介效应。

表 2 – 19　　　　　　　　内部传导机制回归结果

变量	(1)	(2)	(3)	(4)	(5)
	bd	debt 1	debt 2	debt 3	cost
bd	—	0.0436 *** (4.91)	0.0187 *** (3.15)	0.0249 *** (4.68)	– 0.0030 ** (– 2.57)
tone	0.2550 *** (11.90)	0.0670 *** (2.70)	0.0391 ** (2.35)	0.0233 (1.57)	– 0.0100 ** (– 2.50)
lev	– 0.0414 *** (– 3.76)	– 0.1787 *** (– 11.30)	– 0.0885 *** (– 8.50)	– 0.0893 *** (– 9.68)	0.0231 *** (9.04)
size	0.0289 *** (15.44)	– 0.0345 *** (– 8.17)	– 0.0197 *** (– 7.77)	– 0.0145 *** (– 6.13)	0.0016 *** (2.91)
age	– 0.0006 * (– 1.94)	0.0024 (0.32)	0.0012 (0.26)	0.0004 (0.11)	0.0034 *** (3.15)
ROA	0.3483 *** (9.69)	0.1334 *** (3.41)	0.0950 *** (3.83)	0.0353 (1.52)	– 0.0293 *** (– 5.05)

续表

变量	（1）bd	（2）debt 1	（3）debt 2	（4）debt 3	（5）cost
Lb	− 0. 0021 ***	− 0. 0075 ***	− 0. 0003	− 0. 0069 ***	− 0. 0062 ***
	（ − 3. 51 ）	（ − 8. 26 ）	（ − 0. 50 ）	（ − 10. 90 ）	（ − 17. 48 ）
firsthold	0. 0555 ***	0. 0218	0. 0094	0. 0009	− 0. 0068 **
	（6. 14 ）	（0. 84 ）	（0. 60 ）	（0. 06 ）	（ − 2. 16 ）
Dual	− 0. 0016	− 0. 0012	− 0. 0033	0. 0026	− 0. 0007
	（ − 0. 55 ）	（ − 0. 29 ）	（ − 1. 12 ）	（1. 08 ）	（ − 0. 91 ）
Mshare	0. 0065	− 0. 0688 ***	− 0. 0232	− 0. 0472 ***	− 0. 0119 ***
	（0. 94 ）	（ − 3. 04 ）	（ − 1. 58 ）	（ − 3. 97 ）	（ − 2. 77 ）
Indep	− 0. 0117	− 0. 0033	− 0. 0047	0. 0057	0. 0061 **
	（ − 0. 71 ）	（ − 0. 21 ）	（ − 0. 40 ）	（0. 58 ）	（2. 19 ）
Board	− 0. 0011	0. 0103	0. 0030	0. 0040	− 0. 0041 **
	（ − 0. 15 ）	（0. 95 ）	（0. 41 ）	（0. 60 ）	（ − 2. 44 ）
growth	0. 0013	0. 0054 **	0. 0052 ***	− 0. 0007	− 0. 0001
	（0. 69 ）	（2. 44 ）	（3. 19 ）	（ − 0. 50 ）	（ − 0. 21 ）
Fa	− 0. 0025	− 0. 1143 ***	− 0. 0117	− 0. 0987 ***	0. 0252 ***
	（ − 0. 32 ）	（ − 7. 10 ）	（ − 1. 14 ）	（ − 9. 68 ）	（10. 16 ）
z_score	0. 0010 ***	0. 0013 ***	0. 0004 **	0. 0008 ***	0. 0001
	（5. 47 ）	（4. 41 ）	（2. 10 ）	（4. 99 ）	（1. 26 ）
_cons	5. 8626 ***	0. 5542 ***	0. 3328 ***	0. 2256 ***	0. 0004
	（150. 70 ）	（4. 80 ）	（4. 65 ）	（3. 47 ）	（0. 03 ）
Year Fixed Effect	Yes	Yes	Yes	Yes	Yes
Firm Fixed Effect	Yes	Yes	Yes	Yes	Yes
N	18803	18803	18803	18803	18803
adj. R^2	0. 0570	0. 0680	0. 0510	0. 0440	0. 2860

注：***、**、*分别表示1%、5%、10%的显著性水平；括号中报告的是 t 统计量。

本章小结

本章使用中国上市公司 2007—2017 年年报语调数据进行研究，实证检验了公司的年报语调对外部融资的影响。研究发现，年报语调与企业的外部融资正相关，即年报语调越积极，公司的债务融资越多，债务成本越低。进一步分析发现，年报语调与外部融资在非国企、大企业、金融环境较好地区的正向关系更显著。使用工具变量法和更换年报语调衡量指标后，发现年报语调仍能够促进企业的外部融资。机制检验表明，年报语调通过外部传导机制（分析师）和内部传导机制（企业内部控制）两条路径共同影响企业的外部融资。

本章研究为年报语调对公司经营活动的影响提供了一个全新视角，即企业通过年报语调，缓解信息不对称，增强投资者信心。年报语调显著提高了公司的信息治理水平。一方面，年报语调增强了企业的外部融资、降低了融资成本，这为企业信息治理提供了一个证据补充；另一方面，本章发现年报语调对于企业有着较为显著的影响，这为监督者和经营者提供了一个重要信号。对于监管者而言，要切实防范上市公司年报语调过分"积极"所引起的信息披露违规。对于经营者而言，依法合规的积极披露，才能够有效缓解自身的融资约束。

第三章　年报语调对创新的影响研究

第一节　问题提出

我国经济结构优化升级进入关键阶段,迫切需要大力提高科技创新能力, 加快推进创新驱动发展战略,为把握战略机遇和实现高质量发展提供有力支撑。党的十九大报告指出:"创新是引领发展的第一动力,是建设现代化经济体系的战略支撑。"[1] 党的二十大报告指出:"创新是第一动力, 深入实施科教兴国战略、人才强国战略、创新驱动发展战略, 开辟发展新领域新赛道,不断塑造发展新功能新优势。"[2] 企业作为国民经济发展的重要支柱,是创新发展新理念的排头兵。首先,央企作为国民经济发展的重要支柱,是践行创新发展的骨干力量。科技部和国资委联合发文指出:"支持创新要素向中央企业集聚,不断增强其科技创新能力。其次,科技型中小企业是推动高质量发展的重要力量。"[3] 据 2014 年中国企业经营者问卷跟踪调查显示,小企业在创新投入占比和创新产出占

---

①　习近平:《决胜全面建成小康社会 夺取新时代中国特色社会主义伟大胜利——在中国共产党第十九次全国代表大会上的报告》,人民出版社 2017 年版,第 31 页。

②　习近平:《高举中国特色社会主义伟大旗帜 为全面建设社会主义现代化国家而团结奋斗——在中国共产党第二十次全国代表大会上的报告》,人民出版社 2022 年版,第 33 页。

③　国科发资〔2018〕19 号科技部国资委印发《关于进一步推进中央企业创新发展的意见》的通知。

比方面占据优势（李兰等，2015）。进而科技部通过国家科技计划，增强财政资金补贴力度，对中小企业研发活动给予直接支持。① 长期的经济增长由知识积累和技术创新所驱动（Romer，1986）。因此，作为经济的重要推动力，企业创新成为实物界和理论界共同关注的焦点。

企业作为经济创新的主体，其本身就具有自主研发和成果转化的优势，通过市场需求的反馈获得经济回报。企业在研发过程中，不仅仅有商品的产出，更伴随着知识产品的溢出（郭玥，2018）。而这种知识产品的溢出，天然又具有正外部性（Romer，1986）。企业由于不能长时间保有专有技术和知识，势必通过专利转让等方式来补贴投入损失，显然，企业创新活动的边际收益会降低。而这也促使了其他厂商搭便车行为的频发，导致知识创造的边际产品越来越多，企业创新意愿下降。此外，技术投资回报不能被投资公司所完全占用，因此这些公司不愿投资导致企业的研发投资不足（Hall，2002）。从企业研发投入阶段讲，研发初期由于风险结果的未知性、研发周期的不确定性，企业除了自有资金，很难获得外部融资支持（Hall and Lerner，2010）。更重要的是出于对知识产权的保护，企业不愿透露过多的产品信息，这样就造成了企业与投资者的信息不对称，加深了融资约束困境。在研发的收官阶段，企业同样不愿披露更多信息，原因是防止其他企业的模仿、赶超，使得创新收益下滑。而信贷融资作为企业研发投入的关键外部因素（张璇等，2017），可以缓解那些信息不透明公司的融资约束（Benfratello et al.，2008）。尽管银行在信息获取和信息处理方面具有独特优势（Plumlee et al.，2015），但是企业向贷款人披露有利信息以减少信息不确定性（Akerlof，1970；Hall，2005），依然是缓解信息不对称的关键环节。首先，由于银行受到保密协议的约束，公司可以向银行披露可靠的专利信息（Plumlee et al.，2015）。其次，信息披露越详尽，专利风险披露越充

---

① 国科发区〔2019〕268 号科技部印发《关于新时期支持科技型中小企业加快创新发展的若干政策措施》的通知。

分，稳健的财务报告就会减少贷款成本（赵刚等，2014；王雄元、曾敬，2019）。因此，年报的信息会影响企业的创新。而年报语调是年报信息倾向的具体反映，进而会对企业创新产生更为直接的影响。

已有文献从缓解信息不对称角度探讨其对企业创新的影响。例如，分析师跟踪（徐欣、唐清泉，2010；He and Tian，2013；陈钦源等，2017；Guo et al.，2019），会计质量与审计（江轩宇等，2017；褚剑等，2018），机构调研（杨鸣京等，2018；张勇、殷俊明，2018），新闻媒体（阳丹、夏晓兰，2015；Du et al.，2016；杨道广等，2017），企业社会责任报告（Luo and Du，2015；李文茜等，2018）。可见，企业缓解创新信息不对称，从信息媒介角度出发的文献较多。但是，企业既是创新活动的主要参与者，又是信息的推送者。因此，企业年报的信息对于企业创新起着至关重要的作用，但鲜有文献从此方面进行关注。

在所有权和经营权分离的企业中，管理层即作为创新研发的决策者（孔东民等，2017），又作为企业信息的发布者，在创新中往往需要承担双重角色。一方面，面对高风险的企业创新，管理层如果缺乏必要的激励机制，就会抑制企业的创新。由于大股东和控股股东对公司利益的攫取（唐跃军、左晶晶，2014），所以管理层为了满足既定的业绩指标，就会放弃创新活动的实施（Manso，2011；江伟、姚文韬，2015）。此外，受制于管理层自身能力所限（如承受风险的能力、创新战略的选择等），也会影响企业创新的进一步发展（姚立杰、周颖，2018）。另一方面，企业的创新激励，会促使管理者更多地参与企业的创新活动，当面对创新的困难时，管理层的信息发布显得尤为重要。首先，年报信息披露是企业最重要的信息输出渠道，而管理层分析讨论中所展现的企业文化，不仅在道德上有利于促进企业间的相互关系，而且还可以预期降低某些成本（Audi et al.，2016）。例如，公司的更高信任度可能会降低甚至消除与董事相关的大部分成本（Larcker and Tayan，2013）。这样就消除了企业的内部成本。其次，年报信息中的风险披露，可以降低银行贷款利率（王雄元、曾敬，2019）。因而更具体的风险因素披露对财务报表的使用者更有益（Hope et al.，2016）。进一步，风险信息的披露会提高分析师预测准确度，降低企业的股权融资成本（王雄元、高曦，2018）。再次，社会学理论认为，负面的情感语气会限制团队将正面形象传达给他人，而积极的情感语调可以提高所述能力（Peralta et al.，2015）。因此，信息的情感特征会影响到企业信息披露的效果，进而影响到企业创新。最后，团队明确的目标和承诺使得创造过程与目标绩效一致，进而确保所有成员在解决创新难题时朝同一方向努力（Weingart and Weldon，1991）。所以企业发布的年报信息中有关企业创新的目标和承诺，就会使企业在创新过程中减少来自内部的压力。

然而，上市公司的年报语调能否促进企业创新是一个难以简单判断的问题。首先，从理论上讲，管理层可能操控语调，因此对于企业创新可能起到抑制或者促进作用。其次，在指标构造中，直接测度年报中创新名词的数量，难免有偏误，而具体到描述创新的形容词则更有技术难度。最后，年报语调在不同环境下，是否对创新效果有所不同？年报语调具体通过怎样的路径，最终促进了企业的创新？以上问题鲜有文献回答。

鉴于此，本章以2007—2016年沪深A股非金融上市公司年报语调为基础，从年报语调的角度探讨企业创新。选择年报语调的原因是，一方面，由于它涵盖了企业多方面的信息，可以综合降低企业创新当中的信息不对称；另一方面，企业的创新涉及资金运营，人员安排等多方面问题，因而选择年报语调能反映企业创新全貌。实证检验发现，年报语调可以增加企业的研发支出和发明专利的数量。在更换语调词典和语调度量方式以及控制内生性问题后，所得结果依然稳健。进一步的检验表明公司的股权性质为非国企、公司规模较小，且所处市场环境较差地区的上市公司，其年报语调可以更多增加企业研发支出和专利数量。通过机制检验证明，年报语调通过增加分析师跟踪数量以及减少企业的融资约束，进而增加企业的创新。

本章可能存在的边际贡献如下。首先，从年报语调这一视角出发，关注了对于企业创新方面的作用，鲜有文献研究年报语调与企业创新的直接因果关系，从而丰富和发展了企业创新方面的文献。其次，以往多数语调文献探讨了对资本市场影响，本章则从公司经营层面关注语调对于企业创新的帮助，从而进一步丰富了语调在公司经营层面的文献。这不仅为语调对企业经营活动提供了新的微观证据，而且为企业通过合理的信息披露促进企业创新产出和专利申请量增加提供一定实证依据。最后，本章的结论对于企业有着重要的意义：增加企业的创新产出，不仅要重视硬信息对于创新的实质性影响，还要重视年报语调所披露软信息的积极作用。

本章剩余部分的结构安排如下。第二节为理论分析与研究假设；第三节为研究设计，包括样本选择、数据来源、变量定义、计量模型建立、变量相关性分析；第四节为实证结果报告与分析；第五节为进一步讨论，其中包括内生性、稳健性以及影响机制；最后是本章小结。

第二节　理论分析与研究假设

在研发环境中，非对称信息问题指的是，发明人经常比潜在投资者拥有关于项目成功可能性以及创新项目运行情况更多的信息（Hall，2002）。因此，当内外界信息不一致时，就容易诱发道德风险，使得研发活动受到严重的融资约束（鞠晓生等，2013）。首先，由于研发活动属于公司的商业机密。因此，公司不愿披露关于创新的信息，所以投资者很难获得关于企业的创新信息。其次，由于创新的具体特征而产生的信息不对称会导致投资者要求对创新回报进行"溢价"（Akerlof，1970）。因此，具有相同研发能力的公司，金融资源较少时，更容易受到融资约束的影响（Hottenrott and Peters，2012）。因而，围绕融资渠道对于创新影响的文献由此产生。Hsu 等（2014）认为，高度依赖外部融资的行业通常拥有多个创新投资机会却披露信息较少，发达的股票市场可以更多地为创新项目提供资金并实现更有效的资源配置。但是信贷市场可能会阻碍更多依赖外部融资的行业创新。Brown 等（2012）认为，创新型企业有限的现金流通常不稳定，进而无法稳定地偿还银行的债务，因此债权融资对提高公司创新影响有限（李汇东等，2013）。此外，Berger 和 Udell（1990）发现，具有风险的公司通常不得不使用抵押担保等方式进行债务融资，这对于具有高无形资产（如研发投入、知识产权）价值且具有更大不确定性的创新产业来说是困难的。从其他融资渠道来讲，Tian 和 Wang（2011）发现，能够容忍更多失败的风险投资者所支持的 IPO 公司更具创新性。直接原因是风险投资者对失败的容忍能够帮助创业企业在早期发展阶段克服困难，并使企业的创新潜力得以实现。其间接影响是风险投资者对失败的态度可能对创业公司中容忍失败的文化形成过程产生深远的影响，这反过来又会对公司的创新生产力产生持久的影响。另外，Jaffe 和 Le（2015）通过利用新西兰的数据发现，政府部门对企业研发资助显著增加了公司在制造业和服务部门申请专利的可能性。

　　而缓解企业研发信息不对称的一个重要途径就是通过信息媒介，向市场参与者解读企业相关创新信息。分析师作为市场与企业之间重要的信息传输纽带，可以帮助市场参与者认识到企业创新的长期价值（伊志宏等，2018）。这进一步缓解了企业的融资约束，降低创新的融资成本。一方面，避免了企业由于创新使得短期效益不佳以及管理层受到业绩压力影响，而发生的管理层短视行为（Graham et al. , 2005）。另一方面，分析师的跟踪和关注，对企业创新资金的运用起到了监督作用，进而提高了资金的使用效率（陈钦源等，2017）。与分析师的职能相似，媒体在资本市场当中的作用同样是缓解企业和投资者之间的信息不对称，然而媒体的关注可能导致管理者所受到市场压力更大，进而增加了企业的短视行为，所以减少了企业的创新（阳丹、夏晓兰，2015；杨道广等，2017）。而媒体覆盖的范围较广，市场参与者都是媒体的关注者。夏晓兰等（2018）从市场竞争对手的角度出发，发现媒体报道会产生一种示范效应，当竞争对手听闻公司创新的正面报道时，其往往会认为是市场形势所趋，就会选择加入创新活动，进而提高了企业自身的创新活动。

年报也是研发信息披露的重要媒介。作为年报信息发布主体的管理层，其自身特性会影响创新。而管理层又是年报语调的发出者，这会导致管理层进行自利行为博弈，进而影响企业创新。第一，根据业绩压力假说，管理人员通常在实现收益的短期需求与实现价值最大化投资决策的长期目标之间进行权衡。而达到盈利基准可以建立市场信誉，有助于维持或提高公司的股价。因此由于业绩压力的影响，管理层会更多地放弃创新（He and Tian，2013；Fang et al.，2014）。虽然 Manso（2011）发现与管理层的合同中容忍短期的失败并且在长期中给予奖励最适合激励创新。但是这也无法让经理人摆脱"短视"的现状。此时语调的提升就以"牺牲"创新为代价。此外，除了外界的压力，Bushee（1998）表明，当公司被大部分短期机构投资者持股时，管理者更有可能削减研发费用以应对收益下降。第二，受到薪酬压力的影响，管理层会更多地放弃创新（Coles et al.，2006）。田轩和孟清扬（2018）则发现，股权激励会促进企业的创新，原因在于股票期权有非对称收益曲线，进而管理层避免了股价波动的短期影响，从而激发管理层的创新。这在一定程度上达到了年报语调提升与创新共赢的局面。第三，当面对以上压力时，管理层的能力越强，企业创新水平越高（姚立杰、周颖，2018）。由于管理层能力越强，越会得到外部人的信任，进而减少了公司在股票市场上的信息不对称（Chemmanur et al.，2010）。继而这种管理层能力释放出的积极信号，促进了企业创新。所以管理人员在面对复杂内外部压力以及薪酬激励时，语调对创新的影响是有显著差异的。

以上从信息不对称导致的结果、信息解读、传播的媒介以及信息发布的主体等方面分析了信息不对称对创新的影响。诚然已有文献确认了这些因素对于创新起着重要的作用，但是文献中还是忽略了一个较为关键的因素，那就是信息本身。第一，公司自愿披露信息是以促进投资者清晰理解为基础的。缺乏清晰度，或者不能始终如一地提供准确信息就可能会导致公司股票估值降低（Graham et al.，2005）。这使得融资难度进一步加深。第二，如果会计变量对企业基本面报告不完整或有偏见，那么描述性的披露语言可能对企业未来的收益具有增量解释力（Tetlock et al.，2008）。第三，MD&A 中更多的悲观语言与未来较低的资产回报率相关（Davis and Tama‑Sweet，2012）。从一个侧面说明了，企业年报语言反映了企业未来的发展状况。第四，情感会强有力地影响诸如自由联想、幻想，社会感知等认知过程，而且当叙事的情感与读者的情感一致时，叙事中事件的显著性和可记忆性就会增加（Bower，1981）。因此，年报中对创新描述准确的积极词汇与消极词汇可以引起与投资者的共情，进而帮助投资者更深入地认识公司。所以年报中的真实语调会让投资者更加认同企业。随着年报中创新信息披露[①]越来越透明化，年报语调就会更好地反映出企业创新的实力和基础。因此，企业会获得更多的资金支持，从而进一步提升了企业的创新产出。与此同时，由于年报中创新信息较强的指向性，那么用于创新资金的委托—代理成本就会降低，进而显著增加了企业创新投入。年报语调在创新过程中的这种信号作用，一方面缓解了企业的信息不对称，另一方面可以吸引潜在投资者。基于以上分析，提出本章的假设 1：

H1：年报语调会促进企业的创新产出，增加创新投入。

由于所有者缺位，国有企业缺乏必要的监督。而又由于其特殊的性质，政府为其安排贷款、包装上市，进一步加剧国有企业效率的低下（周黎安、罗凯，2005）。这进而加剧了国企创新激励的下降。与此同时，国有银行对克服市场摩擦不太感兴趣，而对实现政治目标更感兴趣

---

① 中国证券监督管理委员会公告〔2017〕17 号《公开发行证券的公司信息披露内容与格式准则第 2 号——年度报告的内容与格式（2017 年修订）》第二十七条中规定公司应当说明本年度所进行研发项目的目的、项目进展和拟达到的目标，并预计对公司未来发展的影响。

（Beck and Levine，2002）。所以持续不断地为国有企业的生存"输血"，也始终无法激励国企创新。而在缺少激励的情况下，国企的经营者更多的是关心自己的政治利益和经济利益，所以追求的目标往往是任期内的自身利益最大化，而非企业效益最大化（翟胜宝等，2017）。由于创新项目一般不能在短期内完成，所以很难给国企经营者在任期内带来政治或经济收益，因而减少了创新（Lin et al.，2011）。此外，创新的风险使得国企经理人的地位受到威胁，这无疑增加了创新的机会成本，使得创新效率损失大于生产效率损失（吴延兵，2012）。而民营企业职权相对明确自负盈亏，所以这样的企业特征决定了民企更具有创新的动力。但是与国企相比，民营企业在创新中遇到的最大难题就是"信贷歧视"。陆正飞等（2009）发现，当国家收紧银根时，民营企业受到"信贷歧视"更为显著，而且伴随着歧视，其股票回报也显著低于其他上市公司，进一步导致了民企的财富损失。因此，当面对创新所造成的融资约束时，民营企业消除与市场间的信息不对称愿望更为强烈。而年报的语调对于消除市场疑虑增加投资者信心尤为重要，所以民营企业年报语调对于增加企业融资会发挥更为显著的作用。当企业融资得到缓解时，企业创新资金就得到了保障，企业的创新产出就会增加。基于以上分析，提出本章的假设2：

H2：相比于国有企业，年报语调会促进民营企业的创新产出，增加创新投入。

研发可能面临重大的逆向选择和道德风险问题，特别是在年轻和较小的公司（Brown et al.，2012）。而道德风险中第一类问题是管理者通常倾向于从事有益于他们自己的活动（Hall，2002）。所以公司减少管理人员可用的自由现金流，可以避免第一类代理问题成本。但这反过来会迫使他们使用更高成本的外部资金为研发提供资金支持（Jensen and Meckling，1976）。当面对风险厌恶管理者不愿意投资于不确定的研发项目的第二类代理问题时，增加经理人的长期激励会提升管理者接受创新挑战的概率。但是不管是外部资金还是长期激励，对于规模较小的公司而言，都是较大的支出。对于 R&D 的投入表现为单一对内源融资依赖的小公司而言（张杰等，2012），这样的支出可能会进一步削弱其创新的意愿。从企业的研发的时间顺序上来看，随着企业规模的扩大，实验发展比重增加，基础研究减少，说明早期企业更加注重技术积累（安同良、施浩，2006）。因此，企业早期的研究可能较少地产生经济效益。此外对于小公司而言，创新资金不论是来自外部投资者还是自有现金，企业都会面对较大的流动性压力。但是，小企业在企业创新过程中又存在不同于大企业的特殊之处，例如，高效的内部沟通机制、快速重组的能力以及适应外部环境的变化紧跟变化的市场需求（Rothwell and Dodgson，1991）。因此，拥有创新优势的小企业在面对融资困难时，会更积极地消除与外部市场的信息不对称。对于小企业而言，更加积极的年报语调不仅消除了市场信息的偏误，更吸引了机构和投资者的注资。这进一步缓解了小企业创新融资难的局面并促进了小企业的创新。此外，小企业多处于初创期或者生存在竞争激烈的市场环境中，企业要想获得投资者的信赖，其信息披露的质量势必超出一些大企业。而客观真实的年报语调是其披露的基础，故投资者更愿意为其创新注资。基于以上分析，提出本章的假设 3：

H3：相比于大企业，年报语调会促进小企业的创新产出，增加创新投入。

由于我国各个地区经济发展水平不一，导致地区间的经济法制环境差异较大。而所处其中的微观企业在面对不同的外部环境时，势必影响企业的创新行为。首先，金融发展促进了当地的经济进步，所处经济环境较好地区的企业可以积极利用金融资源，缓解企业的融资约束（Rajan and Zingales，1998；沈红波等，2010）。进一步减少融资对企业创新的束缚。其次，一个地区良好的法制环境，可以减少政府与企业的信息不对称，从而减少可能发生的资源错配。税收优惠与财政补贴作为政府对企业的资源分配，受到企业及市场信息的干扰较大。而良好的法制环境可以减少信息不对称，从而使企业获得相应的政府激励。最后，良好的金融和法制环境释放出一种积极的创新信号。市场化程度越高，政府在资源分配中起到的作用就越小（余明桂等，2010）。法制化程度越高，产权保护力度越大。企业在良好的外部环境中，创新意愿更强。但是在市场化和法制化程度较低的地区，企业面临的信息不对称压力巨大。具有创新意愿的企业更愿意通过披露信息来减少信息不对称，以期获得融资缓解创新投入的压力。年报语调作为企业信息披露的风向标，对于企业创新意愿的指示性更强。在市场化和法制化较低的环境下，具有积极创新意愿的年报语调可以更多地降低由于市场带来的不确定性，进而增加企业的创新。此外，在良莠不齐的创新补贴市场，年报中积极的创新意愿可以使得企业在较差市场中更容易脱颖而出，获得政府创新补贴进而增加创新投入。基于以上分析，提出本章的假设4：

H4：相比于市场化和法制化环境较好的地区，市场化和法制化环境较差地区的公司的年报语调对企业创新的作用更显著。

第三节　研究设计

一　数据来源与样本选择

本章以2007—2016年中国沪深A股上市公司为研究对象，使用的数据包括上市公司年报文本信息、上市公司基本信息、财务信息，创新数据，其中上市公司年报文本信息来自新浪财经网页，财务数据、创新数据均来自国泰安数据库（CSMAR）。

本章对样本进行如下处理。第一，删除资不抵债的公司样本；第二，删除金融类公司样本；第三，删除ST公司以及主要变量缺失的公司；第四，删除无法提取的年报文本；第五，为了避免异常值对本章实证结果的干扰，本章对所有连续变量在上下 1% 的水平下进行 Winsor 处理，得到公司年度观测值 17131 个；第六，为了保证结果稳健性，采用 White（1980）方法对异方差进行调整以及对估计的标准误进行公司层面的聚类调整。

二　变量定义与模型建立

（一）年报语调度量

本章年报语调的度量方式与第二章的设定基本相同，以文本内积极词汇与消极词汇做差除以积极词汇与消极词汇的和，作为基准回归中衡量年报语调（*tone*）的方式。以文本内积极词汇与消极词汇做差除以文本内的总词数（*tone* 2）作为稳健性检验部分中使用的年报语调。

（二）企业创新的测度

参考唐跃军和左晶晶（2014）、郭玥（2018）、李姝等（2018）的方法将企业研发投入（*RD*）定义为研发支出与总资产的比值。参考 Tan 等（2015）、黎文靖和郑曼妮（2016）、张璇等（2019）的做法，将专利（*PT* 1）定义为企业的发明专利、外观设计以及实用新型的总和。将发明（*PT* 2）定义为企业的发明专利。将策略性创新（*PT* 3）定义为企业的外观设计以及实用新型的和。

（三）模型设定

为了验证本章年报语调对企业创新影响的假说，构造计量模型如公式（3 − 1）所示。

$$RD_{i,t}(PT_{i,t}) = \beta_0 + \beta_1 tone_{i,t-1} + \sum \beta_k controls_{i,t-1} +$$
$$\sum year + \sum Industry + \varepsilon_{i,t} \qquad (3-1)$$

其中，i 表示公司，t 表示年度。$RD(PT)$ 为被解释变量，表示公司 i 在 t 年的研发投入（专利、发明及策略性创新）。$tone$ 为解释变量，表示公司 i 前一年的年报语调。$tone$ 前的系数符号及数值大小可以用来识别年报语调对企业创新的作用效果。*controls* 为控制变量，包括资产负债率（*lev*）、企业规模（*size*）、企业年龄（*age*）、资产收益率（*ROA*）、第一大股东持股比例（*firsthold*）、两职合一（*Dual*）、独董比例（*Indep*）、董事会规模（*Board*）、发展速度（*growth*）、固定资产比例（*Tangibility*），资本支出比例（*capex*），具体定义见表 3 – 1。模型中还加入了年度虚拟变量（*year*）和行业虚拟变量（*Industry*），$\varepsilon_{i,t}$ 为随机误差项。

表 3 – 1 变量定义

变量类型	变量名称	变量定义
被解释变量	*RD*	研发投入，等于研发支出与总资产的比值
	*PT*1	专利，等于 Ln（发明专利 + 外观设计 + 实用新型 + 1）
	*PT*2	发明，等于 Ln（发明专利 + 1）
	*PT*3	策略性创新，等于 Ln（外观设计 + 实用新型 + 1）
解释变量	*tone*	年报语调，等于（积极词汇 – 消极词汇）/（积极词汇 + 消极词汇）
控制变量	*lev*	资产负债率，等于公司年末负债与年末资产的比值
	size	企业规模，等于公司年末总资产的自然对数
	age	企业年龄，等于公司的上市时间加 1 取自然对数
	ROA	资产收益率，等于公司净利润/总资产
	firsthold	第一大股东持股比例，等于第一大股东持股数除以总股数
	Dual	两职合一，董事长是否兼任总经理，如兼任，取 1，否则取 0
	Indep	独董比例，等于公司独立董事与董事人数之比
	Board	董事会规模，等于公司董事会人数取自然对数
	growth	发展速度，等于公司当年营业收入与上一年营业收入的比值
	Tangibility	固定资产比例，等于公司固定资产与总资产的比例
	capex	资本支出比例，等于公司购建固定资产、无形资产和其他长期资产支付的现金与资产总额的比值

三 变量描述性统计分析

表 3 – 2 是对主要变量进行的描述性统计，包含的统计信息有样本数（Obs）、均值（Mean）、标准差（SD）、最小值（Min）、25 分位数（P 25）、中位数（Median）、75 分位数（P 75）、最大值（Max）。*RD* 均值为 0.0122，中位数为 0.0050，数据右偏明显，一个主要原因是，部分上市公司没有研发投入，从描述统计中的 25% 分位数为 0 可以佐证我们的推论。与研发投入在 25% 分位数一致，*PT*1、*PT*2、*PT*3 在 25% 分位数的值也为 0，证明了 25% 的公司创新产出为 0。*PT*1 的均值为 2.0096，上市公司平均创新产出约为 6.4603① 个。PT2 的均值 1.3767，发明约为 2.9618 个，约占总创新产出的 45.85%，说明上市公司创新产出主要以专利为主。PT3 的均值为 1.5725，中位数为 1.3863，均值大于中位数，数据显著的右偏。最大值为 5.9584，约为 385.99 个策略性创新。年报语调（tone）的均值和中位数分别为 0.2690 和 0.2694，标准差为 0.0711，数据较最小值为 0.0765，说明上市公司的语调分布较为均匀且偏积极。在控制变量方面，上市公司 ROA 的均值约为 4%，growth 均值为 0.21，在一定程度上支持了上市公司的积极语调。其他控制变量分布较为合理，与已有文献基本一致，不予赘述。

表 3 – 2　　　　　　　　　　　　主要变量描述性统计

变量	Obs	Mean	SD	Min	P 25	Median	P 75	Max
RD	17131	0.0122	0.0162	0.0000	0.0000	0.0050	0.0198	0.0793
PT 1	17131	2.0096	1.7705	0.0000	0.0000	2.0794	3.3673	6.4520
PT 2	17131	1.3767	1.4560	0.0000	0.0000	1.0986	2.3979	5.5053
PT 3	17131	1.5725	1.6291	0.0000	0.0000	1.3863	2.8332	5.9584

---

① Exp (2.0096) $-1 = 6.4603$.

续表

变量	Obs	Mean	SD	Min	P 25	Median	P 75	Max
tone	17131	0.2690	0.0711	0.0765	0.2237	0.2694	0.3155	0.4493
lev	17131	0.4592	0.2146	0.0490	0.2936	0.4620	0.6219	0.9747
size	17131	21.8354	1.2480	19.2175	20.9474	21.6790	22.5444	25.6686
age	17131	2.0994	0.7386	0.0000	1.6094	2.3026	2.7081	3.1355
ROA	17131	0.0402	0.0519	−0.1539	0.0137	0.0356	0.0647	0.2087
firsthold	17131	0.3585	0.1520	0.0877	0.2351	0.3402	0.4687	0.7500
Dual	17131	0.2146	0.4106	0.0000	0.0000	0.0000	0.0000	1.0000
Indep	17131	0.3664	0.0801	0.0000	0.3333	0.3333	0.4167	0.5833
Board	17131	2.1679	0.2010	1.6094	2.0794	2.1972	2.1972	2.7081
growth	17131	0.2069	0.5388	−0.6070	−0.0261	0.1177	0.2886	3.8082
Tangibility	17131	0.2452	0.1781	0.0000	0.1061	0.2113	0.3493	0.9709
capex	17131	0.0571	0.0537	0.0001	0.0172	0.0414	0.0805	0.2556

　　进一步讲，本章根据年报语调的乐观的情况，将样本分为两组，以比较他们在创新产出和基本企业特征上的差异。将样本按年报语调的中位数分为两组（低乐观语调和高乐观语调）。表3-3分别报告了低乐观语调和高乐观语调的样本数量和均值，最右一列为两组样本的均值差。通过对分组结果比较发现以下几点。第一，高乐观语调的公司对于增加企业创新明显。从创新投入看，高乐观语调对公司研发投入更大。从创新产出来看，高乐观语调公司的专利及发明更多。策略创新在高乐观语调公司与低乐观语调公司差异较小，但高乐观语调公司更多。第二，从其他变量来看，高乐观语调公司的 *size* 和 *ROA* 较大，但公司上市时间更短。说明新上市公司资产规模大业绩较好，所以年报语调更积极。两职

合一比例高、独立董事占比高，年报乐观语调就相对积极。一个可能的原因是，两职合一为管理层争取了更多经营权利，使管理层获得更大的经营空间来调整语调。而独立董事比例更高，对管理层又起到监督约束的作用，抑制过分乐观语调的发生。因此，年报中的语调应属于修正的真实积极语调。此外，企业发展速度更快、固定资产占比更少也是高乐观语调公司的主要特征。

表 3 - 3　　　　　　　　　主要变量的年报语调差异

变量	低乐观语调		高乐观语调		
	样本数	均值	样本数	均值	均值差
RD	8061	0.011	9070	0.013	− 0.002 ***
PT 1	8061	1.902	9070	2.105	− 0.202 ***
PT 2	8061	1.282	9070	1.461	− 0.179 ***
PT 3	8061	1.509	9070	1.629	− 0.121 ***
lev	8061	0.479	9070	0.441	0.038 ***
size	8061	21.749	9070	21.912	− 0.164 ***
age	8061	2.221	9070	1.991	0.230 ***
ROA	8061	0.033	9070	0.047	− 0.014 ***
firsthold	8061	0.356	9070	0.361	− 0.005
Dual	8061	0.195	9070	0.232	− 0.037 ***
Indep	8061	0.363	9070	0.369	− 0.006 ***
Board	8061	2.165	9070	2.171	− 0.006
growth	8061	0.185	9070	0.226	− 0.041 ***
Tangibility	8061	0.251	9070	0.240	0.011 ***
capex	8061	0.052	9070	0.062	− 0.010 ***

由表 3 - 4 给出的相关系数可知，年报语调与企业创新投入和产出正相关且均在 1% 的水平下显著正相关。从一个侧面印证了本章的假设。相关关系系数仅反映了两个变量的相关关系，因此，需要进一步通过多元回归分析探讨年报语调与企业创新之间的关系。

表 3 - 4　　　　　　　　　　变量相关系数情况

变量	RD	PT 1	PT 2	PT 3	tone	lev	size	age
RD	—	0.583 ***	0.573 ***	0.500 ***	0.197 ***	-0.337 ***	-0.107 ***	-0.348 ***
PT 1	0.454 ***	—	0.908 ***	0.929 ***	0.132 ***	-0.102 ***	0.151 ***	-0.190 ***
PT 2	0.462 ***	0.906 ***	—	0.745 ***	0.146 ***	-0.101 ***	0.154 ***	-0.175 ***
PT 3	0.365 ***	0.934 ***	0.755 ***	—	0.095 ***	-0.060 ***	0.154 ***	-0.164 ***
tone	0.206 ***	0.138 ***	0.149 ***	0.098 ***	—	-0.183 ***	0.078 ***	-0.312 ***
lev	-0.309 ***	-0.086 ***	-0.066 ***	-0.038 ***	-0.208 ***	—	0.414 ***	0.371 ***
size	-0.126 ***	0.200 ***	0.225 ***	0.213 ***	0.107 ***	0.383 ***	—	0.281 ***
age	-0.310 ***	-0.168 ***	-0.130 ***	-0.137 ***	-0.315 ***	0.400 ***	0.256 ***	—
ROA	0.176 ***	0.104 ***	0.104 ***	0.075 ***	0.291 ***	-0.366 ***	0.016 **	-0.179 ***
firsthold	-0.059 ***	0.044 ***	0.038 ***	0.059 ***	0.024 ***	0.034 ***	0.264 ***	-0.090 ***
Dual	0.164 ***	0.073 ***	0.067 ***	0.047 ***	0.074 ***	-0.147 ***	-0.155 ***	-0.211 ***
Indep	0.082 ***	0.006	-0.004	-0.006	0.054 ***	-0.081 ***	-0.121 ***	-0.043 ***
Board	-0.095 ***	0.001	0.020 ***	-0.001	0.025 ***	0.147 ***	0.260 ***	0.073 ***
growth	-0.002	-0.008	-0.001	-0.006	0.083 ***	0.054 ***	0.040 ***	-0.019 **
Tangibility	-0.169 ***	-0.087 ***	-0.084 ***	-0.079 ***	-0.174 ***	0.096 ***	0.081 ***	0.075 ***

续表

变量	ROA	firsthold	Dual	Indep	Board	growth	Tangibility	capex
capex	0.065***	0.072***	0.073***	0.047***	0.153***	−0.107***	0.020***	−0.272***
RD	0.180***	−0.037***	0.184***	0.085***	−0.103***	0.050***	−0.089***	0.180***
PT1	0.112***	0.038***	0.079***	0.046***	−0.010	0.061***	−0.027***	0.160***
PT2	0.112***	0.026***	0.081***	0.041***	0.003	0.063***	−0.026***	0.163***
PT3	0.078***	0.051***	0.054***	0.036***	−0.013*	0.050***	−0.026***	0.128***
tone	0.318***	0.017**	0.083***	0.063***	0.016**	0.265***	−0.182***	0.163***
lev	−0.403***	0.037***	−0.150***	−0.067***	0.153***	0.019**	0.054***	−0.147***
size	−0.017**	0.225***	−0.157***	−0.033***	0.243***	0.058***	0.024***	0.019**
age	−0.216***	−0.098***	−0.197***	−0.049***	0.061***	−0.158***	0.002	−0.308***
ROA	—	0.095***	0.057***	0.024***	0.003	0.308***	−0.128***	0.175***
firsthold	0.094***	—	−0.055***	−0.010	0.013*	0.038***	0.053***	0.051***
Dual	0.038***	−0.061***	—	0.093***	−0.183***	0.021***	−0.086***	0.061***
Indep	0.020**	−0.029***	0.100***	—	−0.290***	0.006	−0.063***	−0.014*
Board	0.011	0.023***	−0.171***	−0.281***	—	0.020***	0.156***	0.090***
growth	0.181***	0.051***	−0.0001	0.008	−0.015**	—	−0.069***	0.131***
Tangibility	−0.131***	0.061***	−0.098***	−0.075***	0.167***	−0.070***	—	0.406***
capex	0.126***	0.038***	0.055***	−0.020***	0.075***	0.026***	0.290***	—

注：下三角单元格报告的是皮尔逊相关系数，上三角单元格报告的是斯皮尔曼等级相关系数。***、**、*分别表示1%、5%、10%的显著性水平。

第四节　实证结果报告与分析

一　基础回归分析

针对公式（3－1）进行估计，表3－5中第（1）列显示 *tone* 的系数在1%水平下显著为正，表明年报语调显著增加企业的研发投入。可能的原因是年报语调对投资者处理信息有着较为积极的作用。一方面更流利、更可读的年报将使投资者更加相信他们可以依赖披露中的信息（Rennekamp，2012），进而信息的情绪就会影响投资者的判断。另一方面，悲观的情绪可能导致企业倾向于采取对债务持有人和非财务利益相关者不利的做法，从而削弱了获得信贷的机会并提高了利益相关者关系的成本（Opler and Titman，1994）。但是，披露内容更积极时，公司的资本成本、股票收益波动率以及分析师的收益预测中的离散度会大大下降（Kothari et al.，2009b）。所以，年报的语调可以起到降低融资成本、提高分析师预测，进而为企业研发活动注入资金的作用。

进一步细化研发产出的类别，将研发活动的产出分为专利、发明以及策略性创新。第（2）列显示，*tone* 的系数在1%水平下显著为正，说明年报语调显著增加了企业的专利产出。同时通过第（3）列发现，*tone* 同样在1%显著水平下为正，并增加了企业的发明产出。潜在的解释为，首先，真实的语调是会计信息的直观反映。语调的提高，表明企业发展向好趋势明显，企业的自有资金对于研发生产支持力度更大，进而提高了企业的创新产出。其次，语调会影响分析师判断。创新项目的实施具有长期性，需要持续不断的资金支持，而分析师乐观偏差，会让企业降低融资成本，保障企业的创新行为（伊志宏等，2018）。但长期的乐观可能造成股市的崩盘，使得企业融资成本提高。企业真实积极的语调，可以减少分析师乐观偏差，把准确的信息传递到资本市场赢得投资者认可，保障了企业的创新投入进而增加了企业的创新产出。最后，积极的年报语调会缓解外部信息不对称、吸引风险投资者对公司创新的投资。积极的语调向投资者发出企业积极的信号，便于投资者进行投资排序，同时也向投资者展示了企业的创新能力。因此，年报语调的信号机制缓解了风险投资者在不确定性环境中的信息不对称，激发了投资者的投资欲望，进而增加了企业创新产出。第（4）列显示，*tone* 的系数在 10% 水平下显著为正，说明年报语调显著增加了企业的策略性创新。但是从系数上看，显著低于专利和发明，说明年报语调对于企业策略性创新的影响程度较小。

在控制变量中，以研发投入为例，*lev*、*size*、*age* 均在 5% 的显著水平下为负，表明公司的资产负债（*lev*）越高，越会降低企业的研发投入。可能的原因是资产负债比例越高，银行继续为企业研发授信的可能性会降低。一方面，企业创新失败可能引发无法偿还借款的风险。另一方面，资产负债比例越高、委托—代理风险越大，进而银行为了缓解此类风险减少了企业的银行贷款，使企业研发投入减少。这与孔东民等（2017）、Tian 和 Wang（2011）、He 和 Tian（2013）的研究一致。资产规模（*size*）越大，企业内部的委托—代理关系越复杂，经理人出于对自身利益考虑，会放弃企业的创新（Manso，2011）。因此，规模较小企业更有创新的意愿，这与张杰等（2012）研究相一致。企业上市时间（*age*）越长，导致研发投入越少。可能的原因是，企业度过成长期就具有相对自主的知识产权，企业用于继续研发投入资金减少。这与李春涛和宋敏（2010）、陈钦源等（2017）的研究相一致。*ROA* 为企业的盈利能力情况，企业盈利能力越强说明企业可用于自主研发的内源资金越充裕，进而增加了企业的研发投入。这与 He 和 Tian（2013）的研究一致。而企业的发展速度（*growth*）太快会降低企业的研发投入，一个可能的解释是，如前述所言，高速发展使得企业进入大规模企业行列，面对企业复杂的委托—代理关系会减少企业的研发投入。与孔东民等（2017）的研究一致。由于资本支出比例（*capex*）包含无形资产和其他为创新准备长期资产支付的现金，因而比例越高，创新投入越多。这与 Tian 和 Wang（2011）、He 和 Tian（2013）的研究一致。董事会人数（*Board*）越多，信息披露质量越高（高雷、宋顺林，2007），从而减少了信息不对称、增加了企业研发投入。独立董事（*Indep*）以及两职合一（*Dual*）促进了企业研发投入。一方面，两职合一增加了管理层权力，企业容忍创新失败可能性更高。另一方面，独立董事比例越高，对管理层的监督越大，因而会减少由于研发活动造成的委托问题的发生，从而增加了企业的研发投入。

表 3 - 5　　　　　　　　　　年报语调与外部融资

变量	(1)	(2)	(3)	(4)
	RD	*PT* 1	*PT* 2	*PT* 3
tone	0.0161 ***	1.0221 ***	1.0831 ***	0.4050 *
	(6.43)	(3.85)	(4.70)	(1.69)
lev	- 0.0029 ***	- 0.0800	0.0061	- 0.0047
	(- 2.91)	(- 0.69)	(0.06)	(- 0.04)
size	- 0.0005 **	0.4332 ***	0.3605 ***	0.3838 ***
	(- 2.27)	(17.30)	(16.53)	(16.47)
age	- 0.0024 ***	- 0.0457	0.0140	- 0.0511 *
	(- 7.70)	(- 1.40)	(0.49)	(- 1.69)
ROA	0.0263 ***	1.8378 ***	1.7510 ***	1.5490 ***
	(7.88)	(5.73)	(6.38)	(5.14)
firsthold	- 0.0015	0.1077	0.0951	0.0542
	(- 1.23)	(0.75)	(0.76)	(0.41)
Dual	0.0005	0.0237	0.0376	- 0.0233
	(1.22)	(0.56)	(1.06)	(- 0.58)

续表

变量	(1)	(2)	(3)	(4)
	RD	*PT 1*	*PT 2*	*PT 3*
Indep	0.0022	−0.2508	−0.3081	−0.3537
	(1.50)	(−1.00)	(−1.40)	(−1.52)
Board	0.0014	0.0421	0.1155	−0.0616
	(1.45)	(0.37)	(1.21)	(−0.58)
growth	−0.0002	−0.0583 ***	−0.0449 ***	−0.0455 ***
	(−1.52)	(−3.23)	(−3.04)	(−2.68)
Tangibility	0.0016	0.3949 ***	0.2391 **	0.4255 ***
	(1.56)	(2.86)	(2.14)	(3.43)
capex	0.0044	0.8083 ***	0.6939 ***	0.6696 **
	(1.60)	(2.74)	(2.74)	(2.48)
_cons	0.0278 ***	−7.8757 ***	−6.8589 ***	−7.2707 ***
	(5.74)	(−14.57)	(−14.57)	(−14.65)
Industry Fixed Effect	Yes	Yes	Yes	Yes
Year Fixed Effect	Yes	Yes	Yes	Yes
N	17131	17131	17131	17131
adj. R^2	0.4980	0.5350	0.4800	0.5070

注：***、**、*分别表示1%、5%、10%的显著性水平；括号中报告的是 *t* 统计量。

二 异质性分析

(一) 公司控制权异质性的影响

政治压力导致了国有企业的低效率，体现在其生产上更多的是政治上需要，而非市场中消费者需要的产品 (Shleifer and Vishny, 1994)。所以在国有企业中，企业的管理者更多地受到行政职责的束缚，国企中的经理人除了考虑政治上的升迁，还可能会考虑自身利益 (Manso,

2011）。因此，国企中的高管可能会放弃创新，力求平稳的经营业绩。而反观私营企业，没有政府干预，企业愿意为经营业绩的最大化承担风险（余明桂等，2013）。此外，私营企业既有有效的监督，又有必要的激励（余明桂等，2019）。所以私营企业就具备了创新的潜在优势。但是由于信贷歧视的存在，私营企业会面对较高的贷款成本（Brandt and Li，2003）；进而私营企业可能为了缓解外部信息不对称，增强投资者信心，就会减少非财务信息的不透明。明确积极的年报语调能提升会计质量，进而帮助企业获得银行授信。

　　将样本按照企业性质分为国有企业和非国有企业。从表 3 - 6 中显示的结果发现，年报语调促进了企业的创新产出。具体地，非国有企业语调促进了企业的研发投入以及创新产出，且系数均在 1% 的水平下显著为正，证明了本章的假设 2，进一步说明了年报语调对于非国企创新的重要性。一方面，非国企年报语调会极大消除与银行的信息不对称。另一方面，积极的语调增加了投资者的信心，促进了企业融资，增加了企业的创新投入。本章的一个特殊发现，非国企的专利、发明、策略性创新显著大于国企。一个可能的原因是，一方面，非国企的市场敏锐性更高，企业抢占市场获取收益动力更强，因而创新作为企业独特的优势资源，会被更多地关注；另一方面，完善的薪酬激励和监督制约机制，促使非国企的公司治理更有效、管理层对于创新失败容忍度更高。

表 3 - 6　　　　　　　　公司控制权的影响

变量	RD		PT 1		PT 2		PT 3	
	国企	非国企	国企	非国企	国企	非国企	国企	非国企
tone	0.0102 ***	0.0197 ***	0.4491	1.6367 ***	0.7252 **	1.4107 ***	- 0.1161	1.0911 ***
	(3.66)	(5.06)	(1.19)	(4.70)	(2.26)	(4.63)	(- 0.34)	(3.41)
lev	- 0.0003	- 0.0042 ***	- 0.3681 *	0.0685	- 0.3394 **	0.2276 *	- 0.2969 *	0.1433
	(- 0.23)	(- 3.04)	(- 1.90)	(0.49)	(- 2.10)	(1.92)	(- 1.74)	(1.14)

变量	RD		PT 1		PT 2		PT 3	
	国企	非国企	国企	非国企	国企	非国企	国企	非国企
size	−0.0007***	−0.0001	0.4417***	0.3893***	0.3578***	0.3280***	0.3994***	0.3380***
	(−2.83)	(−0.17)	(11.79)	(11.76)	(11.01)	(11.55)	(11.44)	(11.05)
age	−0.0022***	−0.0025***	−0.0564	−0.0576	−0.0346	−0.0098	−0.0533	−0.0485
	(−3.99)	(−6.18)	(−0.97)	(−1.38)	(−0.67)	(−0.27)	(−1.00)	(−1.25)
ROA	0.0239***	0.0284***	1.1794**	2.3191***	1.1554***	2.2622***	1.0410**	1.7715***
	(5.95)	(6.02)	(2.31)	(5.98)	(2.61)	(6.86)	(2.22)	(4.81)
firsthold	0.0002	−0.0039**	−0.0933	0.0785	−0.0703	0.0035	−0.0102	0.0016
	(0.14)	(−2.10)	(−0.42)	(0.41)	(−0.36)	(0.02)	(−0.05)	(0.01)
Dual	0.0008	0.0009	−0.0041	0.0631	0.0615	0.0626	−0.0750	0.0160
	(1.36)	(1.64)	(−0.05)	(1.30)	(0.91)	(1.51)	(−1.00)	(0.34)
Indep	−0.0009	0.0051**	−0.4221	0.0631	−0.5295*	0.0241	−0.4858	−0.1451
	(−0.53)	(2.03)	(−1.20)	(0.25)	(−1.70)	(0.10)	(−1.48)	(−0.61)
Board	0.0008	0.0014	0.2458	−0.0978	0.1747	0.0384	0.1792	−0.2086
	(0.62)	(0.97)	(1.39)	(−0.67)	(1.18)	(0.32)	(1.10)	(−1.52)
growth	−0.0000	−0.0004*	−0.0365	−0.0630***	−0.0221	−0.0543***	−0.0341	−0.0444*
	(−0.17)	(−1.71)	(−1.42)	(−2.63)	(−1.04)	(−2.81)	(−1.43)	(−1.95)
Tangibility	0.0009	0.0033**	0.1998	0.5584***	0.1129	0.3373**	0.2594	0.5856***
	(0.78)	(2.00)	(1.08)	(3.03)	(0.74)	(2.29)	(1.62)	(3.36)
capex	0.0074**	0.0040	0.1120	1.2972***	0.3335	0.9299***	0.1263	1.1559***
	(2.54)	(1.00)	(0.27)	(3.40)	(0.95)	(2.77)	(0.33)	(3.32)
_cons	0.0325***	0.0180**	−7.6018***	−7.2101***	−6.0252***	−6.4633***	−7.5421***	−6.4390***
	(4.65)	(2.22)	(−8.62)	(−9.98)	(−7.71)	(−10.52)	(−9.42)	(−9.65)
Industry Fixed Effect	Yes	Yes	Yes	Yes	Yes	Yes	Yes	Yes

续表

变量	RD		PT 1		PT 2		PT 3	
	国企	非国企	国企	非国企	国企	非国企	国企	非国企
Year Fixed Effect	Yes	Yes	Yes	Yes	Yes	Yes	Yes	Yes
N	7996	9135	7996	9135	7996	9135	7996	9135
adj. R^2	0.4980	0.4830	0.6100	0.5050	0.5730	0.4440	0.5870	0.4760
chi2(1)	10.0500		14.0800		6.0900		16.6100	
Prob > chi2	0.0015		0.0002		0.0136		0.0000	

注：***、**、*分别表示1%、5%、10%的显著性水平；括号中报告的是 t 统计量。

（二）公司规模异质性的影响

当行业处于产品生命周期的早期阶段时，小企业创新往往是最高的。由于产品设计会快速变化和演变，因此在生产时需要较高水平的熟练工人，而此时高水平的劳动力是匮乏的。因此，小企业的创新机会大概在产业生命周期的早期阶段是最大的（Acs and Audretsch，1987）。此外，小公司可能会更快地发现市场机会。在调整研究计划或创新实施阶段，它们可能会更加灵活。小公司更容易发现激励员工的措施或者采用不太严格的管理结构，从而使关键员工可以将时间用于与创新相关的任务（Rogers，2004）。Vaona 和 Pianta（2008）发现，产品创新通常与寻求技术竞争力相关联，从而小企业由于高效的生产率控制了市场。从生产流程来讲，流程创新主要来自以追求效率为主导的积极的价格竞争战略，小企业轻资产的企业特征，在流程创新方面也同样具有优势。但是大企业拥有更强大的现金流来为创新提供资金，这是小企业所不具备的优势。因此，小企业为了获得外部融资，就需要更清晰积极的年报，为其缓解创新带来的信息不对称。

为此将样本按照企业规模，分为大企业和小企业。① 从表 3 – 7 中显示的结果发现，年报语调促进了小企业的创新产出。具体地，小企业的年报语调促进了企业的研发投入以及创新产出，且系数均在 1% 的水平下显著为正，证明了本章的假设 3，进一步说明了年报语调对于小企业创新的重要性。

表 3 – 7　　　　　　　　　　　公司规模的影响

变量	RD		PT 1		PT 2		PT 3	
	大企业	小企业	大企业	小企业	大企业	小企业	大企业	小企业
tone	0.0020	0.0219 ***	0.0311	1.6293 ***	0.3867	1.5625 ***	−0.2467	0.8874 ***
	(0.57)	(7.47)	(0.07)	(5.56)	(1.01)	(6.34)	(−0.58)	(3.38)
lev	−0.0014	−0.0027 **	−0.6075 **	0.0390	−0.4879 **	0.1056	−0.4109 *	0.0595
	(−0.78)	(−2.38)	(−2.35)	(0.33)	(−2.21)	(1.10)	(−1.70)	(0.57)
size	−0.0002	0.0000	0.5129 ***	0.3714 ***	0.4544 ***	0.2989 ***	0.4572 ***	0.3113 ***
	(−0.59)	(0.13)	(9.44)	(11.26)	(9.44)	(11.29)	(9.05)	(10.43)
age	−0.0009	−0.0025 ***	−0.0181	−0.0701 **	0.0358	−0.0120	−0.0821	−0.0568 *
	(−1.62)	(−6.86)	(−0.28)	(−2.00)	(0.62)	(−0.40)	(−1.31)	(−1.77)
ROA	0.0322 ***	0.0227 ***	1.6860 **	1.3286 ***	1.5494 **	1.3561 ***	1.5800 **	1.0410 ***
	(4.74)	(6.24)	(2.32)	(4.09)	(2.44)	(4.90)	(2.23)	(3.51)
firsthold	−0.0003	−0.0016	0.1299	0.2019	0.2230	0.1405	−0.0447	0.2214
	(−0.18)	(−0.94)	(0.56)	(1.20)	(1.11)	(0.99)	(−0.21)	(1.45)
Dual	0.0013 *	0.0003	0.1278	−0.0053	0.1049	0.0256	0.0826	−0.0486
	(1.83)	(0.66)	(1.46)	(−0.12)	(1.46)	(0.68)	(0.94)	(−1.17)
Indep	0.0001	0.0030	−1.0236 ***	0.3657	−0.9374 ***	0.2461	−1.0209 ***	0.2452
	(0.07)	(1.32)	(−2.70)	(1.50)	(−2.87)	(1.19)	(−2.93)	(1.07)
Board	0.0011	0.0017	0.2211	0.0084	0.2019	0.1415	0.1541	−0.1219
	(0.85)	(1.43)	(1.19)	(0.07)	(1.30)	(1.41)	(0.89)	(−1.09)

---

① 分类方法与第二章相同。

续表

变量	RD		PT 1		PT 2		PT 3	
	大企业	小企业	大企业	小企业	大企业	小企业	大企业	小企业
growth	−0.0002 (−1.16)	−0.0003* (−1.73)	−0.0977*** (−3.06)	−0.0326 (−1.58)	−0.0834*** (−3.19)	−0.0237 (−1.44)	−0.0695** (−2.34)	−0.0246 (−1.28)
Tangibility	0.0043*** (3.08)	0.0014 (1.14)	0.9841*** (4.13)	0.0987 (0.67)	0.7004*** (3.51)	0.0601 (0.52)	0.9481*** (4.39)	0.1585 (1.18)
capex	0.0037 (0.99)	0.0051 (1.44)	0.0016 (0.00)	0.8448*** (2.76)	0.2202 (0.46)	0.6735*** (2.60)	0.1424 (0.27)	0.6947** (2.50)
_cons	0.0234** (2.05)	0.0145** (2.16)	−8.6182*** (−6.87)	−6.9632*** (−9.91)	−7.8182*** (−6.97)	−6.0325*** (−10.61)	−8.3259*** (−6.87)	−6.0237*** (−9.50)
Industry Fixed Effect	Yes	Yes	Yes	Yes	Yes	Yes	Yes	Yes
Year Fixed Effect	Yes	Yes	Yes	Yes	Yes	Yes	Yes	Yes
N	5477	11654	5477	11654	5477	11654	5477	11654
adj. R²	0.5330	0.4930	0.6590	0.4910	0.6370	0.4190	0.6290	0.4610
chi2(1)	47.4300		22.3000		15.5300		12.4600	
Prob > chi2	0.0000		0.0000		0.0001		0.0004	

注：***、**、*分别表示1%、5%、10%的显著性水平；括号中报告的是 t 统计量。

（三）市场化程度及法制化程度异质性的影响

市场化和法制化程度，体现了一个国家或者地区对产权保护的程度。而产权制度的本质是限制政府和特权阶层对企业财富的掠夺和侵占（余明桂等，2013）。如果存在弱产权制度，特权阶层就会掠夺生产者的财富（Acemoglu and Johnson，2005），造成市场分配不公、交易效率下降。进一步讲，当市场化和法制化环境较为恶劣时，企业为了避免未来可能存在的损失，会减少投资和创新活动。对于当地金融机构来说，由于企业自身的生存发展存在问题，所以当企业意图进行创新融资时，考虑到当地的市场环境，银行会进一步抬高企业的贷款利率、增加企业的融资成本，进而抑制企业的创新行为。此外，对于具有创新决策的管理层而言，相对薄弱的法制环境，更容易滋生委托—代理问题。经理人由于重视自身利益，就会放弃创新活动，进而损害公司长远利益。因此，市场化和法制法较弱地区，所带来的较为严重的问题是信息不对称。清晰可读的公司语调，会减少贷款合同中的非价格条款并减少抵押物（Ertugrul et al.，2017）。这就为企业创新、降低融资成本挖通了信息环境渠道。继而弱化了由于信息不对称所造成的"创新难"问题。

按照王小鲁等（2017）市场化程度年度中位数来划分，将高于年度中位数的省份归为市场化程度较高省份，低于年度中位数的省份归为市场化程度较低省份。从表3－8中显示的结果发现，年报语调相对促进了市场化水平较低地区的企业创新产出，且系数均在5%的水平下显著为正，虽然策略性创新不显著，但是语调还是极大地促进了市场化较低地区的策略创新。实证结果总体上证明了本章的假设4。

表3－8　　　　　　　　　市场环境的影响

变量	RD		PT 1		PT 2		PT 3	
	市场化高	市场化低	市场化高	市场化低	市场化高	市场化低	市场化高	市场化低
tone	0.0147 ***	0.0183 ***	0.8063 ***	1.2193 **	0.8519 ***	1.3249 ***	0.2208	0.6359
	(5.11)	(4.51)	(2.72)	(2.32)	(3.35)	(2.88)	(0.82)	(1.36)
lev	−0.0033 ***	−0.0013	−0.1733	0.3286	−0.0500	0.3428 *	−0.0461	0.1116
	(−2.78)	(−0.91)	(−1.35)	(1.39)	(−0.46)	(1.89)	(−0.39)	(0.56)
size	−0.0005 *	−0.0004	0.4640 ***	0.3091 ***	0.3862 ***	0.2464 ***	0.4132 ***	0.2751 ***
	(−1.90)	(−1.28)	(16.88)	(6.74)	(16.16)	(6.22)	(16.16)	(6.63)

续表

变量	RD		PT 1		PT 2		PT 3	
	市场化高	市场化低	市场化高	市场化低	市场化高	市场化低	市场化高	市场化低
age	−0.0023 ***	−0.0019 ***	−0.0448	−0.1126	0.0182	−0.0709	−0.0586 *	−0.0431
	(−6.88)	(−3.24)	(−1.27)	(−1.45)	(0.59)	(−1.09)	(−1.77)	(−0.60)
ROA	0.0286 ***	0.0112 **	2.2350 ***	0.6690	2.0820 ***	0.6939	1.9544 ***	0.2652
	(7.29)	(2.27)	(6.09)	(1.12)	(6.65)	(1.40)	(5.59)	(0.52)
firsthold	−0.0018	−0.0019	0.1538	−0.1460	0.1239	−0.0686	0.1018	−0.1490
	(−1.25)	(−1.00)	(0.96)	(−0.54)	(0.88)	(−0.32)	(0.69)	(−0.62)
Dual	0.0005	−0.0004	0.0224	0.0307	0.0338	0.0661	−0.0286	−0.0117
	(1.12)	(−0.50)	(0.49)	(0.33)	(0.87)	(0.81)	(−0.65)	(−0.14)
Indep	0.0033 **	−0.0045	−0.1327	−0.8110 *	−0.2576	−0.4075	−0.2364	−1.1182 ***
	(2.06)	(−1.31)	(−0.50)	(−1.73)	(−1.10)	(−0.93)	(−0.96)	(−2.59)
Board	0.0018	0.0009	−0.0182	0.2987	0.0784	0.2735	−0.1350	0.2644
	(1.58)	(0.69)	(−0.15)	(1.44)	(0.74)	(1.63)	(−1.16)	(1.41)
growth	−0.0001	−0.0004 **	−0.0698 ***	−0.0265	−0.0520 ***	−0.0237	−0.0584 ***	−0.0164
	(−0.71)	(−2.19)	(−3.35)	(−0.81)	(−2.97)	(−1.03)	(−3.00)	(−0.52)
Tangibility	0.0023 *	−0.0013	0.5385 ***	−0.2972	0.3181 **	−0.2299	0.5594 ***	−0.1969
	(1.80)	(−0.85)	(3.42)	(−1.29)	(2.49)	(−1.26)	(3.89)	(−0.99)
capex	0.0058 *	−0.0011	1.0567 ***	−0.6245	0.7685 ***	0.0167	0.9667 ***	−0.7474
	(1.85)	(−0.29)	(3.23)	(−1.20)	(2.68)	(0.04)	(3.24)	(−1.58)
_cons	0.0275 ***	0.0184 *	−8.3289 ***	−6.2417 ***	−7.2163 ***	−5.4537 ***	−7.7423 ***	−5.6157 ***
	(4.87)	(1.91)	(−13.92)	(−5.91)	(−13.87)	(−5.71)	(−14.00)	(−6.25)
Industry Fixed Effect	Yes	Yes	Yes	Yes	Yes	Yes	Yes	Yes
Year Fixed Effect	Yes	Yes	Yes	Yes	Yes	Yes	Yes	Yes

续表

变量	RD		PT 1		PT 2		PT 3	
	市场化高	市场化低	市场化高	市场化低	市场化高	市场化低	市场化高	市场化低
N	13873	3258	13873	3258	13873	3258	13873	3258
adj. R^2	0.5050	0.4710	0.5450	0.5640	0.4900	0.5280	0.5200	0.5320
chi2(1)	1.1900		1.1900		2.1300		1.3800	
Prob > chi2	0.2753		0.2762		0.1447		0.2409	

注：***、**、*分别表示1%、5%、10%的显著性水平；括号中报告的是 t 统计量。

同理，将样本按照企业所处法制化环境，分为法制化高和法制化低两组。从表3-9中显示的结果发现，年报语调相对促进了法制化水平低地区的企业创新产出。具体而言，年报语调促进了法制化水平较低地区的企业创新产出，且系数均在5%的水平下显著为正。证明了本章的假设4。

表3-9 法制环境的影响

变量	RD		PT 1		PT 2		PT 3	
	法制化高	法制化低	法制化高	法制化低	法制化高	法制化低	法制化高	法制化低
tone	0.0145 ***	0.0185 ***	0.6004 *	1.4552 ***	0.6805 **	1.4880 ***	0.1061	0.7309 **
	(4.53)	(5.29)	(1.84)	(3.60)	(2.42)	(4.30)	(0.36)	(2.02)
lev	−0.0020	−0.0044 ***	−0.1731	0.1327	−0.0864	0.1907	−0.0464	0.0461
	(−1.48)	(−3.29)	(−1.25)	(0.74)	(−0.71)	(1.37)	(−0.37)	(0.30)
size	−0.0005 *	−0.0003	0.4388 ***	0.4006 ***	0.3787 ***	0.3087 ***	0.3908 ***	0.3487 ***
	(−1.90)	(−1.14)	(14.51)	(10.57)	(14.40)	(9.37)	(13.95)	(9.97)
age	−0.0025 ***	−0.0016 ***	−0.0374	−0.0493	0.0270	−0.0134	−0.0485	−0.0315
	(−6.72)	(−3.16)	(−0.97)	(−0.92)	(0.81)	(−0.28)	(−1.36)	(−0.65)
ROA	0.0316 ***	0.0091 **	2.2217 ***	1.1549 **	2.3016 ***	0.9105 **	1.8263 ***	0.9147 **
	(7.01)	(2.36)	(5.47)	(2.50)	(6.41)	(2.40)	(4.78)	(2.17)

续表

变量	RD		PT 1		PT 2		PT 3	
	法制化高	法制化低	法制化高	法制化低	法制化高	法制化低	法制化高	法制化低
firsthold	−0.0036**	0.0006	0.1199	−0.0818	0.0537	0.0126	0.0912	−0.0995
	(−2.25)	(0.36)	(0.69)	(−0.38)	(0.35)	(0.07)	(0.57)	(−0.52)
Dual	0.0003	0.0007	0.0379	0.0188	0.0516	0.0562	−0.0177	−0.0394
	(0.63)	(1.24)	(0.76)	(0.28)	(1.22)	(1.00)	(−0.36)	(−0.62)
Indep	0.0042**	−0.0033	−0.0713	−0.7005*	−0.2016	−0.4432	−0.1935	−0.8511**
	(2.34)	(−1.41)	(−0.25)	(−1.85)	(−0.81)	(−1.34)	(−0.75)	(−2.42)
Board	0.0013	0.0015	−0.0115	0.0718	0.0706	0.1370	−0.1347	0.0419
	(1.03)	(1.12)	(−0.08)	(0.44)	(0.59)	(1.04)	(−1.04)	(0.27)
growth	−0.0002	−0.0001	−0.0728***	−0.0407	−0.0668***	−0.0159	−0.0538**	−0.0434*
	(−0.91)	(−0.77)	(−3.12)	(−1.55)	(−3.38)	(−0.81)	(−2.49)	(−1.74)
Tangibility	0.0026*	0.0019	0.5814***	0.0857	0.3592**	0.1152	0.5714***	0.1517
	(1.79)	(1.52)	(3.33)	(0.44)	(2.53)	(0.74)	(3.52)	(0.88)
capex	0.0069*	0.0043	1.1897***	−0.1454	0.8898***	0.2793	1.0179***	−0.1333
	(1.90)	(1.40)	(3.33)	(−0.34)	(2.84)	(0.81)	(3.09)	(−0.34)
_cons	0.0302***	0.0169**	−7.7828***	−7.6670***	−6.9905***	−6.3782***	−7.2586***	−6.8924***
	(4.65)	(2.26)	(−11.92)	(−9.15)	(−12.37)	(−8.64)	(−12.02)	(−9.38)
Industry Fixed Effect	Yes	Yes	Yes	Yes	Yes	Yes	Yes	Yes
Year Fixed Effect	Yes	Yes	Yes	Yes	Yes	Yes	Yes	Yes
N	11354	5777	11354	5777	11354	5777	11354	5777
adj. R^2	0.5190	0.4710	0.5580	0.5560	0.5000	0.5210	0.5340	0.5230
chi2(1)	1.7500		6.7500		8.2100		4.0800	
Prob > chi2	0.1861		0.0094		0.0042		0.0434	

注：***、**、*分别表示1%、5%、10%的显著性水平；括号中报告的是的 t 统计量。

第五节　进一步检验与分析

一　内生性分析

工具变量法。由于年报语调与企业的创新可能存在内生性，比如企业的创新水平较高，同时年报也保持较为积极的语调，那么企业积极的创新产出可能并非由积极语调引起。因此，本节使用工具变量法缓解此类内生性问题。工具变量选取借鉴了曾庆生等（2018）的方法，选取同年同省份的均值（$tone\_pro$），作为 $tone$ 的工具变量。从相关性看，省份相同的公司，面临的外部环境较为类似，因而他们的语调有一定的相关性，而目前没有证据显示，同省份的语调会影响公司创新，满足外生性。此外，在弱工具变量检验中，F 统计值大于 10，表明不存在弱工具变量问题。表 3 - 10 的第（2）列至第（5）列回归结果中，$tone$ 的系数在 1% 的水平下显著为正，表明年报语调可以显著提高公司创新投入和创新产出。因此，在缓解内生性问题后，本节基本结论依然成立。

表 3 - 10　　　　　　　　　工具变量法回归结果

变量	（1）	（2）	（3）	（4）	（5）
	tone	*RD*	*PT* 1	*PT* 2	*PT* 3
tone_pro	0. 4563 ***	—	—	—	—
	(15. 45)				
tone	—	0. 0989 ***	6. 6434 ***	7. 0624 ***	4. 4416 ***
		(9. 70)	(5. 81)	(7. 17)	(4. 21)
lev	- 0. 0400 ***	0. 0006	0. 1571 *	0. 2582 ***	0. 1655 **
	(- 11. 85)	(0. 81)	(1. 91)	(3. 65)	(2. 23)
size	0. 0162 ***	- 0. 0019 ***	0. 3378 ***	0. 2590 ***	0. 3152 ***
	(28. 12)	(- 9. 03)	(14. 74)	(13. 11)	(14. 98)

续表

变量	（1）	（2）	（3）	（4）	（5）
	tone	*RD*	*PT* 1	*PT* 2	*PT* 3
age	- 0. 0250 ***	- 0. 0002	0. 1031 ***	0. 1724 ***	0. 0558 *
	（- 30. 16）	（- 0. 50）	（2. 98）	（5. 73）	（1. 73）
ROA	0. 1833 ***	0. 0107 ***	0. 7804 **	0. 6263 **	0. 7896 ***
	（14. 99）	（3. 63）	（2. 47）	（2. 29）	（2. 73）
firsthold	- 0. 0287 ***	0. 0007	0. 2583 ***	0. 2553 ***	0. 1623 **
	（- 8. 47）	（0. 94）	（3. 31）	（3. 70）	（2. 24）
Dual	0. 0027 **	0. 0003	0. 0068	0. 0196	- 0. 0355
	（2. 27）	（1. 07）	（0. 27）	（0. 87）	（- 1. 48）
Indep	0. 0463 ***	- 0. 0014	- 0. 4944 ***	- 0. 5672 ***	- 0. 5286 ***
	（7. 38）	（- 1. 07）	（- 3. 31）	（- 4. 20）	（- 3. 78）
Board	0. 0091 ***	0. 0006	- 0. 0101	0. 0601	- 0. 0990 *
	（3. 43）	（1. 11）	（- 0. 17）	（1. 15）	（- 1. 80）
growth	0. 0027 **	- 0. 0004 **	- 0. 0722 ***	- 0. 0597 ***	- 0. 0554 ***
	（2. 54）	（- 2. 54）	（- 3. 93）	（- 3. 82）	（- 3. 31）
Tangibility	- 0. 0328 ***	0. 0045 ***	0. 5899 ***	0. 4465 ***	0. 5656 ***
	（- 9. 03）	（5. 96）	（6. 88）	（6. 20）	（7. 21）
capex	0. 1325 ***	- 0. 0065 ***	0. 0711	- 0. 0903	0. 1402
	（13. 71）	（- 2. 72）	（0. 28）	（- 0. 41）	（0. 60）
_cons	- 0. 1618 ***	0. 0316 ***	- 7. 6173 ***	- 6. 5840 ***	- 7. 0851 ***
	（- 11. 18）	（11. 85）	（- 27. 60）	（- 26. 70）	（- 28. 36）
Industry Fixed Effect	—	Yes	Yes	Yes	Yes
Year Fixed Effect	—	Yes	Yes	Yes	Yes
N	17131	17131	17131	17131	17131
adj. R^2	0. 3490	0. 4090	0. 5010	0. 4230	0. 4860

注：***、**、*分别表示1%、5%、10%的显著性水平；第（1）列括号中报告的是 t 统计量；第（2）列至第（5）列括号中报告的是 z 统计量。

得分倾向匹配法。为了保证结论的可靠性，更好地揭示年报语调与创新的因果关系，本节采用得分倾向匹配法进行稳健检验。本节参照李姝等（2018）的方法，将年报语调（*tone*）按大小排序，*tone* 较大的前1/3 样本为语调较高组（处理组），其他样本为语调较低组（控制组），设虚拟变量为 *tone_ dum*，语调较高时 *tone_ dum* 取 1，否则取 0。本章选取资产负债率（*lev*）、企业规模（*size*）、企业年龄（*age*）、资产收益率（*ROA*）、第一大股东持股比例（*firsthold*）、两职合一（*Dual*）、独董比例（*Indep*）、董事会规模（*Board*）、发展速度（*growth*）、固定资产比例（*Tangibility*），资本支出比例（*capex*）作为配对变量。匹配后，处理组和控制组各有 5710 个样本，进而用配对后的样本对年报语调与企业创新行为之间的关系做回归检验，结果见表 3－11。第（1）列至第（3）列 *tone_ dum* 的系数在 10% 的水平下显著为正。虽然第（4）列 *tone_ dum* 系数不显著，但是符号依然为正，在解决了遗漏变量的内生性问题后，主要解释变量的系数符号没有发生根本性改变。

表 3－11 　　　　　　　　　　　　　　PSM 回归结果

变量	（1）	（2）	（3）	（4）
	RD	*PT* 1	*PT* 2	*PT* 3
tone_dum	0. 002 ***	0. 092 ***	0. 082 **	0. 032
	(4. 69)	(3. 05)	(2. 39)	(0. 97)
lev	－ 0. 003 **	－ 0. 006	－ 0. 159	－ 0. 037
	（－ 2. 13）	（－ 0. 05）	（－ 1. 18）	（－ 0. 29）
size	－ 0. 000 *	0. 424 ***	0. 495 ***	0. 434 ***
	（－ 1. 89）	(17. 24)	(17. 71)	(16. 42)
age	－ 0. 002 ***	0. 014	－ 0. 031	－ 0. 036
	（－ 6. 88）	(0. 48)	（－ 0. 91）	（－ 1. 16）
ROA	0. 037 ***	2. 586 ***	2. 539 ***	1. 904 ***
	(7. 48)	(6. 95)	(5. 96)	(4. 64)

续表

变量	（1）	（2）	（3）	（4）
	RD	PT 1	PT 2	PT 3
firsthold	-0.002	0.179	0.193	0.107
	（-1.55）	（1.29）	（1.26）	（0.75）
Dual	0.001	0.066	0.078*	0.022
	（1.19）	（1.61）	（1.67）	（0.49）
Indep	0.002	-0.247	-0.182	-0.276
	（1.39）	（-1.10）	（-0.72）	（-1.16）
Board	0.003**	0.203*	0.150	0.050
	（2.39）	（1.81）	（1.18）	（0.42）
growth	-0.000	-0.044**	-0.060***	-0.046**
	（-1.05）	（-2.48）	（-2.80）	（-2.26）
Tangibility	0.000	0.264*	0.512***	0.546***
	（0.33）	（1.89）	（3.12）	（3.64）
capex	0.006**	0.634**	0.765**	0.676**
	（1.98）	（2.22）	（2.35）	（2.26）
_cons	0.030***	-8.134***	-9.165***	-8.525***
	（5.10）	（-15.23）	（-15.34）	（-15.19）
Industry Fixed Effect	Yes	Yes	Yes	Yes
Year Fixed Effect	Yes	Yes	Yes	Yes
N	11420	11420	11420	11420
adj. R^2	0.514	0.496	0.553	0.527

注：***、**、*分别表示1%、5%、10%的显著性水平；括号中报告的是 t 统计量。

二　稳健性检验

（一）更换解释变量和被解释变量

为了更好地检验结论的稳定性，参考曾庆生等（2018）的做法，将年报语调（*tone* 2）定义为（积极词汇 – 消极词汇）/总词数。结果详见表3 – 11第（2）列至第（5）列。第（2）列至第（4）列显示，*tone* 2 的系数均在1%的水平下显著为正，表明年报语调可以显著提高公司的创新投入、发明及专利产出。第（5）列显示，*tone* 2 的系数虽然不显著，但符号为正，依然表明年报语调可以增加企业策略性创新。参照郭玥（2018）、罗宏和秦际栋（2019）的方法，本章将研发投入变为研发支出除以营业收入，以 RD2 表示。结果详见表3 – 12 第（1）列，*tone* 的系数在1%的水平下显著为正，表明年报语调可以显著提高公司的创新投入，再次印证了结论的稳定性。

表3 – 12　　　　　　　更换解释变量和被解释变量回归结果

变量	（1）	（2）	（3）	（4）	（5）
	RD 2	RD	PT 1	PT 2	PT 3
tone	0. 0395 *** (8. 09)	—	—	—	—
tone 2	—	0. 0954 *** (5. 26)	4. 5631 ** (2. 47)	6. 0181 *** (3. 79)	0. 2042 (0. 12)
lev	– 0. 0207 *** (– 9. 67)	– 0. 0031 *** (– 3. 11)	– 0. 1003 (– 0. 86)	– 0. 0096 (– 0. 10)	– 0. 0208 (– 0. 20)
size	– 0. 0008 ** (– 2. 14)	– 0. 0004 * (– 1. 78)	0. 4428 *** (17. 78)	0. 3686 *** (17. 10)	0. 3903 *** (16. 87)
age	– 0. 0065 *** (– 10. 35)	– 0. 0025 *** (– 8. 01)	– 0. 0581 * (– 1. 79)	0. 0047 (0. 17)	– 0. 0612 ** (– 2. 04)
ROA	– 0. 0056 (– 0. 81)	0. 0271 *** (8. 10)	1. 9244 *** (5. 98)	1. 8155 *** (6. 60)	1. 6204 *** (5. 36)
firsthold	– 0. 0089 *** (– 3. 60)	– 0. 0017 (– 1. 34)	0. 0947 (0. 66)	0. 0851 (0. 68)	0. 0440 (0. 33)
Dual	0. 0028 *** (3. 17)	0. 0005 (1. 23)	0. 0247 (0. 59)	0. 0381 (1. 07)	– 0. 0222 (– 0. 55)

续表

变量	(1)	(2)	(3)	(4)	(5)
	RD 2	RD	PT 1	PT 2	PT 3
Indep	0.0076 ***	0.0023	− 0.2369	− 0.3013	− 0.3375
	(2.58)	(1.52)	(− 0.94)	(− 1.37)	(− 1.45)
Board	− 0.0008	0.0015	0.0483	0.1212	− 0.0580
	(− 0.44)	(1.53)	(0.43)	(1.26)	(− 0.55)
growth	− 0.0010 ***	− 0.0002	− 0.0569 ***	− 0.0438 ***	− 0.0445 ***
	(− 3.31)	(− 1.42)	(− 3.15)	(− 2.97)	(− 2.63)
Tangibility	− 0.0058 ***	0.0014	0.3780 ***	0.2260 **	0.4123 ***
	(− 2.68)	(1.39)	(2.73)	(2.01)	(3.32)
capex	0.0171 ***	0.0050 *	0.8739 ***	0.7456 ***	0.7196 ***
	(2.91)	(1.85)	(2.96)	(2.94)	(2.67)
_cons	0.0738 ***	0.0267 ***	− 7.9403 ***	− 6.9320 ***	− 7.2901 ***
	(8.14)	(5.55)	(− 14.68)	(− 14.75)	(− 14.72)
Industry Fixed Effect	Yes	Yes	Yes	Yes	Yes
Year Fixed Effect	Yes	Yes	Yes	Yes	Yes
N	17131	17131	17131	17131	17131
adj. R^2	0.5510	0.4970	0.5340	0.4800	0.5070

注：***、**、*分别表示1%、5%、10%的显著性水平；括号中报告的是 t 统计量。

（二）更换词典后，替换解释变量

参考王华杰和王克敏（2018）的做法，本节将语调词典更换为台湾大学制作的《中文情感极性词典》，利用其中积极和消极词汇的列表重新构建年报语调，年报语调（Taiwantone）定义为（积极词汇 − 消极词汇）／（积极词汇 + 消极词汇）。结果详见表 3 − 13 第（1）列至第（4）列。其中，第（1）列至第（3）列显示，*Taiwantone* 的系数均在 10% 的水平下显著为正，表明年报语调可以显著提高公司的创新投入、发明和专利产出。第（4）列显示，*Taiwantone* 的系数虽然不显著，但符号为正依然表明年报语调可以增加企业策略性创新，进一步验证了本章结论的稳定性。

表 3 – 13   更换台湾词典变量回归结果

变量	(1)	(2)	(3)	(4)
	RD	*PT 1*	*PT 2*	*PT 3*
Taiwantone	0.0052 **	0.4007 *	0.4435 **	0.1400
	(2.28)	(1.67)	(2.08)	(0.63)
lev	− 0.0035 ***	0.1200	0.0300	0.0200
	(− 3.49)	(− 1.00)	(− 0.33)	(− 0.19)
size	0.0000	0.4439 ***	0.3715 ***	0.3883 ***
	(− 1.38)	(17.82)	(17.16)	(16.72)
age	− 0.0026 ***	− 0.0625 *	0.0000	− 0.0583 **
	(− 8.67)	(− 1.94)	(− 0.12)	(− 1.96)
ROA	0.0285 ***	1.9684 ***	1.8866 ***	1.6037 ***
	(8.40)	(6.12)	(6.86)	(5.29)
firsthold	0.0000	0.0800	0.0700	0.0400
	(− 1.57)	(0.56)	(0.53)	(0.33)
Dual	0.0000	0.0300	0.0400	0.0200
	(1.31)	(0.62)	(1.12)	(− 0.55)
Indep	0.0028 *	0.2200	0.2700	0.3400
	(1.83)	(− 0.87)	(− 1.24)	(− 1.46)
Board	0.0000	0.0500	0.1200	0.0600
	(1.56)	(0.43)	(1.27)	(− 0.56)
growth	0.0000	− 0.0601 ***	− 0.0470 ***	− 0.0460 ***
	(− 1.64)	(− 3.32)	(− 3.17)	(− 2.70)
Tangibility	0.0000	0.3763 ***	0.2202 *	0.4173 ***
	(1.22)	(2.71)	(1.95)	(3.35)

续表

变量	(1) RD	(2) PT 1	(3) PT 2	(4) PT 3
capex	0.0058 ** (2.11)	0.8903 *** (3.01)	0.7781 *** (3.06)	0.7048 *** (2.62)
_cons	0.0261 *** (5.44)	− 8.0019 *** (− 14.75)	− 6.9964 *** (− 14.92)	− 7.3167 *** (− 14.73)
Industry Fixed Effect	Yes	Yes	Yes	Yes
Year Fixed Effect	Yes	Yes	Yes	Yes
N	17131	17131	17131	17131
adj. R^2	0.4950	0.5340	0.4790	0.5070

注：*** 、** 、* 分别表示1%、5%、10%的显著性水平；括号中报告的是 t 统计量。

（三）管理层讨论分析的语调进行替换的结果

管理层分析讨论部分集中对上市公司未来的业绩展望进行说明。由于这个部分是在证监会2012年修订的年报摘要中首次出现的专栏，因此本章收集的样本只能从2012年开始。回归结果见表3－14，第（1）列至第（4）列管理层语调（MD&A_ tone）可以显著提高公司的创新投入和产出。其系数均在5%水平下显著，进一步验证了本章结论的稳定性。

表3－14　　　　　　　　　管理层语调变量回归结果

变量	(1) RD	(2) PT1	(3) PT2	(4) PT3
MD&A_tone	0.0092 *** (5.97)	0.6159 *** (3.94)	0.5178 *** (3.81)	0.4425 *** (3.13)
lev	− 0.0049 *** (− 3.82)	− 0.1159 (− 0.87)	− 0.0052 (− 0.05)	− 0.0399 (− 0.33)

变量	(1)	(2)	(3)	(4)
	RD	**PT1**	**PT2**	**PT3**
size	0.0000	0.4864 ***	0.4146 ***	0.4298 ***
	(0.06)	(18.35)	(17.78)	(17.40)
age	−0.0011 ***	−0.043	0.0137	−0.0427
	(−3.01)	(−1.22)	(0.44)	(−1.29)
ROA	0.0304 ***	2.1387 ***	2.2728 ***	1.7122 ***
	(6.53)	(5.33)	(6.50)	(4.55)
firsthold	−0.0018	0.1830	0.1079	0.1473
	(−1.23)	(1.17)	(0.79)	(1.01)
Dual	0.0005	−0.0137	−0.0007	−0.0598
	(0.96)	(−0.30)	(−0.02)	(−1.37)
Indep	0.0020	−0.2276	−0.3194	−0.3229
	(1.15)	(−0.95)	(−1.49)	(−1.42)
Board	0.0016	0.1481	0.1776 *	0.0133
	(1.38)	(1.21)	(1.67)	(0.12)
growth	−0.0004	−0.0410	−0.0499	−0.0191
	¨(−1.98)	(−1.64)	¨(−2.48)	(−0.80)
Tangibility	0.0023 *	0.4256 **	0.2416 *	0.5015 ***
	(1.70)	(2.55)	(1.72)	(3.32)
capex	0.0065 *	1.2967 ***	1.1988 ***	0.9377 ***
	(1.70)	(3.31)	(3.48)	(2.64)
_cons	0.0288 ***	−8.7378 ***	−7.7084 ***	−8.0802 ***
	(5.42)	(−15.38)	(−15.42)	(−15.29)
Industry Fixed Effect	Yes	Yes	Yes	Yes
Year Fixed Effect	Yes	Yes	Yes	Yes
N	10881	10881	10881	10881
adj. R^2	0.5240	0.5300	0.4800	0.5060

注：***、**、*分别表示1%、5%、10%的显著性水平；括号中报告的是 *t* 统计量。

（四）剔除年报重述后的结果

年报重述反映了公司内控上的缺陷，一定程度上会影响年报的正常语调。年报语调作为投资者重要的投资依据，一旦发生重述，势必影响企业正常的融资活动。本章在去除重述后的年报中发现，年报语调可以显著提高公司的创新投入和发明、专利产出，详见表 3 - 15 中第（1）列至第（3）列。第（4）列显示，tone 的系数虽然不显著，但符号为正，依然表明年报语调可以增加企业策略性创新，进一步验证了本节结论的稳定性。

表 3 - 15　　　　　　　去除重述年报回归结果

变量	（1） RD	（2） PT 1	（3） PT 2	（4） PT 3
tone	0. 0165 *** (6. 35)	0. 9653 *** (3. 57)	1. 0453 *** (4. 43)	0. 3579 (1. 47)
lev	- 0. 0027 *** (- 2. 65)	- 0. 0926 (- 0. 77)	- 0. 0116 (- 0. 12)	- 0. 0100 (- 0. 09)
size	- 0. 0005 ˙˙ (- 2. 40)	0. 4348 *** (17. 17)	0. 3650 *** (16. 43)	0. 3834 *** (16. 23)
age	- 0. 0024 *** (- 7. 58)	- 0. 0394 (- 1. 20)	0. 0160 (0. 55)	- 0. 0420 (- 1. 38)
ROA	0. 0270 *** (7. 76)	1. 8140 *** (5. 41)	1. 7297 *** (5. 97)	1. 5382 *** (4. 88)
firsthold	- 0. 0017 (- 1. 39)	0. 1147 (0. 79)	0. 1013 (0. 79)	0. 0698 (0. 53)
Dual	0. 0005 (1. 19)	0. 0242 (0. 57)	0. 0303 (0. 83)	- 0. 0143 (- 0. 35)
Indep	0. 0023 (1. 53)	- 0. 3634 (- 1. 40)	- 0. 4123 * (- 1. 80)	- 0. 4439 * (- 1. 85)

变量	(1)	(2)	(3)	(4)
	RD	*PT* 1	*PT* 2	*PT* 3
Board	0.0013	0.0410	0.1037	− 0.0498
	(1.28)	(0.36)	(1.05)	(− 0.46)
growth	− 0.0002	− 0.0461˙˙	− 0.0409 ***	− 0.0313*
	(− 1.21)	(− 2.39)	(− 2.66)	(− 1.72)
Tangibility	0.0019*	0.4339 ***	0.2719 **	0.4477 ***
	(1.85)	(3.11)	(2.39)	(3.57)
capex	0.0035	0.7146 **	0.5831 **	0.5986 **
	(1.23)	(2.37)	(2.24)	(2.19)
_cons	0.0293 ***	− 7.8254 ***	− 6.8444 ***	− 7.2416 ***
	(5.87)	(− 14.46)	(− 14.31)	(− 14.55)
Industry Fixed Effect	Yes	Yes	Yes	Yes
Year Fixed Effect	Yes	Yes	Yes	Yes
N	15750	15750	15750	15750
adj. R^2	0.5010	0.5370	0.4840	0.5090

注：*** 、** 、* 分别表示1%、5%、10%的显著性水平；括号中报告的是 *t* 统计量。

（五）更换回归模型形式

首先，根据本章专利申请数据形式，参考李姝等（2018）的做法，运用泊松模型回归形式，重新对发明、专利、策略性创新进行回归，回归结果见表 3 - 16。发现在发明和专利中 *tone* 的系数均在 10% 以下显著。年报语调可以显著提高公司的发明和专利产出。在策略性创新列中显示 *tone* 的系数虽然不显著，但符号为正，依然表明年报语调可以增加企业策略性创新，进一步验证了本章结论的稳定性。其次，分位数回归使用的是残差绝对值的加权平均，故不易受到极端值的影响（陈强，2014）。本节选取 50% 分位数，重新对发明、专利、策略性创新进行回归，回归结果见表 3 - 16，发现在发明和专利中 *tone* 的系数均在 1% 以下显著，年报语调可以显著提高公司的发明和专利产出。在策略性创新列中 *tone* 的系数虽然不显著，但符号为正，表明年报语调可以增加企业策略性创新，进一步验证了本章结论的稳定性。

表 3 - 16　　　　　　　　　　更改模型形式后的回归结果

变量	泊松回归			分位数回归		
	PT 1	*PT* 2	*PT* 3	*PT* 1	*PT* 2	*PT* 3
tone	0. 2425 *	0. 4885 ***	0. 1349	1. 0084 ***	0. 7846 ***	0. 3298
	(1. 87)	(3. 15)	(0. 91)	(4. 74)	(3. 96)	(1. 58)
lev	− 0. 0347	− 0. 0459	0. 0096	− 0. 1686 **	− 0. 0996	− 0. 0471
	(− 0. 57)	(− 0. 63)	(0. 14)	(− 2. 07)	(− 1. 31)	(− 0. 59)
size	0. 1769 ***	0. 2323 ***	0. 1863 ***	0. 3696 ***	0. 2321 ***	0. 2700 ***
	(13. 86)	(15. 65)	(12. 66)	(25. 46)	(17. 15)	(18. 95)
age	− 0. 0465 ***	− 0. 0376 *	− 0. 0371 *	− 0. 0001	0. 0200	0. 0010
	(− 2. 59)	(− 1. 82)	(− 1. 78)	(− 0. 00)	(0. 96)	(0. 04)
ROA	0. 4644 ***	0. 8389 ***	0. 4874 **	1. 7992 ***	1. 4524 ***	1. 2959 ***
	(2. 66)	(3. 94)	(2. 41)	(6. 27)	(5. 42)	(4. 60)
firsthold	0. 0742	0. 0769	0. 0561	− 0. 0494	− 0. 0220	− 0. 0673
	(0. 93)	(0. 83)	(0. 62)	(− 0. 53)	(− 0. 25)	(− 0. 74)
Dual	0. 0142	0. 0326	0. 0017	0. 0276	0. 0459	0. 0047
	(0. 69)	(1. 33)	(0. 07)	(0. 84)	(1. 51)	(0. 15)
Indep	0. 0526	0. 0362	− 0. 0293	− 0. 3174 *	− 0. 2515	− 0. 2769 *
	(0. 58)	(0. 34)	(− 0. 28)	(− 1. 90)	(− 1. 62)	(− 1. 69)
Board	0. 0701	0. 1368 **	0. 0468	0. 0023	0. 0511	− 0. 0967
	(1. 36)	(2. 24)	(0. 80)	(0. 03)	(0. 77)	(− 1. 39)

续表

变量	泊松回归			分位数回归		
	PT 1	*PT 2*	*PT 3*	*PT 1*	*PT 2*	*PT 3*
growth	− 0. 0291 ** (− 2. 19)	− 0. 0388 ** (− 2. 41)	− 0. 0271 * (− 1. 81)	− 0. 0359 (− 1. 50)	− 0. 0233 (− 1. 05)	− 0. 0163 (− 0. 69)
Tangibility	0. 2430 *** (3. 24)	0. 2854 *** (3. 17)	0. 2787 *** (3. 21)	0. 3802 *** (3. 88)	0. 2165 ** (2. 37)	0. 3188 *** (3. 31)
capex	0. 2454 (1. 64)	0. 2216 (1. 23)	0. 3075 * (1. 78)	0. 4848 * (1. 80)	0. 4010 (1. 59)	0. 3000 (1. 13)
_cons	− 3. 6921 *** (− 13. 38)	− 5. 4367 *** (− 17. 04)	− 4. 4472 *** (− 13. 90)	− 6. 2800 *** (− 19. 88)	− 3. 7929 *** (− 12. 88)	− 4. 8022 *** (− 15. 48)
Industry Fixed Effect	Yes	Yes	Yes	Yes	Yes	Yes
Year Fixed Effect	Yes	Yes	Yes	Yes	Yes	Yes
N	17131	17131	17131	17131	17131	17131
Prob > chi2	0. 000	0. 000	0. 000	——	——	——
pseudo R^2	—	—	—	0. 3981	0. 3390	0. 3852

注：***、**、*分别表示1%、5%、10%的显著性水平；泊松回归中括号中报告的是 z 统计量；分位数回归中括号中报告的是 t 统计量。

三　影响机制分析

作为缓解企业与市场信息不对称的重要机制，分析师跟踪深入企业的信息传播的各个阶段。已有大量研究证明了，分析师跟踪可以提升市场效率、改善企业信息环境。因而分析师跟踪也影响到了企业的经营活动，如企业创新（He and Tian，2013；陈钦源等，2017）。而分析师最主要的职能的是缓解市场和企业之间的信息不对称。作为企业信息的直接接受者，年报的语调会影响分析师的判断。伊志宏等（2018）发现，分析师乐观偏差会降低企业的创新。而年报的乐观语调显然会让分析师作出乐观判断，进而减少企业的创新。分析师除了受到企业的年报影响，也会对企业信息起到监督作用。有研究表明，分析师会减少企业的信息披露违规行为，减少管理层隐藏坏消息进行内部交易的行为（潘越等，2011；Ellul and Panayides，2018）。所以从这个方面来讲，分析师跟踪行为又会影响年报的语调。综上所述，分析师跟踪就充当了语调与企业创新的传播中介。

参考李春涛等（2014）的做法，将分析师人数定义为跟踪公司的机构数量（*analyst*）。从表 3 – 17 的第（1）列可以看到，年报语调在 1% 的水平下显著为正，证明了年报语调会增加分析师跟踪。为了更加直观地说明年报语调通过分析师跟踪的增加，进而增加企业创新，本节使用中介效应进行回归分析，第（2）列至第（5）列是验证分析师跟踪的中介效应分析。回归结果显示，在对研发投入的回归中，加入分析师跟踪后，*analyst* 的系数在 1% 的水平下显著为正，说明存在中介效应，且为部分中介效应。与此同时，第（3）列和第（4）列 *tone* 的系数为 0.7163、0.8574，其显著性均在 5% 的水平下显著。说明分析师跟踪在发明和专利中起到部分中介效应。第（5）列 *tone* 的系数不显著，说明分析师跟踪在策略性创新中起到了完全中介效应。

表 3 – 17　　　　　　　分析师跟踪传导机制回归结果

变量	（1）	（2）	（3）	（4）	（5）
	analyst	*RD*	*PT* 1	*PT* 2	*PT* 3
analyst	—	0.0002 *** （7.04）	0.0154 *** （6.10）	0.0138 *** （6.14）	0.0117 *** （4.87）
tone	14.1366 *** （8.57）	0.0123 *** （4.25）	0.7163 ** （2.51）	0.8574 *** （3.37）	0.2311 （0.88）

续表

变量	(1)	(2)	(3)	(4)	(5)
	analyst	*RD*	*PT 1*	*PT 2*	*PT 3*
lev	−0.8247	−0.0021*	−0.0942	−0.0458	0.0393
	(−1.23)	(−1.72)	(−0.70)	(−0.39)	(0.31
size	3.3849***	−0.0015***	0.4235***	0.3608***	0.3811***
	(19.45)	(−6.28)	(14.59)	(13.98)	(13.88)
age	−1.0696***	−0.0016***	0.0029	0.0495	−0.0137
	(−5.74)	(−4.76)	(0.09)	(1.60)	(−0.42)]
ROA	63.4336***	0.0184***	0.9157**	0.8849**	0.8180**
	(24.23)	(4.19)	(2.19)	(2.45)	(2.08)
firsthold	−3.6193***	−0.0008	0.1156	0.1223	0.0475
	(−4.19)	(−0.59)	(0.76)	(0.90)	(0.33)
Dual	0.4376*	0.0005	0.0610	0.0509	0.0165
	(1.86)	(1.08)	(1.36)	(1.28)	(0.37)
Indep	1.5899	0.0001	−0.3733	−0.4241*	−0.4456*
	(1.31)	(0.04)	(−1.39)	(−1.80)	(−1.79)
Board	0.5917	0.0013	0.1643	0.2295**	0.0430
	(1.03)	(1.13)	(1.36)	(2.16)	(0.38)
growth	0.0909	−0.0004˜	−0.0571***	−0.0454**	−0.0402*
	(0.72)	(−2.03)	(−2.61)	(−2.48)	(−1.94)
Tangibility	0.8809	0.0011	0.4650***	0.2761**	0.5338***
	(1.17)	(0.94)	(3.11)	(2.2)	(3.86)
capex	10.7499***	0.0027	0.4048	0.3010	0.4446
	(5.96)	(0.95)	(1.25)	(1.07)	(1.49)
_cons	−73.2175***	0.0501***	−7.8072***	−7.0336***	−7.3637***
	(−19.57)	(9.39)	(−12.65)	(−12.93)	(−12.71)
Industry Fixed Effect	Yes	Yes	Yes	Yes	Yes

续表

变量	(1)	(2)	(3)	(4)	(5)
	analyst	*RD*	*PT* 1	*PT* 2	*PT* 3
Year Fixed Effect	Yes	Yes	Yes	Yes	Yes
N	13048	13048	13048	13048	13048
adj. R^2	0.4250	0.5230	0.5640	0.5110	0.5370

注：***、**、*分别表示1%、5%、10%的显著性水平；括号中报告的是 t 统计量。

由于企业信息不对称，进而可能诱发潜在道德风险，导致企业会面临创新融资难的问题（鞠晓生等，2013）。一方面，由于企业创新活动周期长、风险不确定性等特点导致了融资较难。加之创新知识的非排他性，要求企业创新活动信息作为企业核心的商业机密来保护。这就加重了企业创新与外部信息的不对称性，进而造成了企业的融资约束。另一方面，银企信息不对称，容易造成银行的信贷配给（Stiglitz and Weiss，1981）。银行为了降低自身风险，避免给信息相对不完善的中小企业贷款，使得创新意愿较强的中小企业面临更为严峻的融资约束。面对信息不对称造成的融资约束，企业可能通过提高年报信息质量增强信息语调，进而达到缓解融资约束的目的，以促进企业创新。综上所述，融资约束成了年报语调与公司创新当中另一个机制。

参考 Kaplan 和 Zingales（2010）、魏志华等（2014）的做法，构建了 KZ[①] 指数。KZ 指数越大，表明企业融资约束越严重。表 3 – 18 第（1）列显示，年报语调在 1% 的水平下显著为负，验证了年报语调可以缓解融资约束。为了更加直观地说明年报语调通过减少企业融资约束，进而增加企业创新，本节使用中介效应进行回归分析。第（2）至第

① 本章计算的 KZ 指数公式为 KZ = − 8.416CF/A − 45.776DIV/A − 4.201C/A + 3.496LEV + 0.479Q。

（5）列是验证融资约束的中介效应分析，回归结果显示，在对研发投入的回归中，加入 KZ 指数后，*tone* 的系数在 1% 的水平下显著为正，但是 KZ 指数不显著，从而进行 sobel 检验①，检验后发现存在中介效应，且为部分中介效应。与此同时，第（3）列至第（5）列 *tone* 的系数显著性均在 10% 的水平下显著。说明融资约束在发明、专利、策略性创新中起到部分中介效应。

表 3 - 18　　　　　　　　　融资约束传导机制回归结果

变量	(1)	(2)	(3)	(4)	(5)
	KZ	*RD*	*PT* 1	*PT* 2	*PT* 3
KZ	—	0.0000 （ - 0.08）	- 0.0287 *** （ - 3.63）	- 0.0221 *** （ - 3.21）	- 0.0230 *** （ - 3.15）
tone	- 0.9471 *** （ - 3.23）	0.0165 *** （6.43）	1.0538 *** （3.91）	1.1298 *** （4.83）	0.4354 * （1.79）
lev	2.7247 *** （15.98）	- 0.0029 *** （ - 2.83）	- 0.0175 （ - 0.14）	0.0348 （0.34）	0.0507 （0.46）
size	- 0.2555 *** （ - 9.88）	- 0.0005 ** （ - 2.36）	0.4352 *** （16.89）	0.3641 *** （16.23）	0.3857 *** （16.05）
age	0.2824 *** （9.14）	- 0.0024 *** （ - 7.72）	- 0.0370 （ - 1.12）	0.0202 （0.70）	- 0.0431 （ - 1.41）
ROA	- 11.6744 *** （ - 17.34）	0.0268 *** （7.54）	1.4703 *** （4.45）	1.4061 *** （4.98）	1.2712 *** （4.07）
firsthold	- 0.5857 *** （ - 4.49）	- 0.0016 （ - 1.28）	0.0756 （0.52）	0.0763 （0.60）	0.0230 （0.17）
Dual	0.0316 （0.72）	0.0005 （1.09）	0.0347 （0.81）	0.0426 （1.18）	- 0.0165 （ - 0.40）

① Sobel 的 Z 值为 - 3.642，P 值为 0.0002。

续表

变量	(1)	(2)	(3)	(4)	(5)
	KZ	RD	PT 1	PT 2	PT 3
Indep	−0.1445	0.0022	−0.2643	−0.3027	−0.3712
	(−0.72)	(1.41)	(−1.04)	(−1.35)	(−1.56)
Board	−0.2536***	0.0014	0.0421	0.1077	−0.0569
	(−2.70)	(1.41)	(0.37)	(1.12)	(−0.53)
growth	0.1238***	−0.0002	−0.0505***	−0.0366**	−0.0393**
	(3.68)	(−1.37)	(−2.72)	(−2.41)	(−2.24)
Tangibility	−0.5237***	0.0015	0.4002***	0.2436**	0.4338***
	(−3.61)	(1.38)	(2.84)	(2.13)	(3.42)
capex	0.3893	0.0039	0.7540**	0.6695***	0.6097**
	(1.20)	(1.44)	(2.52)	(2.60)	(2.23)
_cons	5.3930***	0.0288***	−7.9285***	−6.9164***	−7.3524***
	(10.01)	(5.78)	(−14.30)	(−14.33)	(−14.39)
Industry Fixed Effect	Yes	Yes	Yes	Yes	Yes
Year Fixed Effect	Yes	Yes	Yes	Yes	Yes
N	16553	16553	16553	16553	16553
adj. R^2	0.3290	0.4990	0.5370	0.4830	0.5080

注：***、**、*分别表示1%、5%、10%的显著性水平；括号中报告的是 t 统计量。

本章小结

本章使用中国上市公司2007—2016年年报语调数据进行研究，实证检验公司的年报语调对公司创新的影响。研究发现，年报语调与企业创新正相关，即年报语调越积极，公司的研发投入越多且研发产出越多。

进一步分析发现，年报语调与企业创新在非国企、小企业且所处市场法制环境较差地区的企业中的正向关系更显著。使用工具变量法和得分倾向匹配法缓解内生性问题后，发现年报语调仍能够促进企业的创新。机制检验表明，年报语调通过分析师跟踪和融资约束两条路径共同影响企业的创新。

本章研究为年报语调对公司经营活动的影响提供了另一个视角，即企业通过年报语调缓解信息不对称、增强投资者对企业创新的信心，进而增加企业创新融资，提升了企业创新水平。一方面，年报语调增强了企业的研发投入和研发产出，这为企业信息治理提供了一个证据补充。另一方面，本章发现年报语调对于企业有着较为显著的影响，这为投资者提供了一个重要信号。对于投资者而言，要积极关注企业年报语调的变化，识别出语调所传达的信号，为进一步准确投资企业创新活动做足必要的"功课"。

第四章 年报语调对公司费用黏性的影响研究

第一节 问题提出

费用控制会影响到企业的生产和经营。因此，降低企业成本，是提升企业经营业绩的关键。2016 年《国务院关于印发降低实体经济企业成本工作方案的通知》（国发〔2016〕48 号）中指出："开展降低实体经济企业成本工作，是党中央、国务院为有效缓解实体经济企业困难、助推企业转型升级作出的重要决策部署，对增强经济可持续发展能力具有重要意义。"随后，2018 年 5 月发改委发布《关于做好 2018 年降成本重点工作的通知》（发改运行〔2018〕634 号）中强调通过持续降低税费负担、合理降低融资成本、着力降低制度性交易成本、延续"五险一金"缴存比例等政策降低人工成本、有效降低能用地成本等方式，切实有效落实降低企业成本工作。因此，企业的"硬成本"得到有效降低。而在企业实际经营中"软成本"，如管理费用、销售费用中的广告费等，通常不会随着业务量的下降而降低，相反会随着业务量的下降而上升，这就造成了企业的成本费用黏性（Anderson et al.，2003）。费用黏性，既会受到管理层的影响，又会影响企业的经济效益。所以，如何降低企业的费用黏性成为实务界和理论界共同关注的焦点。

在现代企业中经营权和所有权分离。一方面，企业的经营效率得到极大提升，职业化的经理人为企业管理水平的提升发挥才能。另一方面，由于股东和经营者目标相背离又会造成效率损失，形成委托—代理问题（Jensen and Meckling，1976）。而在委托—代理问题中成本费用黏性的矛盾较为突出。因此，解决成本费用黏性的问题就成为理论界和实务界要解决的重要难题。Anderson 等（2003）利用美国 7629 个上市公司 20 年的数据，测度发现销售额增加 1%，SG&A（销售、一般及管理费用）增长 0.55%。但是当销售收入下降 1% 时，SG&A 只下降 0.35%。孙铮和刘浩（2004）利用 1994—2001 年中国上市公司数据同样发现，销售收入增长 1%，费用增长 0.5597%。而当收入减少 1% 时，费用只下降 0.0578%。国内外的研究充分说明了公司费用黏性的存在，且中国上市公司费用黏性可能更严重。一个主要的原因是，管理层考虑到实际经营活动水平不能超过承诺用于经营活动的资源时，需求的增加会对管理人员造成直接压力，继而要求他们增加承诺成本。但是，对一项活动的需求减少并不会给管理者施加类似的压力来降低承诺成本（Anderson et al.，2003），所以就造成了费用黏性。在无压力的空间下，管理者的机会主义倾向增加，利用委托—代理关系进行"帝国构建"（Stulz，1990），进一步增加自己的薪酬。而针对经理人可能出现的短视行为，已有研究从会计师、媒体、机构投资者的角度出发，发现外部有效的监督会减少企业的费用黏性（梁上坤、张梦婷，2015；梁上坤，2017，2018）。延续这一思路，年报作为企业向外部公众披露信息的重要媒介，外部监督者势必会对年报加以详细研读。换言之，年报对企业本身也是一种监督。而年报语调是年报情感的具体反映，透过年报语调可以更加直观地把握企业经营状况。因此，年报语调成为外部监督的有效工具。此外，管理层是企业年报的主要提供者。从这个角度讲，年报又具有自我监督的职能。首先，面对业绩压力，管理者会减少企业的费用黏性，通过减少不必要的成本支出兑现业绩承诺。其次，管理层目标是自身利益最大化，对于具有完善激励的上市公司来说，这通常会减少管理层的自利行为，进而减少费用黏性（梁上坤，2016）。最后，Chen 等（2012）认为高水平的公司治理同样会减少费用黏性。因此，管理层为了达到预期目标完成承诺业绩，必然会减少费用黏性增强年报语调。这体现出语调监督管理层的作用。

目前，已有文献从多个角度探讨其对企业费用黏性的影响。例如，从融资约束和银企关系（梁上坤、张梦婷，2015；江伟等，2015；翟胜宝等，2015），薪酬激励（罗宏等，2015；梁上坤，2016；Mo et al.，2018），女性高管（车嘉丽、段然2016；全怡、陶聪，2018），内部控制（于浩洋等，2017；石善冲等，2018；Kim et al.，2019），所有权性质（江伟、姚文韬，2015），公司治理（Chen et al.，2012；秦兴俊、李粮，2014；谢获宝、惠丽丽，2014），外部监督（梁上坤、张梦婷，2015；梁上坤，2017，2018）等。但是，鲜有从语调自我监督的视角来探究费用黏性。年报语调作为企业信息的风向标，既要求管理层完成经营计划，达到业绩要求，又会监督管理层放弃自利行为。

管理层既作为经营目标的执行者，又作为经营业绩的被考核者，承担着双重角色。首先，作为经营活动的执行者，需要根据当前及未来的市场状况，对调整成本作出决策（梁上坤，2016）。当资源调整成本很高时，管理者倾向于限制向上和向下资源调整的幅度，以节省预期的调整成本（Banker et al.，2017）。因此，管理者可能针对同一活动级别选择不同的资源级别，这具体取决于他们是根据活动的增加向上调整资源，还是针对活动的减少向下调整资源（Anderson et al.，2003）。这样就会产生管理层操作成本的空间，但是由于业绩压力及语调监督影响，管理层可能会放弃提高调整成本所获得自利满足。其次，作为业绩被考核者，会受到更多的外部及内部关注。从外部关注来讲，媒体关注会影响管理层在股东和雇主中的声誉，从而迫使其按照社会道德规范约束自身行为，减少谋取私利的动机（罗进辉，2012）。从内部关注来讲，独立董事及监事，会对公司的经营管理进行监督（张天舒等，2018）。管理层在内外部双重"关注"下，会降低费用黏性，提升经营业绩。再次，管理层作为价值的主要创造者，倘若激励措施无法覆盖业绩压力，那么高管可能在决策过程中增加机会主义倾向，进而通过费用黏性追逐自身利益最大化。而业绩压力和媒体监督，又会减少个人"构建帝国"的自利行为（罗进辉，2012）。最后，无论处于何种角色，管理者自身的特质都会影响到企业的决策。Choi 等（2019）认为，有能力的经理会接受有关未来需求的有利信号，以期在销量下降时保留闲置资源；而无能的经理往往会忽略乐观的信息，只关注悲观的信号。因此有能力的经理人更会导致费用黏性。而能力与自信密不可分。Chen 等（2019b）发现，过度自信的首席执行官更有可能表现出乐观的偏见，并且在销售下降的情况下对其恢复销售的能力往往过于乐观，因而成本黏性更大。综上所述，管理者面对复杂的内外部压力时，会权衡是否在销售下降时，保留多余的资源。而权衡的关键在于，自身利益最大化与监督压力的比较。而年报作为外界信息的重要依据，被更多投资者所重视。年报语调所释放的信号，正是管理层所面对的内外部压力的集中体现。

然而，上市公司的年报语调影响企业费用黏性是一个复杂的问题。首先，从理论上来讲，管理层可能通过操控语调，对于费用黏性起到抑制或者加剧作用。这取决于管理层受到压力的程度以及董事会对于管理层的激励。其次，年报语调在不同的内外部环境下，管理层对于抑制或者加剧费用黏性程度是否会有所不同？最后，年报语调通过怎样的路径，影响管理层对于费用黏性的决策？以上问题鲜有文献回答。

鉴于此，本章以 2009—2017 年沪深 A 股制造业上市公司年报语调为基础，从年报语调的角度探讨企业费用黏性。选择年报语调的原因是，一方面管理层通过年报将上市公司的信息传递给投资者，投资者阅读和理解这些信息后获得对该公司的认知，然后依据认知决定是否采取投资或其他行为。这样管理层就有操纵年报语调的动机，而依据真实性原则，企业势必以事实为准绳。因此，管理层就会减少费用黏性。另一方面，语调传递到市场当中，媒体和分析师会针对企业语调暴露的情感倾向增加或减少对企业的跟踪，分析企业未来发展状况。进而对企业形成有效监督，管理层也会减少机会主义倾向。通过实证检验发现，年报语调可以抑制企业的费用黏性。在更换语调词典和语调度量方式以及控制内生性问题后，本章所得结果依然稳健。进一步的检验表明公司规模较大，信息透明度较高，且所处市场环境较好地区的上市公司，其年报语调可以更多抑制费用黏性的增加。

本章可能存在的边际贡献。首先，以往文献较少地探究年报语调与企业费用之间的直接关系。因此，本章从年报语调这一视角出发，探讨其与企业黏性的关系弥补现有研究不足，丰富和完善费用黏性方面的研究。其次，以往多数文献主要探讨了语调对资本市场影响，本章则从公司治理层面分析语调对于企业费用黏性的影响，进而丰富语调在公司治理层面的相关文献。这不仅为探讨语调对企业经营活动的影响提供了新的微观证据，而且为企业通过合理的信息披露降低企业费用黏性提供一定依据。最后，本章发现年报语调有着自我监督的作用，在抑制管理层机会主义倾向，减少自利动机层面起到了重要的作用。最后，本章的结论对于董事会有着重要的意义——控制企业的费用黏性不仅要重视对于管理层的合理激励，更要关注企业年报语调对于管理层的压力作用。

本章剩余部分的结构安排如下。第二节为理论分析与假设；第三节为研究设计，包括样本选择、数据来源、变量定义、计量模型建立、变量相关性分析；第四节为实证结果报告与分析；第五节为进一步讨论，其中包括内生性、稳健性；最后是本章小结。

第二节　理论分析与研究假设

代理问题通常由两类问题引起。一类是，主体无法验证代理的行为是否恰当。另一类是，委托人和代理人对风险的态度不同时会产生风险的分担问题。由于风险偏好的不同，代理人和委托人可能会选择不同的操作（Eisenhardt，1989）。针对第一类问题，文献中通常的解释是"信息不对称"使得代理人更能占据信息优势，并且可以利用信息优势满足自我目标的实现（汪贤裕、颜锦江，2000）。Holmstrom（1979）认为，解决该问题的方法是将资源投入行为监控，并在合同中使用此信息。在简单的情况下，可以进行完全监视，并且通过采用惩罚违规行为的强制合同来实现这样的监督（需要最佳的风险分担）。但研究同时指出，完全监视也是不可能的。因此针对不完全监视，管理层会因遭受压力（业绩、股东、名誉等）而进行自我监督。所以从代理人的角度讲，其自身可以部分缓解委托—代理问题。针对第二类问题，当风险分担合理时问题就会迎刃而解。Starks（1987）认为，激励合同中，明确对代理人绩效的衡量和补偿以及利用风险分担规则明确投资风险分摊，可以有效地缓解第二类委托—代理问题。代理问题的两个方面对于诱发费用黏性问题有着直接影响。一方面，管理层通过信息不对称进行"帝国构建"，扩大企业规模增加自身权益。另一方面，由于有效激励不足和风险分担过大，代理人会追求个人利益以弥补潜在风险损失。因此，以上情况就会造成费用黏性的增加。

信息披露是公司管理者与外部利益相关者之间的重要桥梁。企业的年报信息可以让外部投资者和股东了解公司的财务状况、业绩和现金流等具体情况，从而评估企业前景促进企业发展。Luo 等（2018）认为，可读性更好的年度报告具有更高水平的信息披露质量，可以减少股东面临的信息不对称程度，并帮助他们更好地监督管理。这就减少了委托人和代理人之间的信息不对称。进一步讲，公开透明的信息传递，可能给企业内部人带来巨大的市场压力。这又会形成对管理层的监督。清晰明确的语调是文本可读的关键，而年报语调是公司未来经营业绩的真实反映（曾庆生等，2018）。林乐和谢德仁（2017）发现，管理层的正面语调会对分析师荐股评级产生正面影响。从而由于业绩的压力，管理层放弃自利行为增强企业业绩。年报语调属于文字性非财务信息，因而对其监管成本较高验证其真实性较难，所以这就为一些企业操纵语调带来便利。管理者会通过文字信息的发布将外部信息接收者带入一个预设拟态环境，进而使得信息接收者认同其观点（朱朝晖、许文瀚，2018）。与此同时管理层通过操纵语调，为内部人买卖股票提供良好的市场氛围（曾庆生等，2018）。从这个层面来讲，语调又会加重委托—代理问题。信息披露作为市场交易的重要信息，其披露的真实性决定了市场信息环境的质量。我国公司年报披露要求："不得含有夸大、欺诈、误导或内容不准确、不客观的词句。"① 因此，年报语调基本反映了企业真实客观的经营状况，所以语调可以进一步缓解信息不对称、减少委托—代理问题。

而费用黏性产生的最根本的动因是调整成本、管理者乐观预期及机会主义动机（Banker et al.，2011）。从实际经营情况来看，如果当前时期销售下降，但管理层预计未来销售会反弹，则管理者不会将产能完全降到与当前销售额相当的水平，而是会选择保留一些未使用的产能。通过选择减少部分产能，经理将能够节省与削减产能相关的成本调整在需求回升时将其增加。在这种情况下，生产能力成本的下降将不及销售下降，这就造成了费用黏性。管理层也可能选择保留一些产能，其优势是当市场行情好转时，能够迅速抢占市场（Anderson et al.，2003）。但同时，对于一些企业去除部分产能也较为困难，如人力成本。由于解雇难度和成本的增加，当业务量下降时会减缓用工数量向下调整的速度，

---

① 证监会公告〔2017〕17号《公开发行证券的公司信息披露内容与格式准则第2号——年度报告的内容与格式（2017年修订）》。

因此就会造成人工成本黏性（刘媛媛、刘斌，2014）。对于物资资本也同样，当企业减少机器设备时，需要承担相应的处置成本。因而业务量下降时物资成本下降幅度要低于业务量上升时物资成本的增加幅度（江伟、胡玉明，2011）。

管理层的乐观预期会影响费用黏性。梁上坤（2015）使用宏观景气指数、管理者相对薪酬及持股比例三种方法衡量管理者的过度自信，发现过度自信的管理者会高估企业未来的经营现金流，低估可能遇到的经营风险进而使得企业的成本黏性增高。Chen 等（2019a）认为，当需求增加时，拥有大量未使用资源的经理人应更加重视自己的预期，以确定是否有必要使用超出现有可用的资源。反之，资源闲置程度较低的经理人在作出资源分配决策时其决策权较小，因此无须过多依赖其预期。所以当调整成本的幅度和未使用资源的程度都很高时，预期管理对费用黏性的影响更大。同时当公司面临紧缩的货币政策，也会影响管理层的预期。梁上坤和张梦婷（2015）发现，在货币紧缩的情况下，管理层预期会更加悲观，进而会削减其亏损项目降低费用黏性。

机会主义动机同样是影响费用黏性的重要因素。李粮和宋振康（2013）发现，经理人与股东价值目标不总是一致的，因而经理人更倾向于最大化个人利益。为了避免自身权利和职位的丢失，在面对业务量下降时也不会对成本进行必要的缩减，而当业务量上升时，反而会增加自身可控资源由此造成了费用黏性。江伟和姚文韬（2015）认为，当管理者的任职时间越长，就越有动机构建自己的"公司帝国"，因此，当销售量上升时，管理层更愿意投入较多的资源，当销量下降时，却不愿减少现有资源。Chen 等（2012）进一步发现，当公司帝国的预期收益将积累给他们的继任者而不是自己时，经理人会减少构建帝国的动机。当经理人面临较短的在位时限时，更有可能削减必要 SG&A 成本，从而降低成本不对称程度。

在梳理费用黏性原因的基础上，本章认为年报语调会通过抑制管理层机会倾向进而影响公司的费用黏性。由于经营权和所有权的分离，管理者的决策很可能偏离股东最终目标，而信息不对称和缺乏监管是由委托—代理问题引起费用黏性的重要原因。要缓解上述两类问题，年报语调将发挥重要作用。一方面，对于投资者而言，会计信息较为专业，对非专业投资者来说，分析企业会计钩稽关系较为困难。但是年报语调，是企业非财务信息的情感倾向。它涵盖了企业的诸多增量信息的评价，如对经营竞争环境、治理结构、营销战略的公司意见。这些信息可以帮助投资者更加深刻地了解企业。而谢德仁和林乐（2015）认为，汉语表达依赖语境，因此其意义通常是非表层化、模糊化的。这是其成为"廉价交谈"的重要原因。在实践中，中国证监会要求，"披露的内容要真实准确，保持文字简洁"。从而避免了年报语调的模糊和不准确，因此语调缓解了信息不对称。另一方面，管理者的过度自信和"帝国构建"的动机，又使得企业成本费用黏性增加（Chen et al.，2012；梁上坤，2015），这可能进一步加剧企业经营困难程度。作为信息披露的主体，负面信息势必会给管理者带来舆论压力和股东的质疑。因此，对外界披露信息的这个行为，其本身也是一种对管理层自我监督的方式。其基本逻辑是，管理层意图使业绩达标获得董事会的认可和预期的薪酬激励，因此就会减少机会主义动机，进而减少费用黏性的发生、提升经营业绩，从而使得年报语调更加积极并形成良性循环。基于以上分析，提出本章的假设1：

H1：年报语调会抑制上市公司的费用黏性。

小型公司通常无法可靠地传达其会计信息质量。因此，小型公司可能会努力建立良好声誉提高会计信息质量可信度，以此克服信息不透明性（Berger and Udell，1998）。然而这显然是一个长期过程。所以，企业处于成长的早期阶段时，其融资约束越紧，融资渠道也越窄（张捷、王霄，2002）。因而，小企业在面对销量下降时，会及时调整资金成本，减少费用黏性。此外，卢锐和陈胜蓝（2015）认为，货币政策通过融资渠道影响企业融资。而紧缩的货币政策会加剧企业悲观预期，从而促使公司在业绩下降时及时削减超额资源，减少费用黏性。因小企业受融资影响更为严重，所以减少费用黏性的动机会强于大企业。与此同时，企业的银企关系也是影响费用黏性的重要因素（翟胜宝、陈紫薇、刘亚萍，2015）。具有投资正净现值项目的小公司，由于潜在的外部资金提供者无法轻易验证公司是否可以承接优质项目（逆向选择问题）或确保资金不会被用于资助替代项目（道德风险问题），故而放弃投资（Berger and Udell，2002）。所以，小企业银企关系建立需要较长时间，这也进一步压缩了企业的融资空间。对于具有"硬信息"的大企业而言，银行融资比小企业更为容易。因此，大企业调整资金成本速度更快，费用黏性更低。而小企业调整资金成本缓慢，费用黏性更高。在此基础上，小企业对于向市场传递信息更为重视，其年报信息更为准确，进而企业的年报语调更为真实。而真实的语调又是对管理层的逆向监督，迫使其减少自利动机、减少费用黏性。大企业由于业务范围广，隐匿坏消息更为容易，因此年报语调更为模糊，这就为管理层"构建帝国"打下基础，从而使得企业费用黏性增加。基于以上分析，提出本章的假设2：

H2：相比于大企业，年报语调抑制小企业的费用黏性更为显著。

财务会计信息是公司治理的重要领域。会计信息的治理作用体现在它会约束管理者将资源引导至净现值较高的项目中，并防止管理人员剥夺投资者的财富（Bushman and Smith，2001）。游家兴和李斌（2007）研究发现，财务信息透明度越高的公司，高管因为业绩没有达标而被更换的概率就越高。这进一步佐证了信息透明度对公司内部治理的影响力度。与此同时，当信息透明度较高时，公司也会吸引更多的机构投资者。机构投资者持股比例较高时，就会对管理者的短视行为起到监督作用（Bushee，1998）。由此信息透明度促进了对管理层的监督，抑制了管理层的机会主义倾向，这就为减少企业费用黏性提供了保障。另外，公司承诺会及时披露高质量的财务会计信息，这就降低了投资者交易时蒙受的损失风险从而吸引了更多资金进入资本市场，减少了流动性风险（Diamond and Verrecchia，1991）。而低流动性风险，就会促进公司长期投资和更高额的回报，所以管理层可能会放弃增加企业规模的"构建帝国"动机，进一步减少了费用黏性。此外，薪酬契约会影响信息透明度（Healy and Palepu，2001；付强等，2019）。薪酬契约缓解了管理层和股东的代理冲突，"利益一致"抑制了会计信息的操纵，促使管理层提高信息披露水平（Nagar et al.，2003），那么管理层操控费用黏性的动机就会减少。同理，年报语调在信息透明度高的公司被操控的概率会降低，清晰的语调如实反映了公司状况，这会迫使管理层放弃机会主义动机，减少费用黏性。而在信息透明度低的公司，积极的年报语调可能会吸引较多的分析师及媒体的关注。这意味着企业会被更多的监督者所关注，故管理层会放弃更多的自利机会以防使自己和公司陷入更糟糕的舆论漩涡，进而导致股价崩盘等一系列更严重的损失。那么对于信息透明度低的公司而言，提高语调时会使其减少公司费用黏性的作用更为显著。提出本章的假设3：

H3：相比于透明度高的公司，年报语调会更多减少透明度较低公司的费用黏性。

我国各个地区经济发展水平不一，使得公司所面临的外部环境不尽相同。而外部环境是影响公司费用黏性的重要因素。所以公司在面对不同的外部环境时，企业的费用黏性也会有所差异。首先，公司在作出销售经营决策时，需要考虑当地市场经营环境的约束（龚启辉等，2010）。当企业面临市场化程度较高的地区时，生产所需的物质资料可以及时从市场当中获得。与此对应，当存在与产能及市场需求不一致时，可以通过市场及时调整企业不合理的生产结构。企业无须通过签订长期契约或囤积大量原料，就可以确保生产正常进行。一方面，这促进了企业的现金流动。另一方面，降低了要素调整成本。其次，在市场化较差地区，私有企业很难按市场化原则获得贷款（余明桂、潘红波，2008）。市场化较差地区的企业其经营风险较高，而银行为了规避潜在的风险会增加这些企业融资的难度，这也进一步加大了企业资金调整和流转的速度。而企业为了预防资金流的断裂，势必增加现金储备，进而被动的增加了费用黏性。最后，当地的文化和制度对于信息披露质量会产生影响（Matten and Moon，2008）。在市场环境较好的地区，用于维护市场经营活动的法律法规较为完善因而法制化水平较高，对于信息披露要求更为严格。相比市场化水平较低地区，年报语调更为准确清晰，对于约束管理层的机会主义动机更为有效。此外，如前所述市场原生性弊端所导致的费用黏性，仅凭年报语调来缓解可能会稍显乏力。基于此，本章认为所处制度环境较好的公司而言，年报语调对费用黏性的减少更为明显。提出本章的假设 4：

H4：相比于市场化较差的地区，年报语调更会抑制市场化程度较好地区企业的费用黏性。

第三节　研究设计

一　数据来源与样本选择

由于行业间的黏性差异较大（刘武，2006），制造业公司费用黏性受垄断价格影响较小，故参考 Weiss（2010）和梁上坤（2018）选取制造业公司为研究主体。本章就以 2009—2017 年中国沪深 A 股制造业上市公司为研究对象，使用的数据包括上市公司年报文本信息，上市公司基本信息、财务信息，其中上市公司年报文本信息来自新浪财经网页，基本信息及财务数据来自国泰安数据库（CSMAR）。

本章对样本进行如下处理。第一，删除资不抵债的公司样本；第二，删除 ST 公司以及主要变量缺失的公司；第三，删除无法提取的年报文本；第四，为了避免异常值对本章实证结果的干扰，本章对所有连

续变量在上下 1% 的水平下进行 Winsor 处理，得到公司年度观测值
10512 个；第五，为了保证结果稳健性，采用 White（1980）方法对异
方差进行调整以及对估计的标准误进行公司层面的聚类调整。

二　变量定义与模型建立

（一）　因变量测度

参考梁上坤（2016，2017）、全怡和陶聪（2018）的做法。$LnSga$
表示费用变动，为公司当年的费用（管理费用与销售费用之和）的自然
对数与上一年费用的自然对数之差。

（二）　自变量的测度

$LnSale$ 表示收入的变动，为公司当年营业收入的自然对数与上一年
营业收入的自然对数之差。D 为虚拟变量，若公司当年的营业收入相比
上一年的营业收入下降则取 1，否则取 0。年报语调的测度如前文所述，
年报内积极词汇与消极词汇做差除以积极词汇与消极词汇的和来衡量年
报的语调（$tone$）。以年报内积极词汇与消极词汇做差除以文本内的总词
数（$tone2$）所测度的年报语调在稳健性检验当中使用。

（三）　模型设定

为了验证本章年报语调对企业创新影响的假说，构造计量模型如公
式（4-1）所示。

$$LnSga = \beta_0 + \beta_1 LnSale + \beta_2 LnSale \times D + \beta_3 LnSale \times D \times tone +$$
$$\beta_4 tone + \sum LnSale \times D \times economic + \sum economic +$$
$$\sum controls + \sum year + \sum Industry + \varepsilon \qquad (4-1)$$

其中，$LnSale \times D$ 刻画了企业的费用黏性，当 β_2 的系数为负显著
时，意味着与收入上升相比，收入下降时费用下降比例更低，说明公司
费用黏性的存在。当 β_2 的系数为正显著时，意味着企业出现了反黏性现
象（梁上坤，2016）。参考 Anderson 等（2003）认为的费用黏性可能的

动因包括管理者预期以及调整成本进而控制四个经济变量（*economic*），本章亦加以控制。*economic* 中具体包括是否两年连续下降（*Decrease_twoyear*），经济增长（*GDP*），人力资本密度（*Einten*），资本密集度（*Ainten*）。与 *Anderson* 等（2003）以及梁上坤（2018）相同，本章进一步控制了四个经济变量与黏性的交乘项（$LnSale \times D \times economic$）。*controls* 为控制变量，包括资产负债率（*lev*）、企业规模（*size*）、资产收益率（*ROA*）、第一大股东持股比例（*firsthold*）、两职合一（*Dual*）、管理层持股比例（*Mshaare*）独董比例（*Indep*），具体定义见表 4 – 1。模型中还加入了年度虚拟变量（*year*）和行业虚拟变量（*Industry*），ε 为随机误差项。

表 4 – 1　　　　　　　　　　　变量定义

变量类型	变量名称	变量定义
被解释变量	LnSga	费用变动,公司当年的费用的自然对数与上一年费用的自然对数之差
解释变量	LnSale	收入变动,公司当年营业收入的自然对数与上一年营业收入的自然对数之差
	D	收入下降,若公司当年的营业收入相比上一年的营业收入下降则取1,否则取0
	tone	年报语调,等于(积极词汇 – 消极词汇)/(积极词汇 + 消极词汇)
控制变量	lev	资产负债率,等于公司年末负债与年末资产的比值
	size	企业规模,等于公司年末总资产的自然对数
	ROA	资产收益率,等于公司净利润/总资产
	firsthold	第一大股东持股比例,等于年末第一大股东持股数与总股数的比值
	Dual	两职合一,董事长是否兼任总经理,如兼任,取1,否则取0

续表

变量类型	变量名称	变量定义
控制变量	*Mshare*	管理层持股比例,等于年末管理层持股数与总股数的比值
	Indep	独董比例,等于独立董事与董事人数之比
	Decrease_twoyear	是否两年连续下降,若营业收入连续两年下降取1,否则取0
	GDP	经济增长,等于当年 GDP 增长率
	Einten	人力资本密度,等于年末职工人数与营业收入(百万元)的比例
	Ainten	资本密集度,等于公司年末总资产与营业收入的比值

三　变量描述性统计分析

表4-2是对主要变量进行的描述性统计,包含的统计信息有样本数(Obs)、均值(Mean)、标准差(SD)、最小值(Min)、25分位数(P25)、中位数(Median)、75分位数(P75)、最大值(Max)。费用变动(Ln*Sga*)均值为0.1458,收入变动(Ln*Sale*)均值为0.1234,收入下降(*D*)的均值为28.03%,意味着有28.03%的上市公司其当年营业收入低于上一年的营业收入。这三项统计数值与梁上坤(2018)研究发现较为接近。年报语调(*tone*)的均值和中位数分别为0.2683和0.2679,标准差为0.0662,数据最小值为0.0913,说明上市公司的语调分布较为均匀且偏积极。控制变量方面,是否两年连续下降(*Decrease_twoyear*)中,有11.2%的上市连续两年营业收入下降。人力资本密度(*Einten*)均值为1.6198,与梁上坤(2016)研究发现较为接近。资本密集度(*Ainten*)均值为2.1666,这与全怡和陶聪(2018)、梁上坤(2018)一致。ROA的均值为3.7%,这在一定程度上为年报的积极语

气奠定了基础。管理层持股比例（*Mshare*）均值为 12.03%，中位数为 0.16%，说明公司管理层持股呈现较为明显的偏态分布。这为部分公司"过度积极"语气提供了解释。其他控制变量分布较为合理，与已有文献基本一致，不再赘述。

表 4 – 2 主要变量描述性统计

变量	Obs	Mean	SD	Min	P 25	Median	P 75	Max
Ln*Sga*	10512	0.1458	0.2267	– 0.4382	0.0193	0.1245	0.2415	1.0977
Ln*Sale*	10512	0.1234	0.2832	– 0.7060	– 0.0213	0.1106	0.2462	1.2786
D	10512	0.2803	0.4492	0.0000	0.0000	0.0000	1.0000	1.0000
tone	10512	0.2683	0.0662	0.0913	0.2261	0.2679	0.3115	0.4364
Decrease_ twoyear	10512	0.1120	0.3153	0.0000	0.0000	0.0000	0.0000	1.0000
GDP	10512	7.7669	1.1696	6.7000	6.9000	7.3000	7.9000	10.6000
Einten	10512	1.6198	1.1896	0.1309	0.8241	1.3516	2.0742	7.2280
Ainten	10512	2.1666	1.4937	0.4234	1.2546	1.7841	2.5776	9.7494
lev	10512	0.4232	0.2038	0.0542	0.2632	0.4141	0.5749	0.9458
size	10512	21.9656	1.1403	19.6322	21.1663	21.8323	22.6187	25.3507
ROA	10512	0.0370	0.0559	– 0.1869	0.0117	0.0338	0.0636	0.1955
Dual	10512	0.2596	0.4384	0.0000	0.0000	0.0000	1.0000	1.0000
Mshare	10512	0.1203	0.1901	0.0000	0.0000	0.0016	0.2037	0.6739
firsthold	10512	0.3380	0.1404	0.0850	0.2285	0.3194	0.4286	0.7175
Indep	10512	0.3761	0.0757	0.1538	0.3333	0.3636	0.4286	0.6000

进一步讲，本章根据年报语调的年度中位数，将样本分为低乐观语调组和高乐观语调组，以比较他们在费用收入变动和基本企业特征上的差异。表4-3分别报告了低乐观语调组和高乐观语调组的样本数量和均值，最右一列为两组样本的均值差。通过对分组结果比较发现以下几点。第一，首先，高乐观语调公司的费用变动（LnSga）相比于低乐观语调公司要大。一方面，积极语调是业绩的体现，高乐观语调公司可能本身业绩较好，其公司用于经营的费用亦会更大，导致了更明显的费用变动。另一方面，积极语调也会掩饰管理层的费用掏空行为，管理层自利的动机可以在积极的信息披露后被投资者忽略。其次，高乐观语调公司的收入变动（LnSale）更大。从一个侧面证实了企业营业收入的增长为高语调奠定了积极信息披露的基础。此外，通过进一步观察发现，收入下降（D）在高乐观语调组比例更低，意味着当年收入不及上年收入的公司更少。这也间接印证了收入下降与收入变动（LnSale）在高乐观语调组的一致性。第二，从其他变量来看，高乐观语调公司的ROA较大。说明业绩较好的上市公司年报语调更积极。与此同时，两职合一（Dual）和独立董事占比（Indep）较高，那么年报乐观语调就较高。一个可能的原因是，两职合一为管理层争取了更多经营权利，使管理层获得更大的经营空间来调整语调。而独立董事比例更高（Indep），对管理层又起到监督约束的作用，从而抑制了异常乐观语调的发生。因此，年报中的语调应属于修正的真实积极语调。此外，企业的管理层持股（Mshare）更多也是高乐观语调公司的主要特征。

表4-3　　　　　　　　　主要变量的年报语调差异

变量	低乐观语调		高乐观语调		均值差
	样本数	均值	样本数	均值	
LnSga	5392	0.120	5120	0.173	-0.053***
LnSale	5392	0.101	5120	0.147	-0.046***

续表

变量	低乐观语调		高乐观语调		均值差
	样本数	均值	样本数	均值	
D	5392	0.338	5120	0.220	0.117 ***
Decrease_twoyear	5392	0.159	5120	0.063	0.096 ***
GDP	5392	7.804	5120	7.728	0.075 ***
Einten	5392	1.657	5120	1.580	0.077 ***
Ainten	5392	2.148	5120	2.186	− 0.038
lev	5392	0.467	5120	0.377	0.090 ***
size	5392	22.009	5120	21.920	0.089 ***
ROA	5392	0.024	5120	0.050	− 0.026 ***
Dual	5392	0.217	5120	0.305	− 0.088 ***
Mshare	5392	0.071	5120	0.172	− 0.100 ***
firsthold	5392	0.335	5120	0.341	− 0.006
Indep	5392	0.370	5120	0.383	− 0.013 ***

注：***、**、*分别表示1%、5%、10%的显著性水平；括号中报告的是 *t* 统计量。

由表4-4给出的相关系数可知，企业的收入和费用正相关，说明企业的营业收入增加势必伴随着管理费用的增加。这与梁上坤（2016）研究相一致。年报语调与管理费用和营业收入正相关且均在1%的水平下显著。此外，年报语调与 GDP 呈现一定的正向关系。相关系数仅反映了两个变量的相关关系。因此，需要进一步通过多元回归分析探讨年报语调与企业费用黏性之间的关系。

表 4－4

变量相关系数

变量	LnSga	LnSale	D	tone	Decrease_twoyear	GDP	Einten	Ainten	lev	size	ROA	Dual	Mshare	firsthold	Indep
LnSga	—	0.574***	-0.407***	0.203***	-0.280***	0.076***	-0.020**	-0.027***	-0.034***	0.049***	0.257***	0.063***	0.179***	0.01	0.024**
LnSale	0.613***	—	-0.778***	0.150***	-0.455***	0.013	-0.122***	-0.109***	-0.006	0.080***	0.328***	0.040***	0.148***	0.006	0.030***
D	-0.356***	-0.655***	—	-0.162***	0.569***	-0.007	0.088***	0.142***	0.035***	-0.066***	-0.322***	-0.037***	-0.135***	-0.011	-0.035***
tone	0.144***	0.099***	-0.163***	—	-0.198***	0.044***	0.023***	0.081***	-0.240***	-0.031***	0.300***	0.110***	0.340***	0.024***	0.074***
Decrease_twoyear	-0.247***	-0.406***	0.569***	-0.200***	—	-0.083***	0.081***	0.133***	0.008	-0.056***	-0.252***	-0.036***	-0.104***	-0.023***	-0.035***
GDP	0.063***	0.047***	-0.051*	0.018*	-0.080***	—	0.074***	0.133***	0.132***	-0.155***	0.040***	-0.071***	-0.214***	0.084***	-0.102***
Einten	-0.042***	-0.143***	0.118***	-0.061***	0.117***	0.102***	—	0.412***	-0.206***	-0.402***	-0.119***	0.075***	0.082***	-0.098***	0.017*
Ainten	-0.047***	-0.150***	0.170***	-0.013	0.180***	-0.145***	0.407***	—	-0.211***	-0.135***	-0.219***	0.099***	0.176***	-0.175***	0.039***
lev	-0.022**	-0.002	0.046***	-0.261***	0.019*	0.149***	-0.110***	-0.143***	—	0.440***	-0.394***	-0.103***	-0.329***	0.030***	-0.098***
size	0.062***	0.079***	-0.055***	-0.015	-0.045***	-0.122***	-0.386***	-0.125***	0.416***	—	0.007	-0.123***	-0.168***	0.147***	-0.057***
ROA	0.155***	0.296***	-0.311***	0.275***	-0.259***	0.051***	-0.190***	-0.233***	-0.384***	0.057***	—	0.051***	0.217***	0.093***	0.052***
Dual	0.045***	0.032***	-0.037***	0.104***	-0.036***	-0.082***	0.044***	0.070***	-0.104***	-0.115***	0.040***	—	0.223***	-0.035***	0.103***
Mshare	0.126***	0.093***	-0.102***	0.296***	-0.084***	-0.161***	0.040***	0.087***	-0.319***	-0.249***	0.129***	0.210***	—	-0.169***	0.142***
firsthold	0.020**	0.011	-0.004	0.019*	-0.019*	0.067***	-0.109***	-0.170***	0.032***	0.181***	0.107***	-0.043***	-0.082***	—	0.011
Indep	0.017*	0.031***	-0.039***	0.074***	-0.034***	-0.110***	0.005	0.032***	-0.108***	-0.076***	0.058***	0.109***	0.162***	0.019***	—

注：下三角单元格报告的是皮尔逊相关系数，上三角单元格报告的是斯皮尔曼等级相关系数。***、**、*分别表示1%、5%、10%的显著性水平。

第四节 实证结果报告与分析

一 基础回归分析

针对公式（4－1）进行估计，表4－5中第（1）列回归中仅有 Ln*Sale*、Ln*Sale_ D*两项。Ln*sale*的系数为0.5935且在1%水平下显著，即当公司营业收入增长1%时，费用会增加0.59%。Ln*Sale_ D*系数为－0.3482，同样在1%水平下显著。即公司营业收入下降1%时，费用会下降约0.25%（0.5935—0.3482）。这说明在样本期间内存在费用黏性，且费用黏性的数值与全怡和陶聪（2018）较为接近。[①] 在第（2）列回归中增加了Ln*Sale_ D_ tone*及*tone*及其他控制变量。Ln*Sale_ D*的系数在1%以上显著为负，Ln*Sale_ D_ tone*的系数为0.7305且在5%的水平下显著为正，表明随着年报语调的积极程度的提高，公司的费用黏性会逐步降低。第（3）列增加了四个经济变量，Ln*Sale_ D*系数依然显著为负，Ln*Sale_ D_ tone*的系数在5%的水平下显著为正。第（4）列加入了经济变量的交乘项，Ln*Sale_ D*系数依然为负，且在1%的水平下显著。并且在此基础上年报语调与费用黏性的交乘项（Ln*Sale_ D_ tone*）系数在5%水平下显著。以上结果证明了随着年报积极语调的增加，公司费用黏性逐渐下降，证明了假设1。

表4－5　　　　　　　　年报语调与费用黏性

变量	（1）	（2）	（3）	（4）
Ln*Sale*	0.5935*** (36.08)	0.5992*** (37.05)	0.5991*** (37.04)	0.6024*** (37.21)
Ln*Sale_D*	－0.3482*** (－11.82)	－0.5398*** (－7.67)	－0.5594*** (－7.86)	－0.5150** (－2.29)

[①] 全怡和陶聪（2018）的费用黏性约为0.26%。

续表

变量	（1）	（2）	（3）	（4）
LnSale_D_tone	—	0.7305 ** （2.54）	0.7401 ** （2.58）	0.7945 *** （2.79）
tone	—	0.2912 *** （8.31）	0.2931 *** （8.36）	0.2963 *** （8.46）
lev	—	−0.0582 *** （−4.32）	−0.0620 *** （−4.39）	−0.0644 *** （−4.55）
size	—	0.0189 *** （8.53）	0.0221 *** （9.61）	0.0222 *** （9.71）
ROA	—	−0.3015 *** （−6.13）	−0.2930 *** （−5.57）	−0.3037 *** （−5.71）
firsthold	—	0.0295 ** （2.30）	0.0277 ** （2.15）	0.0264 ** （2.06）
Dual	—	0.0076 ** （1.98）	0.0075 * （1.96）	0.0077 ** （1.98）
Mshare	—	0.0847 *** （9.00）	0.0852 *** （8.99）	0.0847 *** （8.97）
Indep	—	−0.0022 （−0.10）	−0.0010 （−0.04）	0.0000 （0.00）
Decrease_twoyear	—	—	−0.0153 ** （−2.38）	0.0035 （0.42）
GDP	—	—	0.0193 *** （5.45）	0.0203 *** （5.32）
Ainten	—	—	−0.0028 （−1.34）	−0.0069 *** （−2.74）
Einten	—	—	0.0097 *** （4.03）	0.0107 *** （3.84）
LnSale_D_ Decrease_twoyear	—	—	—	0.1289 ** （2.49）

续表

变量	(1)	(2)	(3)	(4)
LnSale_D_GDP	—	—	—	0.0023 (0.09)
LnSale_D_Ainten	—	—	—	−0.0476*** (−3.19)
LnSale_D_Einten	—	—	—	0.0200 (0.93)
_cons	0.0529*** (3.43)	−0.4067*** (−8.40)	−0.6691*** (−11.08)	−0.6726*** (−11.28)
Industry Fixed Effect	Yes	Yes	Yes	Yes
Year Fixed Effect	Yes	Yes	Yes	Yes
N	10512	10512	10512	10512
adj. R^2	0.4040	0.4230	0.4250	0.4260

注：*** 、** 、* 分别表示1%、5%、10%的显著性水平；括号中报告的是 t 统计量。

在控制变量中，lev、ROA 均在1%的显著水平下为负，表明公司的资产负债率（lev）越高，越会降低企业的费用变动。可能的原因是企业的资产负债率越高，负债利息所产生的财务费用越多，企业为了盈利要控制成本，那么就会减少相应的管理费用。这与梁上坤（2018）、全怡和陶聪（2018）、Mo 等（2018）的研究一致。企业的资产收益率越高（ROA），盈利能力越强，费用成本就越低。因此，在控制成本的方面，对于管理费用的减少更为明显。这与梁上坤（2018）研究一致。公司规模（$size$）在1%水平下显著为正，公司规模越大可能会增加企业的费用变动。一个潜在的逻辑是，当企业规模越大时，管理架构可能随着规模的增加而扩展，管理费用也会随之增加。另外，规模的扩展伴随着业务量的增加。因此，销售费用也会随之增加。这与梁上坤（2017）及 Kim等（2019）研究相一致。第一大股东持股比例（$firsthold$）与两职合一

（*Dual*）均在5%显著水平下为正。可能的原因是当大股东处于绝对控制地位时，会削弱机构持股对盈余管理的监督（孙光国等，2015）。因而大股东持股会增加私有权益的攫取，所以企业费用会进一步增加。两职合一会导致管理层权力增加，继而增加费用黏性（谢获宝、惠丽丽，2014）。管理层持股（*Mshare*）会增加企业的费用变动，一种可能的解释是，管理层持股增加代表了管理者对公司的信心和努力提升公司业绩的责任，进而企业的销售费用会增加并且企业的费用发生了变动。人力资本密度（*Einten*）在1%水平下显著为正，当人力资本密度增加时，企业职工会增加，导致管理费用会进一步增加、企业费用变动相应增加。这与梁上坤（2017）研究相一致。资本密集度（*Ainten*）在1%水平下显著为负。随着资本密集度的增加，费用变动减少。

二　异质性分析

（一）公司规模异质性的影响

小规模的公司更容易发生财务重述（Kinney and McDaniel，1989），且治理结构差、信息披露不规范（Ahmed and Goodwin，2007）。因此，小规模企业更容易掩盖坏消息，所以小企业为管理层"构建帝国"创造了环境。由于缺乏有效的监督，管理层的过度自信会增加企业的费用黏性（Chen et al.，2019b）。而公司治理水平差，可能激发经理人的自利动机进而增加企业的费用黏性（秦兴俊、李粮，2014）。而小企业在经营中所面临的最重要的困难是融资。但小企业银企关系建立需要较长时间加之信息透明度低，所以会造成严重的融资约束。当业绩下降时小企业会及时削减超额资源，因而减少费用黏性的动机会强于大企业。此外，从经营层面看，小企业减少费用黏性的动机更强。从信息传递的角度讲，由于小企业在经营过程中相对缺少资金支持，而年报是企业向外界传递信息的重要渠道。因此，小企业更加注重年报信息的语调，而语调的基础在于企业的经营业绩，这就导致了企业管理层减少自利行为的发生。

为此将样本按照企业规模①，分为大企业和小企业。如表 4 - 6 回归结果所示。第（1）列针对大公司进行测试，结果表明年报语调与费用黏性交乘项（Lnsale_D_tone）系数为正但不显著。即在大公司中，年报语调对公司费用黏性不存在显著的抑制作用。第（2）列对小公司进行测试，发现年报语调与费用黏性交乘项（Lnsale_D_tone）系数为正，且在 1% 水平下显著。即在小公司中，年报语调对公司费用黏性存在显著的抑制作用。以上结果表明，公司规模对年报语调与公司费用黏性的关系存在明显的影响。在大公司规模效应下，语调对于企业费用黏性的抑制受到一定的约束，这一发现支持了本章的假设 2。

（二）公司透明度异质性的影响

当管理层内外部信息较为透明时，此时管理层处于完全监督状态下，管理层的自利动机得到完全的抑制（梁上坤，2017）。年报语调对于透明度较高公司，增量的作用可能就被完全忽略了。即公司在信息透明度较高的环境中，年报语调对于费用黏性的抑制作用可能较为薄弱。反之，当公司处于内外部信息环境较差时，管理层可以借助信息不对称，掩盖其自利行为。那么此时，年报语调的监督作用就显得非常重要。由于信息披露事关企业融资等各项经营活动，企业在信息传递时，势必以事实为准绳，否则捏造的实事被媒体和分析师发现，就会造成更大的舆论压力（李春涛等，2014），带来更强的监督。因而年报语调会反作用于信息透明度较低的企业，从而起到更好的费用黏性抑制效果。

为此将样本按照企业是否被四大会计师事务所审计②，分为四大和非四大。回归结果见表 4 - 6。第（3）列针对非四大会计师审计的公司

---

① 分类方法与第二章相同。
② 参考曾庆生等（2018）的做法，将审计事务所是否为四大作为信息透明度的衡量标准。

进行测试，结果表明年报语调与费用黏性交乘项（Lnsale_ D_ tone）系数为负且不显著。即被四大会计师事务所审计的公司中，年报语调对公司费用黏性不存在抑制作用。第（4）列对非四大会计师事务所审计的公司进行测试，发现年报语调与费用黏性交乘项系数为正，且在1%水平下显著。即被非四大会计师事务所审计的公司中，年报语调对公司费用黏性存在显著的抑制作用。以上结果表明，公司信息透明度对年报语调与公司费用黏性存在明显的影响，在信息透明度低的情况下，年报语调对于企业费用黏性的抑制作用受到一定的约束，这一发现支持了本章的假设3。

（三）公司所处市场异质性的影响

地方保护严重，导致了中国各地的市场存在分割现象（Young，2000；陆铭、陈钊，2009）。政府为了保护市场，限制外地市场资源要素的进入，减弱了本地企业资源要素调整的能力（龚启辉等，2010）。反之，企业所处市场化水平较高地区，企业容易通过市场交易获得所需要素，闲置资源周转率得到提升降低成本（孙嘉舸、王满，2019）。这在一定程度上减小了企业的费用黏性。而年报语调对于市场化水平较高地区企业的监督进一步深化，使得管理层降低了自利动机。但是在市场化水平较低地区的企业，管理层对于企业资源的调整较为困难，因而隐藏在非主观动机下的费用黏性更容易被投资者忽略。从市场化规范信息环境的角度讲，自愿披露会受到制度环境的影响（程新生等，2012）。因此，市场化环境较好的地区，政府干预市场较少。法制化程度较高会促使企业合规披露。这进一步降低年报的异常语调，使得语调准确反映企业业绩，减少了管理层操控抑制了黏性的增加。

为此将样本按照企业是否处于市场化水平较高地区，分为市场化水平较高组和市场化水平较低组。回归结果见表4–6。第（5）列针对市场化水平较高组的公司进行测试，结果表明年报语调与费用黏性交乘项（Lnsale_ D_ tone）系数为正且在1%水平下显著。即在市场化水平较高的公司中，年报语调对公司费用黏性存在抑制作用。第（6）列对市场化水平较低组的公司进行测试，发现年报语调与费用黏性交乘项系数为负且不显著。即在市场化水平较低的公司中，年报语调对公司费用黏性不存在抑制作用。以上结果表明，公司所处市场化水平对年报语调与公司费用黏性存在明显的影响，在市场化水平较低地区的公司，年报语调对于企业费用黏性的抑制作用受到一定的约束，这一发现支持了本章的假设4。

表4-6　　　　　　　　　　异质性分析影响

变量	公司规模大	公司规模小	公司透明度高	公司透明度低	市场化程度高	市场化程度低
	（1）	（2）	（3）	（4）	（5）	（6）
LnSale	0.6698 *** (27.06)	0.5651 *** (27.60)	0.5895 *** (16.70)	0.6066 *** (32.84)	0.6162 *** (36.78)	0.5501 *** (12.74)
LnSale_D	−0.9391 ** （−2.55）	−0.3484 （−1.31）	0.5049 （1.05）	−0.8336 *** （−3.48）	−0.5688 ** （−2.03）	−0.4858 （−1.32）
LnSale_D_tone	0.6241 （1.03）	0.9050 *** （2.78）	−0.0453 （−0.08）	1.1141 *** （3.20）	1.0135 *** （3.09）	−0.7524 （−1.12）
tone	0.1901 *** （3.71）	0.3321 *** （7.51）	0.2993 *** （3.95）	0.2935 *** （7.43）	0.2936 *** （7.67）	0.2266 *** （2.65）
LnSale_D_ Decrease_twoyear	0.1438 （1.50）	0.1332 ** （2.22）	0.1036 （1.11）	0.1293 ** （2.15）	0.1578 *** （2.70）	0.0452 （0.39）
Decrease_twoyear	0.0110 （0.75）	0.0009 （0.09）	−0.0095 （−0.50）	0.0060 （0.66）	0.0037 （0.42）	0.0113 （0.54）
LnSale_D_GDP	0.0662 （1.46）	−0.0215 （−0.73）	−0.0822 （−1.52）	0.0271 （0.98）	−0.0096 （−0.30）	0.0662 （1.57）
GDP	0.0283 *** （4.37）	0.0179 *** （3.80）	0.0602 ** （2.28）	0.0207 *** （4.75）	0.0187 *** （4.57）	0.0284 *** （2.76）
LnSale_D_Ainten	−0.0857 *** （−2.62）	−0.0409 ** （−2.44）	−0.0974 *** （−2.99）	−0.0328 ** （−2.08）	−0.0372 ** （−2.05）	−0.0551 ** （−2.14）

续表

变量	公司规模大	公司规模小	公司透明度高	公司透明度低	市场化程度高	市场化程度低
	(1)	(2)	(3)	(4)	(5)	(6)
Ainten	−0.0008	−0.0087 ***	−0.0089	−0.0063 **	−0.0038	−0.0126 **
	(−0.20)	(−2.84)	(−1.38)	(−2.37)	(−1.37)	(−2.41)
LnSale_D_Einten	0.0180	0.0213	0.0303	0.0191	0.0559 **	−0.0545
	(0.34)	(0.93)	(0.77)	(0.78)	(2.28)	(−1.27)
Einten	0.0172 ***	0.0104 ***	0.0158 ***	0.0095 ***	0.0139 ***	0.0022
	(2.60)	(3.36)	(2.70)	(3.04)	(4.71)	(0.29)
lev	−0.0511 **	−0.0656 ***	−0.0833 **	−0.0600 ***	−0.0731 ***	0.0034
	(−1.97)	(−4.03)	(−2.29)	(−3.95)	(−4.59)	(0.09)
size	0.0122 ***	0.0307 ***	0.0267 ***	0.0208 ***	0.0236 ***	0.0175 ***
	(3.37)	(7.38)	(4.16)	(8.53)	(9.51)	(2.75)
ROA	−0.1709 *	−0.3411 ***	−0.3559 ***	−0.2807 ***	−0.2907 ***	−0.3336 ***
	(−1.83)	(−5.42)	(−2.61)	(−5.10)	(−5.01)	(−2.66)
firsthold	0.0244	0.0371 **	−0.0068	0.0336 **	0.0397 ***	−0.0275
	(1.24)	(2.26)	(−0.24)	(2.32)	(2.88)	(−0.74)
Dual	0.0113	0.0070	0.0124	0.0057	0.0058	0.0038
	(1.55)	(1.57)	(1.40)	(1.30)	(1.48)	(0.24)
Mshare	0.0809 ***	0.0859 ***	0.0725 ***	0.0861 ***	0.0765 ***	0.1119 ***
	(3.26)	(8.21)	(3.19)	(8.16)	(7.81)	(3.27)
Indep	−0.0456	0.0163	−0.0773	0.0169	0.0060	−0.0393
	(−1.30)	(0.60)	(−1.59)	(0.66)	(0.26)	(−0.62)
_cons	−0.4800 ***	−0.8493 ***	−1.0755 ***	−0.6608 ***	−0.6935 ***	−0.6055 ***
	(−4.52)	(−8.54)	(−3.76)	(−9.94)	(−10.54)	(−3.80)
Industry Fixed Effect	Yes	Yes	Yes	Yes	Yes	Yes

续表

变量	公司规模大	公司规模小	公司透明度高	公司透明度低	市场化程度高	市场化程度低
	(1)	**(2)**	**(3)**	**(4)**	**(5)**	**(6)**
Year Fixed Effect	Yes	Yes	Yes	Yes	Yes	Yes
N	3359	7153	2337	8175	8688	1824
adj. R^2	0.5080	0.3900	0.4250	0.4280	0.4460	0.3620

注：***、**、*分别表示1%、5%、10%的显著性水平；括号中报告的是 t 统计量。

第五节　进一步检验与分析

一　内生性分析

Heckman 两阶段模型法。参考王华杰和王克敏（2018），构建公式（4－2）。因变量为是否高语调（overtone），若年报语调超过年度行业的中位数取1，否则取0。自变量包括企业规模（size），企业年龄（age），账面市值比（BM），年度到期收益率（RET），月度收益率标准差（RET_ST），净利润与总资产比值（Earn），DEarn 为本年 Earn 与上年 Earn 的差值，Loss 为当年亏算为1，否则为0。如公式（4－2）所示。

$$overtone = \alpha_0 + \alpha_1 size + \alpha_2 age + \alpha_3 BM + \alpha_4 RET + \alpha_5 RET_{ST} +$$
$$\alpha_5 Earn + \alpha_6 DEarn + \alpha_7 Loss + \varepsilon \qquad （4-2）$$

对公式（4－2）回归时控制了行业和年份效应，将公式（4－2）计算出的反米尔斯比率（IMR）加入公式（4－1），检验结果见表4－7，第（1）列，IMR 系数不显著，说明本章研究不存在明显的自选择问题，在控制了 IMR 后，Lnsale_D_tone 系数为正且在1%水平下显著。与之前发现基本一致。

工具变量法。由于年报语调与企业费用黏性可能存在内生性，比如企业的费用黏性本身较低，同时年报也保持较为积极的语调，那么积极的年报语调并非抑制企业费用黏性的主要原因。因此，本节使用工具变量法缓解此类内生性问题。工具变量选取借鉴曾庆生等（2018）的方法，选取同年同省份的均值（*tone_ pro*）及同年同行业的均值（*tone_ ind*），作为 *tone* 的工具变量。从相关性看，省份相同和行业相同的公司，面临的外部环境较为类似，因而他们的语调有一定的相关性，而目前没有证据显示，同省份和同行业的语调会影响公司费用黏性，满足外生性。相关统计显示，Shea's Partial R^2 为 0.0447，F 值为 93.169，大于临界值 10，说明工具变量满足相关性原则。*Sargan* 检验的 p 值不显著，满足工具变量选择外生性原则。表 4 – 7 的第（2）列回归结果中，Ln*Sale_ tone* 的系数在 5% 的水平下显著为正，表明年报语调可以抑制公司的费用黏性。因此，在缓解内生性问题后，本节基本结论依然成立。

表 4 – 7　　　　　　　　　　内生性回归结果

变量	Heckman	工具变量
	（1）	（2）
Ln*Sale*	0. 6129 *** （37. 34）	0. 6052 *** （37. 82）
Ln*Sale_D*	− 0. 6065 *** （− 2. 75）	− 1. 1021 ** （− 2. 54）
Ln*Sale_D_tone*	0. 8320 *** （2. 67）	3. 4896 ** （1. 96）
tone	0. 3260 *** （6. 78）	0. 6820 *** （4. 26）
Ln*Sale_D_ Decrease_twoyear*	0. 1393 *** （2. 69）	0. 2161 *** （2. 64）

续表

变量	Heckman	工具变量
	(1)	(2)
Decrease_twoyear	0.0056	0.0190*
	(0.69)	(1.74)
Ln*Sale_D_GDP*	0.0072	−0.0080
	(0.28)	(−0.31)
GDP	0.0203***	0.0234***
	(5.34)	(5.42)
Ln*Sale_D_Ainten*	−0.0416***	−0.0448***
	(−2.77)	(−3.10)
Ainten	−0.0071***	−0.0071***
	(−2.83)	(−3.13)
Ln*Sale_D_Einten*	0.0203	0.0219
	(0.88)	(1.12)]
Einten	0.0102***	0.0115***
	(3.77)	(4.25)
lev	−0.0605***	−0.0588***
	(−4.27)	(−3.04)
size	0.0206***	0.0214***
	(9.09)	(7.11)
ROA	−0.2737***	−0.3638***
	(−5.29)	(−6.14)
firsthold	0.0207	0.0272**
	(1.63)	(2.08)
Dual	0.0072*	0.0055
	(1.87)	(1.35)
Mshare	0.0807***	0.0608***
	(8.35)	(3.90)
Indep	−0.0029	−0.0008
	(−0.13)	(−0.03)

续表

变量	Heckman	工具变量
	(1)	**(2)**
$\_cons$	-0.6472^{***} (-10.83)	-0.7871^{***} (-9.96)
$lamda$	-0.0033 (-1.06)	—
Year Fixed Effect	Yes	Yes
Industry Fixed Effect	Yes	Yes
N	10132	10512
adj. R^2	0.4330	0.4140
相关性检验: Shea's Partial R^2	—	0.0447
F 值	—	93.1690
外生性检验: Sargan chi(p − value)	—	0.3539

注: ***、**、*分别表示1%、5%、10%的显著性水平;第(1)列括号中报告的是 t 统计量;第(2)列括号中报告的是 z 统计量。

二 稳健性检验

(一) 更换被解释变量和解释变量

为了更好检验结论的稳定性参照梁上坤 (2018) 的做法,本章将费用变动用管理费用变动 (Ln$G\&A$) 表示。结果详见表 4 − 8,第 (1) 列,Ln$Sale\_ D\_ tone$ 的系数在1%的水平下显著为正,表明年报语调可以显著抑制公司的费用黏性。进一步参照梁上坤 (2018),由于在劳动保护法的制约下,企业调整人力薪酬的成本高于费用中的其他部分。因此,本章删除管理层的薪酬,再来考察费用的变动,结果见表 4 − 8 第

（2）列，Ln*Sale_ D_ tone* 的系数在1%的水平下显著为正，表明年报语调可以显著抑制公司的费用黏性。此外，针对解释变量，本章参考曾庆生等（2018）的做法，将年报语调（*tone* 2）定义为（积极词汇－消极词汇）/总词数。结果详见表4－8第（3）列。第（3）列显示 Ln*Sale_ D_ tone*1 的系数在1%的水平下显著为正，表明年报语调可以显著抑制公司费用黏性。再次印证了结论的稳定性。

（二）管理层讨论分析的语调进行替换的结果

管理层分析讨论部分集中对上市公司未来的业绩展望进行说明。由于这个部分是在证监会2012年修订的年报摘要中首次出现的专栏，因此本章从2013年开始计算管理层分析与讨论部分的语调。回归结果见表4－8，第（4）列管理层语调（Ln*sale_ D_ MD&A*）的系数在5%的水平下显著为正，表明管理层语调可以显著抑制公司费用黏性。再次印证了结论的稳定性。

（三）更换词典后，替换解释变量

参考王华杰和王克敏（2018）的做法，本节将语调词典更换为台湾大学制作的《中文情感极性词典》，将其中积极和消极词汇的列表重新构建年报语调，年报语调（*twtone*）定义为（积极词汇－消极词汇）/（积极词汇＋消极词汇）。结果详见表4－8第（5）列，Ln*sale_ D_ tw-tone* 的系数在1%的水平下显著为正，表明年报语调可以显著抑制公司的费用黏性。再次印证了结论的稳定性。

（四）增加控制变量

由于盈余管理对费用黏性有着重要的影响，参考江伟等（2015）、梁上坤（2017）的做法，将操纵性应计盈余管理①的绝对值（*DA*）及与收入变动的交互项（Ln*Sale_ D_ DA*）纳入公式（4－1），结果详见

---

① 根据 Dechow 等（1995）计算操纵性应计盈余（*DA*）。

表4-8第（6）列，Ln$Sale\_D\_tone$的系数在5%的水平下显著为正，表明年报语调可以显著抑制公司的费用黏性。印证了结论的稳定性。

（五）剔除年报重述后的结果

年报重述反映了公司内控上的缺陷，一定程度上会影响年报的正常语调。年报语调作为投资者重要的投资依据，一旦发生重述，势必影响企业正常的融资活动。本章在去除重述后的年报，发现Ln$Sale\_D\_tw\text{-}tone$的系数在10%的水平下显著为正，结果详见表4-8第（7）列，表明在剔除重述样本后年报语调依然可以显著抑制公司费用黏性。再次印证了结论的稳定性。

（六）去掉年份效应的结果

由于GDP为年度数据，为了排除可能存在的共线性，本章在去掉年份效应后重新对公式（4-1）进行回归，结果详见表4-8第（8）列，Ln$Sale\_D\_tone$的系数在1%的水平下显著为正，表明在去掉年份效应后年报语调依然可以显著抑制公司费用黏性。再次印证了结论的稳定性。

表 4 - 8　　　　　　　　　　　稳健性回归结果

变量	（1）	（2）	（3）	（4）	（5）	（6）	（7）	（8）
Ln*Sale*	0.5737 *** (33.88)	0.6086 *** (36.90)	0.6036 *** (37.50)	0.6025 *** (31.54)	0.6003 *** (37.14)	0.5979 *** (36.43)	0.6031 *** (35.95)	0.5926 *** (37.33)
Ln*Sale_D*	− 0.5214 ** (− 2.12)	− 0.5168 ** (− 2.23)	− 0.4694 ** (− 2.21)	− 0.3572 (− 0.79)	− 0.4028 * (− 1.90)	− 0.5010 ** (− 2.24)	− 0.4479 * (− 1.95)	− 0.5053 ** (− 2.33)
Ln*Sale_D_tone*	0.9426 *** (3.08)	0.8004 *** (2.74)	—	—	—	0.8060 ** (2.55)	0.5806 * (1.91)	0.7622 *** (2.65)
tone	0.3385 *** (9.26)	0.3088 *** (8.68)	—	—	—	0.3014 *** (8.55)	0.2913 *** (8.39)	0.3128 *** (8.96)
Ln*Sale_D_ Decrease_ twoyear*	0.1669 *** (3.06)	0.1297 ** (2.43)	0.1279 ** (2.44)	0.1893 *** (2.97)	0.1099 ** (2.14)	0.1275 ** (2.47)	0.0981 * (1.86)	0.1335 *** (2.59)

变量	(1)	(2)	(3)	(4)	(5)	(6)	(7)	(8)
Decrease_twoyear	0.0135 (1.46)	0.0040 (0.47)	0.0011 (0.13)	0.0049 (0.54)	0.0000 (−0.00)	0.0033 (0.40)	0.0016 (0.19)	0.0033 (0.40)
LnSale_D_GDP	−0.0105 (−0.38)	0.0024 (0.09)	0.0008 (0.03)	−0.0198 (−0.31)	−0.0029 (−0.11)	0.0007 (0.03)	0.0024 (0.09)	−0.0009 (−0.04)
GDP	0.0237*** (5.57)	0.0207*** (5.33)	0.0208*** (5.47)	—	0.0155*** (3.98)	0.0197*** (5.12)	0.0207*** (5.28)	0.0114*** (6.48)
LnSale_D_Ainten	−0.0384** (−2.54)	−0.0479*** (−3.14)	−0.0565*** (−3.69)	−0.0529*** (−2.96)	−0.0556*** (−3.55)	−0.0491*** (−3.22)	−0.0418*** (−2.71)	−0.0435*** (−2.91)
Ainten	−0.0055** (−2.15)	−0.0066** (−2.58)	−0.0072*** (−2.87)	−0.0088*** (−3.31)	−0.0068*** (−2.80)	−0.0072*** (−2.87)	−0.0058** (−2.20)	−0.0073*** (−2.90)
LnSale_D_Einten	0.0025 (0.11)	0.0190 (0.86)	0.0188 (0.88)	0.0121 (0.42)	0.0182 (0.84)	0.0228 (1.06)	0.0113 (0.52)	0.0201 (0.92)
Einten	0.0115*** (4.02)	0.0105*** (3.69)	0.0109*** (3.91)	0.0091** (2.37)	0.0108*** (3.90)	0.0110*** (3.97)	0.0101*** (3.55)	0.0120*** (4.31)
lev	−0.0605*** (−4.04)	−0.0667*** (−4.60)	−0.0654*** (−4.63)	−0.0700*** (−3.94)	−0.0648*** (−4.67)	−0.0678*** (−4.85)	−0.0662*** (−4.62)	−0.0586*** (−4.13)
size	0.0251*** (10.63)	0.0220*** (9.39)	0.0233*** (10.21)	0.0222*** (7.72)	0.0213*** (9.35)	0.0227*** (9.97)	0.0223*** (9.35)	0.0209*** (9.07)
ROA	−0.2716*** (−4.64)	−0.3129*** (−5.75)	−0.2943*** (−5.56)	−0.3296*** (−5.04)	−0.2724*** (−5.32)	−0.3071*** (−5.89)	−0.3161*** (−5.98)	−0.2963*** (−5.59)
firsthold	0.0288** (2.09)	0.0253* (1.94)	0.0283** (2.20)	0.0191 (1.23)	0.0208 (1.62)	0.0272** (2.12)	0.0314** (2.43)	0.0344*** (2.68)
Dual	0.0058 (1.40)	0.0081** (2.03)	0.0076** (1.97)	0.0060 (1.32)	0.0077** (2.01)	0.0076* (1.94)	0.0100** (2.49)	0.0072* (1.85)
Mshare	0.0990*** (9.61)	0.0873*** (9.01)	0.0873*** (9.19)	0.0842*** (7.69)	0.0846*** (8.90)	0.0847*** (8.98)	0.0809*** (8.27)	0.0870*** (9.26)
Indep	0.0307 (1.28)	−0.0009 (−0.04)	−0.0011 (−0.05)	0.0204 (0.84)	−0.0005 (−0.02)	−0.0004 (−0.02)	0.0007 (0.03)	−0.0101 (−0.46)

续表

变量	(1)	(2)	(3)	(4)	(5)	(6)	(7)	(8)
$LnSale\_D\_$ $tone1$	—	—	5.3334 *** (4.17)	—	—	—	—	—
$tone1$	—	—	2.1875 *** (8.56)	—	—	—	—	—
$LnSale\_D\_$ $MD\&A$	—	—	—	0.4343 ** (2.53)	—	—	—	—
$MD\&A$	—	—	—	0.1705 *** (7.60)	—	—	—	—
$LnSale\_D\_$ $twtone$	—	—	—	—	0.3060 *** (2.79)	—	—	—
$twtone$	—	—	—	—	0.2859 *** (9.88)	—	—	—
$LnSale\_D\_DA$	—	—	—	—	—	0.0337 (0.34)	—	—
DA	—	—	—	—	—	0.0735 ** (2.08)	—	—
$\_cons$	−0.8004 *** (−12.51)	−0.6750 *** (−11.07)	−0.6913 *** (−11.68)	−0.5072 *** (−8.08)	−0.6553 *** (−11.19)	−0.6830 *** (−11.47)	−0.6821 *** (−11.17)	−0.5788 *** (−10.37)
Industry Fixed Effect	Yes	Yes	Yes	Yes	Yes	Yes	Yes	Yes
Year Fixed Effect	Yes	Yes	Yes	Yes	Yes	Yes	Yes	No
N	10512	10459	10512	71090	10512	10489	96820	10512
adj. R^2	0.3500	0.4230	0.4270	0.4360	0.4280	0.4270	0.4330	0.4220

注：***、**、*分别表示1%、5%、10%的显著性水平；括号中报告的是 t 统计量。

三 进一步分析

(一) 区分正负面语调

本章前述所用的年报语调均为企业年报的净语调。为了进一步探讨企业何种语调对费用黏性的抑制作用更强，把语调分为正面语调和负面语调。[①] 通常认为负面信息会增加分析师对企业关注 (Hong et al.，2000)，进而增加了企业的监督。区别于以往的认知，当公司本身处于负面舆论的包围中，公司为了进一步减少负面新闻，会将翔实语调反映到年报中。因此，负面语调对于费用黏性的抑制作用较小。而与之相反，正面语调会给公司管理层带来监督的压力。由于积极的语调吸引了投资者的关注，那么业绩的提升就迫使管理层精于管理、减少自利动机，达到抑制费用黏性的作用。此外正面信息会增加管理层有关业绩的薪酬，这在一定程度上会减少管理层自利动机。而负面信息则会导致管理层财富的损失，所以为了弥补自身的财富损失，管理层可能会通过费用黏性的渠道，进行自我补偿。

将语调分为正面及负面后分别回归。结果见表 4-9 第 (1) 列至第 (2) 列。检验结果发现，在第 (1) 列积极语调回归中，年报语调与费用黏性交乘项 ($LnSale\_D\_pt$) 系数为正且在 5% 水平下显著。即正面词汇语调对公司费用黏性存在显著的抑制作用。进一步证实了正面语调对于管理层的压力作用。在第 (2) 列消极语调回归中，年报语调与费用黏性交乘项系数为正但不显著。即负面词汇语调对公司费用黏性不存在显著的抑制作用。说明年报负面语调起到了确认负面实事的信号作用，但是对于抑制管理层自利动机所起到的作用较为微弱。

[①] 正面语调 = 正面词汇/总词数，负面语调 = 负面词汇/总词数。

（二）媒体关注影响企业费用黏性

游家兴和吴静（2012）发现，当公司信息透明度越低时，媒体情绪对资产误定价的影响越显著。由于媒体主动去挖掘和采集公司的信息需要花费大量的成本，因而通常媒体把信息挖掘功能交给分析师，而自身以信息传播为主。对于信息不透明的公司而言，分析师对信息处理也需要花费大量精力（Bhat et al.，2006），所以信息透明度低的公司受到媒体关注的程度也较低。当外部监督减弱时，管理层的自利动机就得到放大。而年报这类强制披露会让信息暴露在媒体之前，这就增加了媒体关注。而经理人出于谨慎，会翔实披露年报信息而减少违规披露所带来的更大监督。因此，年报语调会抑制费用黏性的发生。反之，当公司信息透明度较高时，媒体监督也相对容易，在高媒体曝光环境下，语调本身对于费用黏性的抑制作用就较为微弱。

将语调分为媒体关注度高[①]组及媒体关注度低组后分别回归。结果见表4-9第（3）列及第（4）列。检验结果发现，在第（3）列媒体关注度高组的回归中，年报语调与费用黏性交乘项（$LnSale\_D\_tone$）系数为正但不显著。即年报语调对公司费用黏性在高媒体关注组中不存在显著的抑制作用。在第（4）列媒体关注度低组的回归中，年报语调与费用黏性交乘项系数为正且在5%水平下显著。即年报语调对公司费用黏性在低媒体关注组中存在显著的抑制作用。

（三）并购影响企业费用黏性

并购作为经理人构建帝国的手段，通过提高公司规模，改善资产结构，从一定程度上掩盖了费用黏性的发生（李粮、宋振康，2013）。当经理人存在构建帝国的动机时，需要通过年报披露信息。这样股东就会发现经理人潜在的自利动机。在发生并购的公司中，积极信息的披露要以经营实绩来体现，进一步迫使管理层减少自利行为的发生。所以年报

---

① 利用百度新闻搜索引擎获得的上市公司媒体报道次数加1，再取对数。

语调在一定程度上抑制了费用黏性的发生。

将公司分为并购组及非并购组分别进行回归。结果见表 4 – 9 第
（5）列至第（6）列。检验结果发现，在第（5）列并购组回归中，年
报语调与费用黏性交乘项（$LnSale\_D\_tone$）系数为正且在 1% 水平下
显著。即在并购组中语调对公司费用黏性存在显著的抑制作用。进一步
证实了年报语调对于管理层构建帝国的压力作用。在第（6）列非并购
组回归中，年报语调与费用黏性交乘项系数为负不显著。即在非并购组
公司中，年报语调对公司费用黏性不存在显著的抑制作用。

表 4 – 9   进一步分析回归结果

变量	积极语调	消极语调	媒体关注高	媒体关注低	发生并购	未发生并购
	(1)	(2)	(3)	(4)	(5)	(6)
$LnSale$	0.5696*** (33.32)	0.5714*** (33.65)	0.5887*** (26.95)	0.6144*** (26.12)	0.5974*** (32.72)	0.6223*** (18.44)
$LnSale\_D$	−0.3892* (−1.69)	−0.3403 (−1.48)	−0.5683** (−2.06)	−0.4119 (−1.20)	−0.4992** (−2.17)	−0.5859 (−0.99)
$LnSale\_D\_pt$	1.3998** (2.02)	—	—	—	—	—
pt	0.9405*** (4.41)	—	—	—	—	—
$Lnsale\_D\_nt$	—	0.9711 (1.17)	—	—	—	—
nt	—	−1.4337*** (−3.18)	—	—	—	—
$LnSale\_D\_tone$	—	—	0.7636 (1.40)	0.7553** (2.11)	0.9334*** (2.78)	−0.0507 (−0.06)

续表

变量	积极语调	消极语调	媒体关注高	媒体关注低	发生并购	未发生并购
	(1)	**(2)**	**(3)**	**(4)**	**(5)**	**(6)**
tone	—	—	0.2992 ***	0.2844 ***	0.2924 ***	0.3071 ***
			(6.35)	(5.54)	(7.43)	(4.46)
LnSale_D_Decrease_ twoyear	0.1338 **	0.1304 **	0.0653	0.1762 **	0.1275 **	0.1439
	(2.53)	(2.48)	(0.98)	(2.39)	(2.08)	(1.40)
Decrease_twoyear	0.0032	0.0038	−0.0009	0.0062	0.0060	−0.0019
	(0.35)	(0.42)	(−0.08)	(0.50)	(0.60)	(−0.13)
Lnsale_D_GDP	−0.0097	−0.0083	0.0177	−0.0175	−0.0066	0.0410
	(−0.34)	(−0.29)	(0.54)	(−0.45)	(−0.25)	(0.57)
GDP	0.0260 ***	0.0245 ***	0.0186 ***	0.0218 ***	0.0174 ***	0.0305 ***
	(6.05)	(5.62)	(3.88)	(3.50)	(4.06)	(3.58)
LnSale_D_Ainten	−0.0461 ***	−0.0433 ***	−0.0677 ***	−0.0349 *	−0.0397 **	−0.0735 **
	(−2.86)	(−2.71)	(−3.12)	(−1.88)	(−2.47)	(−2.09)
Ainten	−0.0054 **	−0.0050 **	−0.0105 ***	−0.0036	−0.0062 **	−0.0100 *
	(−2.09)	(−1.96)	(−2.89)	(−1.15)	(−2.28)	(−1.91)
LnSale_D_Einten	−0.0007	−0.0004	0.0623 **	−0.0030	0.0242	0.0162
	(−0.03)	(−0.02)	(1.99)	(−0.11)	(0.98)	(0.44)
Einten	0.0112 ***	0.0108 ***	0.0157 ***	0.0073 *	0.0121 ***	0.0079 *
	(3.89)	(3.79)	(4.13)	(1.96)	(3.61)	(1.73)
lev	−0.0700 ***	−0.0631 ***	−0.0827 ***	−0.0511 **	−0.0635 ***	−0.0666 ***
	(−4.70)	(−4.25)	(−4.57)	(−2.47)	(−3.77)	(−2.72)
size	0.0279 ***	0.0243 ***	0.0192 ***	0.0287 ***	0.0234 ***	0.0181 ***
	(11.30)	(9.91)	(6.94)	(6.69)	(8.70)	(4.09)
ROA	−0.2171 ***	−0.2283 ***	−0.2667 ***	−0.3557 ***	−0.3197 ***	−0.2525 ***
	(−3.83)	(−4.06)	(−3.93)	(−4.53)	(−5.21)	(−2.62)

续表

变量	积极语调	消极语调	媒体关注高	媒体关注低	发生并购	未发生并购
	(1)	(2)	(3)	(4)	(5)	(6)
firsthold	0.0283 **	0.0298 **	0.0252	0.0302	0.0309 **	0.0174
	(2.05)	(2.15)	(1.57)	(1.44)	(2.06)	(0.71)
Dual	0.0074 *	0.0074 *	0.0042	0.0108 *	0.0031	0.0253 ***
	(1.78)	(1.78)	(0.81)	(1.77)	(0.67)	(3.18)
Mshare	0.1179 ***	0.1170 ***	0.0769 ***	0.0951 ***	0.0912 ***	0.0556 ***
	(11.19)	(11.10)	(5.90)	(6.81)	(8.27)	(3.03)
Indep	0.0323	0.0328	−0.0030	−0.0019	−0.0128	0.0410
	(1.33)	(1.36)	(−0.11)	(−0.05)	(−0.49)	(1.02)
_cons	−0.8598 ***	−0.6385 ***	−0.5582 ***	−0.8629 ***	−0.6801 ***	−0.6530 ***
	(−12.36)	(−8.82)	(−7.28)	(−7.82)	(−9.86)	(−5.03)
Industry Fixed Effect	Yes	Yes	Yes	Yes	Yes	Yes
Year Fixed Effect	Yes	Yes	Yes	Yes	Yes	Yes
N	10512	10512	5593	4919	8099	2413
adj. R^2	0.3460	0.3460	0.4390	0.4130	0.4240	0.4320

注：*** 、** 、* 分别表示1%、5%、10%的显著性水平；括号中报告的是 *t* 统计量。

本章小结

本章使用中国制造业上市公司 2009—2017 年年报语调数据进行研究，实证检验了公司的年报语调对公司费用黏性的影响。研究发现年报语调会降低公司的费用黏性，即年报语调越积极，公司的费用黏性会越低。进一步分析发现，年报语调与公司费用黏性在小企业，信息透明度低且所处市场化水平较高地区的企业成负向关系更显著。使用 Heckman

两阶段模型法和工具变量法后，发现年报语调仍能够降低企业的费用黏性。进一步分析表明，企业的正面语调，媒体关注较少，发生过并购的公司年报语调会显著降低公司的费用黏性。

本章研究为年报语调对公司管理活动的影响提供了一个新的视角，即企业通过年报语调，对管理层产生压力和监督抑制了管理层自利动机。进而降低企业的费用黏性。一方面，企业费用黏性的降低，弱化了管理层构建帝国的动机。这为企业内部治理提供了一个证据补充。另一方面，本章发现，积极语调对于企业减少费用黏性有着较为显著的影响，这为外部治理同样提供了一个重要信号。对于投资者而言，要积极关注企业年报语调的变化，就可以识别出管理层积极作为的信号，为进一步追加企业投资打下基础。另外，对于监管者而言，识别企业语调信号，对于监督企业信息环境有着重要的意义。

研究结论及政策建议

一　研究结论

本书的研究认为，年报语调能够增加企业的外部融资，有利于提升企业的创新产出，对企业和投资者之间的信息不对称有着重要的缓解作用。进一步来讲，对由委托—代理问题所引起的企业费用黏性问题，年报语调可以有效抑制其发生。年报语调一方面作为企业披露信息的风向标，有助于企业经营活动的开展；另一方面，作为自我约束的监督利器，有利于抑制管理层的机会主义倾向。因而是公司内外部治理的重要环节。本书在结合规范与实证研究、定性与定量研究的基础上，通过对基础理论的疏导归纳，对年报语调的作用机理进行了详细分析，然后根据理论基础进行实证检验。具体研究结论如下。

（一）年报语调有助于增加企业外部融资

使用中国上市公司2007—2017年年报以及财务相关数据，实证检验公司的年报语调对债权融资的影响，进而验证年报语调对企业经营活动的影响。研究发现年报语调与企业的债权融资正相关，与融资成本负相关。即年报语调越积极，公司的债权融资越多，融资成本越低。进一步通过异质性分析发现，年报语调与债权融资在非国有企业、大规模企业，以及金融环境较好地区的企业正向关系更为显著。在使用工具变量法缓解内生性问题后，发现年报语调仍能够促进企业的债权融资、降低融资成本。同时，为了保障本书结论的稳定性，通过替换被解释变量、更换语调词典、剔除重述样本等方式，保证其验证结果与本书主要研究假设相一致。此外，为了探究年报语调的作用机理，继而进行机制检验。结果表明年报语调通过外部传导机制（分析师跟踪）和内部传导机制（企业内部控制质量）两条路径共同影响企业的债权融资和融资成本。

（二）年报语调有助于增加企业创新

使用中国上市公司2007—2016年年报、企业创新以及财务相关数据进行研究，实证检验公司年报语调对创新投入和研发的影响。研究发现，年报语调与企业创新正相关，即年报语调越积极，公司的研发投入越多且研发产出越多。进一步通过异质性分析发现，年报语调与企业创新在非国有企业、小规模企业，且所处金融法制环境较差地区的企业正向关系更显著。在使用工具变量法和得分倾向匹配法缓解内生性问题后，发现年报语调仍能够促进企业的研发产出和投入。同时，通过稳健性检验保障了本书结论的稳定性，证明了与本书主要研究假设一致。即年报语调能够促进企业的创新产出与投入。最后，机制检验表明，年报语调通过分析师跟踪和融资约束两条路径共同影响企业的创新。

（三）年报语调能够有效缓解企业费用黏性问题

使用中国沪深A股制造业上市公司2009—2017年年报及财务相关数据进行研究发现，上市公司的年报语调会降低其费用黏性，即年报语调越积极，公司的费用黏性会越低。进一步通过异质性分析发现，年报语调与小规模企业、信息透明度较低且所处市场化水平较高地区企业的费用黏性负向关系更显著。在使用Heckman两阶段模型法和工具变量法缓解内生性问题后，发现年报语调仍能够抑制企业的费用黏性。同时，通过稳健性检验验证了本书结论的稳定性。进一步分析表明，企业的正面语调会显著降低公司的费用黏性。此外，被媒体关注较少，发生过并购的公司年报语调也会显著降低公司的费用黏性。

总体来讲，年报语调对于公司内外部治理有着重要而显著的影响。这种作用的发挥对于企业经营活动的外部市场表现有着较为明显的促进作用。对于内部治理，尤其是抑制管理层机会主义表现明显的费用黏性活动，有着较为明显的作用。因此，随着资本市场的发展和完善，年报语调成了提升公司治理水平的重要标尺。同时也为改善企业外部经营环境和提升内部监督水平发挥了重要的作用。

但是，年报语调对于企业经营行为影响的异质性较为明显，而且对于不同的经营活动，甚至出现了交叉。所以年报语调对企业治理范围产生了一定的影响。因此，本书不建议过度解读年报语调，认为其对所有经营活动都有效果。我们应该通过具体的实践和多维度的了解深入分析其影响，由此确认其治理半径。也只有通过提升与年报语调相适的信息披露水平才是企业提升竞争力和企业健康发展的关键。

二　政策建议

一是对于公司而言，年报语调的作用基础是以良好可靠的信息披露质量为保障的。第一，企业的会计信息准则最为基本的要求是真实可靠、内容完整。因而，年报作为重要的信息披露，更加需要恪守基本准则。只有这样才能使年报信息的接受者对于信息毫无疑虑，进而增加对企业的持续关注。第二，年报的语调要以一定的会计实绩为基础，这就要求企业以稳健的会计原则为准绳。即"宁可预计可能的损失，不可预计可能的收益"。只有以稳健的会计准则为标尺，才能减少语调膨胀，避免投资者逆向选择。第三，语调作为促进企业经营活动的利器，要注意其适用范围和适宜企业的配合。例如在融资活动中，大企业和国企，由于其自身良好的融资条件，投资方对于年报语调的需求倾向显然更弱，反而对企业硬信息的反馈更重视。而小企业和非国企，由于信贷市场出现的信息不对称和"信贷歧视"问题，所以他们更需要注重年报语调的信息传导机制。第四，完善内控，加强信息质量管理。良好的内控可以避免经理人用年报语调来"掩护"自利动机的实现。第五，向优秀的国外同行业企业学习。在信息披露中，加强投资者保护减少语调膨胀对投资者带来的损失，进一步避免股票在资本市场剧烈的震荡。第六，鉴于年报语调对于企业融资活动和创新活动的影响，企业应避免过度积极语调，以防进一步加剧投资者对公司的不信任程度。而对于费用黏性的抑制作用，企业应保持客观披露原则，接受公众监督，进而促进费用黏性的降低。

二是对于投资者而言，信息是判断企业能否投资的重要依据。年报信息又是企业全年业绩表现以及未来发展的重要信息输出。所以，年报语调对于投资者至关重要。因而如何分辨语调是否"名副其实"尤为关键。首先，对于个体投资者而言，由于没有专业投资机构的研究团队且缺乏相关专业知识，所以只能透过媒体、分析师等信息媒介了解企业。这里就需要投资者注意，媒体以及分析师对于企业的评价与企业语调是否一致。在不一致时，密切关注其他媒体和官方报道，以证真伪。在一致时，也要防止媒体与企业"沆瀣一气"。其次，重视结合机构调研、业绩说明会等其他信息披露模式。通过全方位关注企业信息披露，获得企业信息全貌以便判断其语调的真伪。最后，加强学习，提高投资水平。一方面，企业的语调依赖于企业的会计实务，即非数字信息依赖于数字信息。另一方面，涉及未来预期的管理层判断，投资者需要行业的专业性知识进行甄别。因此，无论从以上哪个方面来讲，投资者都需要加强学习以便"自我保护"。

三是对于监管机构而言，现有的法律法规对于规范企业的信息披露已经相当密集。企业预想通过操纵财务信息，来获得盈利已是相对困难，而随着非财务信息重要性的日益凸显，企业也将套利的目标转移到了年报语调当中。因此本书对监管提出以下可能的建议。首先，完善规范财务信息的披露用语。禁止明显夸张的词汇凸显业绩。其次，针对不同行业管理层讨论，依据行业特性有针对性地披露相关内容，防止过分突出抑或隐藏相关信息导致年报语调的失真。最后，制定相对规范的非财务信息披露指导意见。对于边界模糊、无法判别的信息内容进行相对科学的分类，进而减少企业打信息擦边球的可能性。

四是对于中介媒体而言，尤其是分析师，特别要注意企业隐含在财务数字中的文字信息。一方面，非数字信息可能隐藏企业私有信息；另一方面，分析师报告的特色在于抓住与其他研究报告的不同点。因而，建议分析师关注年报语调中所透露的信息倾向，透过语调把握企业整体发展态势，减少微观预测分歧。

最后，提升市场整体环境，建立与当下资本市场发展相适宜的法律规范，促进企业、市场及投资者信息的有机联动。使企业年报语调发挥其应有的市场作用，也使得企业所透露的年报语调可以提高信息透明度、改善公司治理水平，从而促进企业融资、增加企业创新、减低费用黏性，进而提高经营活动效率。

三 研究不足及未来展望

(一) 研究局限

第一，三章实证中使用的年报语调是基于 LM 词典的正、负面词进行分类。一方面，由于语言的差异性，导致再精确的翻译也无法表达出母语原有的意境。即使本书使用了两种词典对 LM 情感词汇进行转译，也难免出现语义不准的现象发生。另一方面，就年报披露的内容来看，国内外存在显著的差异，因而所需应用的情感词汇列表应有所不同。但是由于中文年报语调的研究出于初始阶段，所以较为权威的中文年报情感词汇列表还没有出现。本书借鉴文献直接应用美国 10 - K 年报词汇列表稍显不妥。

第二，对于内生性问题排除不足。由于实证中存在相对明显的反向因果问题，因而本书试图以工具变量等方式，来缓解实证中存在的此类问题。然而由于语调的特殊性，本书尚未找到最为理想的工具变量来克服这一问题的发生。同时翻阅国内外语调经典文献发现，以往研究对于语调内生性问题的解决也别无他法。更多的是通过大量的稳健性检验来说明结果的真实可靠。希望在未来的研究中挖掘出适合文本语调的工具变量。

（二）研究展望

第一，在本书的研究中，重点关注了年报语调对于企业融资和创新两类行为的影响。然而企业的经营行为还有很多，仅仅通过这两类行为来说明语调对经营活动的影响稍显片面。因此，在下一步的研究中，可以尝试观察年报语调与更多的企业行为的关系，例如，年报语调对于企业投资效率的影响等，都可以展开更充分的研究。

第二，我国年报的文本分析尚处于初级阶段，因而基础工具较为薄弱。所以在未来的研究中，可以尝试学习 LM 词典的构筑方法并将其应用到汉语年报中，梳理完成汉语的情感词汇列表，从而为日后的中文年报情感倾向的研究奠定坚实的基础。

第三，深化语调与其他学科的交叉研究，尤其是心理学的研究。年报是高管向董事会和股东汇报的重要文件，高管的个人特质会不会影响年报的情感倾向，目前研究较少。而高管心理对于年报的情感更是鲜有研究者观察到的，因此在未来的研究中，加强心理学与年报的综合研究或许可以填补现有文献的空白。

参考文献

安同良、施浩：《中国制造业企业 R&D 行为模式的观测与实证——基于江苏省制造业企业问卷调查的实证分析》，《经济研究》2006 年第 2 期。

白重恩、杜颖娟、陈志刚等：《地方保护主义及产业地区集中度的决定因素和变动趋势》，《经济研究》2004 年第 4 期。

才国伟、李琪、黄起海：《企业社会责任、媒体报道与外部融资》，《金融学季刊》2018 年第 1 期。

曹春方、马连福、沈小秀：《财政压力、晋升压力、官员任期与地方国企过度投资》，《经济学》（季刊）2014 年第 4 期。

车嘉丽、段然：《战略差异度、女性高管与企业成本粘性——来自制造业上市公司的经验证据》，《广东财经大学学报》2016 年第 6 期。

陈钦源、马黎珺、伊志宏：《分析师跟踪与企业创新绩效——中国的逻辑》，《南开管理评论》2017 年第 3 期。

陈艺云：《基于信息披露文本的上市公司财务困境预测：以中文年报管理层讨论与分析为样本的研究》，《中国管理科学》2019 年第 7 期。

程新生、谭有超、刘建梅：《非财务信息、外部融资与投资效率——基于外部制度约束的研究》，《管理世界》2012 年第 7 期。

褚剑、方军雄、秦璇：《政府审计能促进国有企业创新吗?》，《审计与经济研究》2018 年第 6 期。

代昀昊：《分析师跟踪、监督效应与企业行为研究》，博士学位论文，华中科技大学，2015 年。

方军雄：《所有制、制度环境与信贷资金配置》，《经济研究》2007 年第 12 期。

付强、扈文秀、康华：《股权激励能提高上市公司信息透明度吗？——基于未来盈余反应系数的分析》，《经济管理》2019 年第 3 期。

高雷、宋顺林：《公司治理与公司透明度》，《金融研究》2007 年第 11 期。

龚启辉、刘慧龙、申慧慧：《地区要素市场发育、国有控股与成本和费用粘性》，《中国会计评论》2010 年第 4 期。

郭玥：《政府创新补助的信号传递机制与企业创新》，《中国工业经济》2018 年第 9 期。

贺京同、何蕾：《国有企业扩张、信贷扭曲与产能过剩——基于行业面板数据的实证研究》，《当代经济科学》2016 年第 1 期。

黄俊、郭照蕊：《新闻媒体报道与资本市场定价效率——基于股价同步性的分析》，《管理世界》2014 年第 5 期。

姜付秀、石贝贝、马云飙：《信息发布者的财务经历与企业融资约束》，《经济研究》2016 年第 6 期。

蒋红芸、李岩琼、王雄元：《年报风险信息披露与分析师跟随》，《财经论丛》2018 年 12 期。

江伟：《法制环境、金融发展与企业长期债务融资》，《证券市场导报》2010 年第 3 期。

江伟、胡玉明、曾业勤：《融资约束与企业成本粘性——基于我国工业企业的经验证据》，《金融研究》2015 年第 10 期。

江伟、姚文韬：《企业创新与高管薪酬—业绩敏感性——基于国有上市公司的经验研究》，《经济管理》2015 年第 5 期。

江伟、胡玉明：《企业成本费用粘性：文献回顾与展望》，《会计研究》2011 年第 9 期。

江伟、胡玉明、吕喆：《应计盈余管理影响企业的成本粘性吗》，《南开管理评论》2015 年第 2 期。

江轩宇、申丹琳、李颖：《会计信息可比性影响企业创新吗》，《南开管理评论》2017 年第 4 期。

鞠晓生、卢荻、虞义华：《融资约束、营运资本管理与企业创新可持续性》，《经济研究》2013 年第 1 期。

孔东民、刘莎莎、应千伟：《公司行为中的媒体角色：激浊扬清还是推波助澜?》，《管理世界》2013 年第 7 期。

孔东民、徐茗丽、孔高文：《企业内部薪酬差距与创新》，《经济研究》2017 年第 10 期。

赖黎、马永强、夏晓兰：《媒体报道与信贷获取》，《世界经济》2016a 年第 9 期。

赖黎、巩亚林、马永强：《管理者从军经历、融资偏好与经营业绩》，《管理世界》2016b 年第 8 期。

李春涛、宋敏：《中国制造业企业的创新活动：所有制和 CEO 激励的作用》，《经济研究》2010 年第 5 期。

李春涛、宋敏、张璇：《分析师跟踪与企业盈余管理——来自中国上市公司的证据》，《金融研究》2014 年第 7 期。

李锋森、李常青：《上市公司"管理层讨论与分析"的有用性研究》，《证券市场导报》2008 年第 12 期。

李广子、刘力：《债务融资成本与民营信贷歧视》，《金融研究》2009 年 12 期。

李汇东、唐跃军、左晶晶：《用自己的钱还是用别人的钱创新?——基于中国上市公司融资结构与公司创新的研究》，《金融研究》2013 年第 2 期。

李粮、宋振康：《经理人自利动机对费用粘性的影响研究》，《山西财经大学学报》2013 年第 12 期。

李姝、翟士运、古朴：《非控股股东参与决策的积极性与企业技术创新》，《中国工业经济》2018 年第 7 期。

李志军、王善平：《货币政策、信息披露质量与公司债务融资》，《会计研究》2011 年第 10 期。

李文茜、贾兴平、廖勇海等：《多视角整合下企业社会责任对企业技术创新绩效的影响研究》，《管理学报》2018 年第 2 期。

黎文靖、郑曼妮：《实质性创新还是策略性创新？——宏观产业政策对微观企业创新的影响》，《经济研究》2016 年第 4 期。

梁上坤、赵刚、王玉涛：《会计信息透明度会影响银行借款契约吗？》，《中国会计评论》2013 年第 4 期。

梁上坤：《管理者过度自信、债务约束与成本粘性》，《南开管理评论》2015 年第 3 期。

梁上坤、张梦婷：《货币政策、融资约束与公司成本粘性》，《金融学季刊》2015 年第 2 期。

梁上坤、陈冬、胡晓莉：《外部审计师类型与上市公司费用粘性》，《会计研究》2015 年第 2 期。

梁上坤：《股权激励强度是否会影响公司费用黏性》，《世界经济》2016 年第 6 期。

梁上坤：《媒体关注、信息环境与公司费用粘性》，《中国工业经济》2017 年第 2 期。

梁上坤：《机构投资者持股会影响公司费用粘性吗？》，《管理世界》2018 年第 12 期。

林乐、谢德仁：《投资者会听话听音吗？——基于管理层语调视角的实证研究》，《财经研究》2016 年第 7 期。

林乐、谢德仁：《分析师荐股更新利用管理层语调吗？——基于业绩说明会的文本分析》,《管理世界》2017 年第 11 期。

林毅夫、李志赟:《政策性负担、道德风险与预算软约束》,《经济研究》2004 年第 2 期。

林毅夫、孙希芳:《信息、非正规金融与中小企业融资》,《经济研究》2005 年第 7 期。

刘启亮、罗乐、何威风等:《产权性质、制度环境与内部控制》,《会计研究》2012 年第 3 期。

刘武:《企业费用"黏性"行为:基于行业差异的实证研究》,《中国工业经济》2006 年第 12 期。

刘媛媛、刘斌:《劳动保护、成本黏性与企业应对》,《经济研究》2014 年第 5 期。

陆铭、陈钊:《分割市场的经济增长——为什么经济开放可能加剧地方保护?》,《经济研究》2009 年第 3 期。

陆正飞、祝继高、樊铮:《银根紧缩、信贷歧视与民营上市公司投资者利益损失》,《金融研究》2009 年第 8 期。

卢锐、陈胜蓝:《货币政策波动与公司劳动力成本黏性》,《会计研究》2015 年第 12 期。

鲁桐、党印:《公司治理与技术创新:分行业比较》,《经济研究》2014 年第 6 期。

罗宏、曾永良、刘宝华:《国有企业高管薪酬、公司治理与费用粘性》,《经济经纬》2015 年第 2 期。

罗宏、秦际栋:《国有股权参股对家族企业创新投入的影响》,《中国工业经济》2019 年第 7 期。

罗进辉:《媒体报道的公司治理作用——双重代理成本视角》,《金融研究》2012 年第 10 期。

毛新述、周小伟:《政治关联与公开债务融资》,《会计研究》2015 年第 6 期。

潘越、戴亦一、林超群：《信息不透明、分析师关注与个股暴跌风险》，《金融研究》2011 年第 9 期。

潘越、王宇光、戴亦一：《税收征管、政企关系与上市公司债务融资》，《中国工业经济》2013 年第 8 期。

秦兴俊、李粮：《公司治理对经理人自利动机与费用粘性的影响研究》，《当代财经》2014 年第 2 期。

全怡、陶聪：《女性高管与企业费用粘性——基于管理层自利的视角》，《会计与经济研究》2018 年第 5 期。

石善冲、王晋珍、林亚囡：《内部控制、产权性质与费用粘性——基于中国上市公司的实证研究》，《工业技术经济》2018 年第 2 期。

沈红波、廖冠民、曹军：《金融发展、产权性质与上市公司担保融资》，《中国工业经济》2011 年第 6 期。

沈红波、寇宏、张川：《金融发展、融资约束与企业投资的实证研究》，《中国工业经济》2010 年第 6 期。

孙光国、刘爽、赵健宇：《大股东控制、机构投资者持股与盈余管理》，《南开管理评论》2015 年第 5 期。

孙嘉舸、王满：《竞争战略、地区要素市场化水平与费用粘性》，《财经问题研究》2019 年第 1 期。

孙铮、刘凤委、李增泉：《市场化程度、政府干预与企业债务期限结构——来自我国上市公司的经验证据》，《经济研究》2005 年第 5 期。

孙铮、刘浩：《中国上市公司费用"粘性"行为研究》，《经济研究》2004 年第 12 期。

唐跃军、左晶晶：《所有权性质、大股东治理与公司创新》，《金融研究》2014 年第 6 期。

田轩、孟清扬：《股权激励计划能促进企业创新吗》，《南开管理评论》2018 年第 3 期。

汪昌云、武佳薇：《媒体语气、投资者情绪与 IPO 定价》，《金融研究》2015 年第 9 期。

王华杰、王克敏：《应计操纵与年报文本信息语气操纵研究》，《会计研究》2018 年第 4 期。

王靖一、黄益平：《金融科技媒体情绪的刻画与对网贷市场的影响》，《经济学》（季刊）2018 年第 4 期。

王克敏、王华杰、李栋栋等：《年报文本信息复杂性与管理者自利——来自中国上市公司的证据》，《管理世界》2018 年第 12 期。

王小鲁、樊纲、余静文：《中国分省份市场化指数报告（2016）》，社会科学文献出版社 2017 年版。

王雄元、高曦、何捷：《年报风险信息披露与审计费用——基于文本余弦相似度视角》，《审计研究》2018 年第 5 期。

王雄元、高曦：《年报风险披露与权益资本成本》，《金融研究》2018 年第 1 期。

王雄元、曾敬：《年报风险信息披露与银行贷款利率》，《金融研究》2019 年第 1 期。

王宣喻、储小平：《信息披露机制对私营企业融资决策的影响》，《经济研究》2002 年第 10 期。

汪贤裕、颜锦江：《委托代理关系中的激励和监督》，《中国管理科学》2000 年第 3 期。

魏志华、王贞洁、吴育辉等：《金融生态环境、审计意见与债务融资成本》，《审计研究》2012 年第 3 期。

魏志华、曾爱民、李博：《金融生态环境与企业融资约束——基于中国上市公司的实证研究》，《会计研究》2014 年第 5 期。

吴超鹏、吴世农、程静雅等：《风险投资对上市公司投融资行为影响的实证研究》，《经济研究》2012 年第 1 期。

吴延兵：《国有企业双重效率损失研究》，《经济研究》2012 年第 3 期。

夏晓兰、唐雪松、赖黎：《媒体报道、竞争对手与企业创新》，《财经问题研究》2018 年第 7 期。

谢德仁、林乐：《管理层语调能预示公司未来业绩吗？——基于我国上市公司年度业绩说明会的文本分析》，《会计研究》2015 年第 2 期。

谢获宝、惠丽丽：《代理问题、公司治理与企业成本粘性——来自我国制造业企业的经验证据》，《管理评论》2014 年第 12 期。

薛爽、肖泽忠、潘妙丽：《管理层讨论与分析是否提供了有用信息？——基于亏损上市公司的实证探索》，《管理世界》2010 年第 5 期。

徐欣、唐清泉：《财务分析师跟踪与企业 R&D 活动——来自中国证券市场的研究》，《金融研究》2010 年第 12 期。

亚当·斯密：《国富论》，谢祖钧译，新世界出版社 2007 年版。

姚立杰、周颖：《管理层能力、创新水平与创新效率》，《会计研究》2018 年第 6 期。

杨道广、陈汉文、刘启亮：《媒体压力与企业创新》，《经济研究》2017 年第 8 期。

阳丹、夏晓兰：《媒体报道促进了公司创新吗》，《经济学家》2015 年第 10 期。

杨鸣京、程小可、李昊洋：《机构投资者调研、公司特征与企业创新绩效》，《当代财经》2018 年第 2 期。

伊志宏、申丹琳、江轩宇：《分析师乐观偏差对企业创新的影响研究》，《管理学报》2018 年第 3 期。

游家兴、吴静：《沉默的螺旋：媒体情绪与资产误定价》，《经济研究》2012 年第 7 期。

游家兴、李斌：《信息透明度与公司治理效率——来自中国上市公司总经理变更的经验证据》，《南开管理评论》2007 年第 4 期。

余明桂、回雅甫、潘红波：《政治联系、寻租与地方政府财政补贴有效性》，《经济研究》2010 年第 3 期。

余明桂、李文贵、潘红波：《民营化、产权保护与企业风险承担》，《经济研究》2013 年第 9 期。

余明桂、潘红波：《政府干预、法治、金融发展与国有企业银行贷款》，《金融研究》2008 年第 9 期。

余明桂、钟慧洁、范蕊：《民营化、融资约束与企业创新——来自中国工业企业的证据》，《金融研究》2019 年第 4 期。

于浩洋、王满、黄波：《内部控制质量、供应商关系与成本粘性》，《管理科学》2017 年第 3 期。

于泽、钱智俊、方庆等：《数量管制、流动性错配和企业高额现金持有——来自上市公司的证据》，《管理世界》2017 年第 2 期。

曾庆生、周波、张程等：《年报语调与内部人交易："表里如一"还是"口是心非"?》，《管理世界》2018 年第 9 期。

曾颖、陆正飞：《信息披露质量与股权融资成本》，《经济研究》2006 年第 2 期。

翟胜宝、陈紫薇、刘亚萍：《银企关系与企业成本费用粘性》，《系统工程理论与实践》2015 年第 4 期。

翟胜宝、徐亚琴、唐玮：《国企民营化与企业创新能力——基于双重差分模型的估计》，《当代财经》2017 年第 4 期。

翟胜宝、易旱琴、郑洁等：《银企关系与企业投资效率——基于我国民营上市公司的经验证据》，《会计研究》2014 年第 4 期。

张纯、吕伟：《信息披露、市场关注与融资约束》，《会计研究》2007 年第 11 期。

张捷：《中小企业的关系型借贷与银行组织结构》，《经济研究》2002 年第 6 期。

张捷、王霄：《中小企业金融成长周期与融资结构变化》，《世界经济》2002 年第 9 期。

张杰、芦哲、郑文平等：《融资约束、融资渠道与企业 R&D 投入》，《世界经济》2012 年第 10 期。

张天舒、陈信元、黄俊:《独立董事薪酬与公司治理效率》,《金融研究》2018 年第 6 期。

张璇、刘贝贝、汪婷等:《信贷寻租、融资约束与企业创新》,《经济研究》2017 年第 5 期。

张璇、张计宝、闫续文等:《"营改增"与企业创新——基于企业税负的视角》,《财政研究》2019 年第 3 期。

张勇、殷俊明:《投资者实地调研活动能够促进企业创新吗——来自深市上市公司的经验证据》,《山西财经大学学报》2018 年第 9 期。

张维迎、吴有昌、马捷:《公有制经济中的委托人—代理人关系:理论分析和政策含义》,《经济研究》1995 年第 4 期。

赵刚、梁上坤、王玉涛:《会计稳健性与银行借款契约——来自中国上市公司的经验证据》,《会计研究》2014 年第 12 期。

钟凯、程小可、张伟华:《货币政策适度水平与企业"短贷长投"之谜》,《管理世界》2016 年第 3 期。

周开国、应千伟、陈晓娴:《媒体关注度、分析师关注度与盈余预测准确度》,《金融研究》2014 年第 2 期。

周黎安、罗凯:《企业规模与创新:来自中国省级水平的经验证据》,《经济学》(季刊)2005 年第 2 期。

周勤、徐捷、程书礼:《中国上市公司规模与债务融资关系的实证研究》,《金融研究》2006 年第 8 期。

周守华、胡为民、林斌等:《2012 年中国上市公司内部控制研究》,《会计研究》2013 年第 7 期。

朱朝晖、许文瀚:《上市公司年报语调操纵、非效率投资与盈余管理》,《审计与经济研究》2018 年第 3 期。

Abrahamson E., Amir E., "The Information Content of the President's Letter to Shareholders", *Journal of Business Finance & Accounting*, 23 (8),

1996: 1157 – 1182.

Acemoglu D. , Johnson S. , "Unbundling Institutions", *Journal of Political Economy*, 113 (5), 2005: 949 – 995.

Acs Z. J. , Audretsch D. B. , "Innovation, Market Structure, and Firm Size", *The Review of Economics and Statistics*, 69 (4), 1987: 567 – 574.

Agarwal S. , Chen V. Y. S. , Zhang W. , "The Information Value of Credit Rating Action Reports: A Textual Analysis", *Management Science*, 62 (8), 2016: 2218 – 2240.

Ahmed K. , Goodwin J. , "An Empirical Investigation of Earnings Restatements by Australian Firms", *Accounting & Finance*, 47 (1), 2007: 1 – 22.

Akerlof G. A. , "The Market for 'Lemons': Quality Uncertainty and the Market Mechanism", *Quarterly Journal of Economics*, 84 (3), 1970: 488 – 500.

Alchian A. A. , Demsetz H. , "Production, Information Costs, and Economic Organization", *The American Economic Review*, 62 (5), 1972: 777 – 795.

Allee K. D. , DeAngelis M. D. , "The Structure of Voluntary Disclosure Narratives: Evidence from Tone Dispersion", *Journal of Accounting Research*, 53 (2), 2015: 241 – 274.

Allen F. , Qian J. , Qian M. , "Law, Finance, and Economic Growth in China", *Journal of Financial Economics*, 77 (1), 2005: 57 – 116.

Amihud Y. , Mendelson H. , "Asset Pricing and the Bid – ask Spread", *Journal of Financial Economics*, 17 (2), 1986: 223 – 249.

Anderson M. C. , Banker R. D. , Janakiraman S. N. , "Are Selling, General, and Administrative Costs 'Sticky'?", *Journal of Accounting Research*,

41（1），2003：47 –63.

Arrow K. J. , Debreu G. , "Existence of an Equilibrium for a Competitive Economy", *Econometrica: Journal of the Econometric Society*, 22 （3）, 1954：265 –290.

Asay H. S. , Elliott W. B. , Rennekamp K. , "Disclosure Readability and the Sensitivity of Investors' Valuation Judgments to Outside Information", *The Accounting Review*, 92 （4）, 2016：1 – 25.

Audi R. , Loughran T. , McDonald B. , "Trust, but Verify: MD&A Language and the Role of Trust in Corporate Culture", *Journal of Business Ethics*, 139 （3）, 2016：551 –561.

Audretsch D. B. , Elston J. A. , "Does Firm Size Matter? Evidence on the Impact of Liquidity Constraints on Firm Investment Behavior in Germany", *International Journal of Industrial Organization*, 20 （1）, 2002：1 – 17.

Baker S. R. , Bloom N. , Davis S. J. , " Measuring Economic Policy Uncertainty", *The Quarterly Journal of Economics*, 131 （4）, 2016：1593 – 1636.

Banker R. D. , Byzalov D. , Plehn – Dujowich J. M. , "Sticky Cost Behavior: Theory and Evidence", Working Paper, 2011.

Banker R. D. , Byzalov D. , Fang S. , et al. , " Cost Management Research", *Journal of Management Accounting Research*, 30 （3）, 2017：187 –209.

Baginski S. , Demers E. , Wang C. , et al. , "Contemporaneous Verification of Language: Evidence from Management Earnings Forecasts", *Review of Accounting Studies*, 21 （1）, 2016：165 – 197.

Bailey W. , Huang W. , Yang Z. , "Bank Loans with Chinese Characteristics: Some Evidence on Inside Debt in a State – controlled Banking System", *Journal of Financial and Quantitative Analysis*, 46 （6）, 2011：

1795 – 1830.

Barclay M. J. , Smith Jr C. W. , "The Maturity Structure of Corporate Debt", *The Journal of Finance*, 50 (2), 1995: 609 – 631.

Barry C. B. , Brown S. J. , "Differential Information and the Small Firm Effect", *Journal of Financial Economics*, 13 (2) , 1984: 283 – 294.

Barry C. B. , Brown S. J. , "Differential Information and Security Market Equilibrium", *Journal of Financial and Quantitative Analysis*, 20 (4), 1985: 407 – 422.

Beaver W. H. , "The Information Content of Annual Earnings Announcements", *Journal of Accounting Research*, 6, 1968: 67 – 92.

Beck T. , Levine R. , "Industry Growth and Capital Allocation: Does Having a Market – based or Bank – based System Matter?", *Journal of Financial Economics*, 64 (2), 2002: 147 – 180.

Benfratello L. , Schiantarelli F. , Sembenelli A. , "Banks and Innovation: Microeconometric Evidence on Italian Firms", *Journal of Financial Economics*, 90 (2), 2008: 197 – 217.

Berger A. N. , Udell G. F. , "Collateral, Loan Quality and Bank Risk", *Journal of Monetary Economics*, 25 (1), 1990: 21 – 42.

Berger A. N. , Udell G. F. , "Relationship Lending and Lines of Credit in Small Firm Finance", *Journal of Business*, 68 (3), 1995: 351 – 381.

Berger A. N. , Udell G. F. , "The Economics of Small Business Finance: The Roles of Private Equity and Debt Markets in the Financial Growth Cycle", *Journal of Banking & Finance*, 22 (6 – 8), 1998: 613 – 673.

Berger A. N. , Udell G. F. , "Small Business Credit Availability and Relationship Lending: The Importance of Bank Organisational Structure", *The Economic Journal*, 112 (477), 2002: F32 – F53.

Berger A. N. , Frame W. S. , Ioannidou V. , "Reexamining the Empirical Relation between Loan Risk and Collateral: The Roles of Collateral Liquidity and Types" , *Journal of Financial Intermediation* , 26 , 2016: 28 – 46.

Biddle G. C. , Hilary G. , Verdi R. S. , "How does Financial Reporting Quality Relate to Investment Efficiency?" , *Journal of Accounting and Economics* , 48 (2 – 3) , 2009: 112 – 131.

Bharath S. T. , Sunder J. , Sunder S. V. , "Accounting Quality and Debt Contracting" , *The Accounting Review* , 83 (1) , 2008: 1 – 28.

Bhat G. , Hope O. K. , Kang T. , "Does Corporate Governance Transparency Affect the Accuracy of Analyst Forecasts?" , *Accounting & Finance* , 46 (5) , 2006: 715 – 732.

Bloomfield R. , "Discussion of 'Annual Report Readability, Current Earnings, and Earnings Persistence'" , *Journal of Accounting and Economics* , 45 (2 – 3) , 2008: 248 – 252.

Booth J. R. , Deli D. N. , "On Executives of Financial Institutions as Outside Directors" , *Journal of Corporate Finance* , 5 (3) , 1999: 227 – 250.

Bowen R. M. , Chen X. , Cheng Q. , "Analyst Coverage and the Cost of Raising Equity Capital: Evidence from Underpricing of Seasoned Equity Offerings" , *Contemporary Accounting Research* , 25 (3) , 2008: 657 – 700.

Bower G. H. , "Mood and Memory" , *American Psychologist* , 36 (2) , 1981: 129.

Brandt L. , Li H. , "Bank Discrimination in Transition Economies: Ideology, Information, or Incentives?" , *Journal of Comparative Economics* , 31 (3) , 2003: 387 – 413.

Brealey R. A. , Myers S. C. , Allen F. , et al. , *Principles of Corporate*

Finance, New York: Tata McGraw – Hill Education, 2012.

Brochet F., Naranjo P., Yu G., "The Capital Market Consequences of Language Barriers in the Conference Calls of Non – US Firms", *The Accounting Review*, 91 (4), 2016: 1023 – 1049.

Brown J. R., Martinsson G., Petersen B. C., "Do Financing Constraints Matter for R&D?", *European Economic Review*, 56 (8), 2012: 1512 – 1529.

Brown S., Hillegeist S. A., "How Disclosure Quality Affects the Level of Information Asymmetry", *Review of Accounting Studies*, 12 (2 – 3), 2007: 443 – 477.

Buehlmaier M. M. M., "The Role of the Media in Takeovers: Theory and Evidence", SSRN, https://papers.ssrn.com/sol3/papers.cfm? abstract_id = 1673164, 2015.

Bushee B. J., "The Influence of Institutional Investors on Myopic R&D Investment Behavior", *Accounting Review*, 73 (3), 1998: 305 – 333.

Bushee B. J., Core J. E., Guay W., et al., "The Role of the Business Press as an Information Intermediary", *Journal of Accounting Research*, 48 (1), 2010: 1 – 19.

Bushman R. M., Smith A. J., "Financial Accounting Information and Corporate Governance", *Journal of Accounting and Economics*, 32 (1 – 3), 2001: 237 – 333.

Calleja K., Steliaros M., Thomas D. C., "A Note on Cost Stickiness: Some International Comparisons", *Management Accounting Research*, 17 (2), 2006: 127 – 140.

Chambers A. E., Penman S. H., "Timeliness of Reporting and the Stock Price Reaction to Earnings Announcements", *Journal of Accounting Research*, 22 (1), 1984: 21 – 47.

Chava S. , Livdan D. , Purnanandam A. , "Do Shareholder Rights Affect the Cost of Bank Loans?", *The Review of Financial Studies*, 22 (8), 2008: 2973 – 3004.

Chemmanur T. J. , Paeglis I. , Simonyan K. , "Management Quality and Equity Issue Characteristics: A Comparison of SEOs and IPOs", *Financial Management*, 39 (4), 2010: 1601 – 1642.

Chen C. X. , Lu H. , Sougiannis T. , "The Agency Problem, Corporate Governance, and the Asymmetrical Behavior of Selling, General, and Administrative Costs", *Contemporary Accounting Research*, 29 (1), 2012: 252 – 282.

Chen C. X. , Gores T. , Nasev J. , et al. , "CEOs Versus CFOs: Managerial Overconfidence and Cost Behavior", Working Paper, University of Illinois at Urbana Champaign and Ludwig Maximilian University in Mu, 2019b.

Chen J. V. , Kama I. , Lehavy R. , "A contextual Analysis of the Impact of Managerial Expectations on Asymmetric Cost Behavior", *Review of Accounting Studies*, 24 (2), 2019a: 665 – 693.

Cheng B. , Ioannou I. , Serafeim G. , "Corporate Social Responsibility and Access to Finance", *Strategic Management Journal*, 35 (1), 2014: 1 – 23.

Choi S. , Hwang I. , Park J. H. , "Managerial Ability and Asymmetric SG&A Cost Behavior", https://papers. ssrn. com/sol3/papers. cfm? abstract_ id = 3230570, 2019.

Claessens S. , Djankov S. , Lang L. H. P. , "The Separation of Ownership and Control in East Asian Corporations", *Journal of Financial Economics*, 58 (1 – 2), 2000: 81 – 112.

Coles J. L. , Daniel N. D. , Naveen L. , "Managerial Incentives and Risk –

taking", *Journal of Financial Economics*, 79 (2), 2006: 431 – 468.

Coles J. L., Loewenstein U., "Equilibrium Pricing and Portfolio Composition in the Presence of Uncertain Parameters", *Journal of Financial Economics*, 22 (2), 1988: 279 – 303.

Cornaggia J., Mao Y., Tian X., et al., "Does Banking Competition Affect Innovation?", *Journal of Financial Economics*, 115 (1), 2015: 189 – 209.

Core J. E., "A Review of the Empirical Disclosure Literature: Discussion", *Journal of Accounting and Economics*, 31 (1 – 3), 2001: 441 – 456.

Courtis J. K., "Readability of Annual Reports: Western Versus Asian Evidence", *Accounting, Auditing & Accountability Journal*, 8 (2), 1995: 4 – 17.

Covas F., Den Haan W. J., "The Cyclical Behavior of Debt and Equity Finance", *American Economic Review*, 101 (2), 2011: 877 – 99.

Cowen A., Groysberg B., Healy P., "Which Types of Analyst Firms are More Optimistic?", *Journal of Accounting and Economics*, 41 (1 – 2), 2006: 119 – 146.

Cull R., Xu L. C., "Who Gets Credit? The Behavior of Bureaucrats and State Banks in Allocating Credit to Chinese State – owned Enterprises", *Journal of Development Economics*, 71 (2), 2003: 533 – 559.

Da Z., Engelberg J., Gao P., "The Sum of all FEARS Investor Sentiment and Asset Prices", *The Review of Financial Studies*, 28 (1), 2014: 1 – 32.

Davis A. K., Ge W., Matsumoto D., et al., "The Effect of Manager – specific Optimism on the Tone of Earnings Conference Calls", *Review of Accounting Studies*, 20 (2), 2015: 639 – 673.

Davis A. K., Piger J. M., Sedor L. M., "Beyond the Numbers: Measuring the Information Content of Earnings Press Release Language", *Contemporary Accounting Research*, 29 (3), 2012: 845 – 868.

De Franco G. , Kothari S. P. , Verdi R. S. , "The Benefits of Financial Statement Comparability", *Journal of Accounting Research*, 49 (4), 2011: 895 – 931.

DeFond M. , Hung M. , Trezevant R. , "Investor Protection and the Information Content of Annual Earnings Announcements: International Evidence", *Journal of Accounting and Economics*, 43 (1), 2007: 37 – 67.

De Long J. B. , Shleifer A. , Summers L. H. , et al. , "Noise Trader Risk in Financial Markets", *Journal of Political Economy*, 98 (4), 1990: 703 – 738.

Demers E. , Vega C. , "Soft Information in Earnings Announcements: News or Noise?", INSEA Working Paper, 2010.

Demirgüç – Kunt A. , Maksimovic V. , "Law, Finance, and Firm Growth", *The Journal of Finance*, 53 (6), 1998: 2107 – 2137.

Diamond D. W. , "Optimal Release of Information by Firms", *The Journal of Finance*, 40 (4), 1985: 1071 – 1094.

Diamond D. W. , Verrecchia R. E. , "Disclosure, Liquidity, and the Cost of Capital", *The Journal of Finance*, 46 (4), 1991: 1325 – 1359.

Dhaliwal D. , Hogan C. , Trezevant R. , et al. , "Internal Control Disclosures, Monitoring, and the Cost of Debt", *The Accounting Review*, 86 (4), 2011a: 1131 – 1156.

Dhaliwal D. S. , Li O. Z. , Tsang A. , et al. , "Voluntary Nonfinancial Disclosure and the Cost of Equity Capital: The Initiation of Corporate Social Responsibility Reporting", *The Accounting Review*, 86 (1), 2011b: 59 – 100.

Dhaliwal D. , Li O. Z. , Tsang A. , et al. , "Corporate Social Responsibility

Disclosure and the Cost of Equity Capital: The Roles of Stakeholder Orientation and Financial Transparency", *Journal of Accounting and Public Policy*, 33 (4), 2014: 328 – 355.

Du S., Yalcinkaya G., Bstieler L., "Sustainability, Social Media Driven Open Innovation, and New Product Development Performance", *Journal of Product Innovation Management*, 33, 2016: 55 – 71.

Easley D., O'hara M., "Information and the Cost of Capital", *The Journal of Finance*, 59 (4), 2004: 1553 – 1583.

Eisenhardt K. M., "Agency Theory: An Assessment and Review", *Academy of Management Review*, 14 (1), 1989: 57 – 74.

Ellul A., Panayides M., "Do Financial Analysts Restrain Insiders' Informational Advantage?", *Journal of Financial and Quantitative Analysis*, 53 (1), 2018: 203 – 241.

Engelberg J., "Costly Information Processing: Evidence from Earnings Announcements", https: //papers. ssrn. com/sol3/papers. cfm? abstract_id = 1107998, 2008.

Ertugrul, M., Lei, J., Qiu, J., et al., "Annual Report Readability, Tone Ambiguity, and the Cost of Borrowing", *Journal of Financial and Quantitative Analysis*, 52 (2), 2017: 811 – 836.

Eugene Baker H., Kare D. D., "Relationship between Annual Report Readability and Corporate Financial Performance", *Management Research News*, 15 (1), 1992: 1 – 4.

Fang V. W., Tian X., Tice S., "Does Stock Liquidity Enhance or Impede Firm Innovation?", *The Journal of Finance*, 69 (5), 2014: 2085 – 2125.

Fama E. F., "The Behavior of Stock – market Prices", *The Journal of Business*, 38 (1), 1965: 34 – 105.

Fama E. F., "Agency Problems and the Theory of the Firm", *Journal of Po-*

litical Economy, 88 （2）, 1980: 288 – 307.

Fama E. F. , Jensen M. C. , "Separation of Ownership and Control", *The Journal of Law and Economics*, 26 （2）, 1983: 301 – 325.

Fazzari S. M. , Hubbard R. G. , Petersen B. C. , et al. , "Financing Constraints and Corporate Investment", *Brookings Papers on Economic Activity*, 1, 1988: 141 – 206.

Feldman R. , Govindaraj S. , Livnat J. , et al. , "Management's Tone Change, Post Earnings Announcement Drift and Accruals", *Review of Accounting Studies*, 15 （4）, 2010: 915 – 953.

Ferris S. P. , Hao Q. , Liao M. Y. , "The Effect of Issuer Conservatism on IPO Pricing and Performance", *Review of Finance*, 17 （3）, 2012: 993 – 1027.

Firtel K. B. , "Plain English: A Reappraisal of the Intended Audience of Disclosure under the Securities Act of 1933", *Southern California Law Review*, 72 , 1998: 851.

Francis J. , Nanda D. , Olsson P. , "Voluntary Disclosure, Earnings Quality, and Cost of Capital", *Journal of Accounting Research*, 46 （1）, 2008: 53 – 99.

Frankel R. , Kothari S. P. , Weber J. , "Determinants of the Informativeness of Analyst Research", *Journal of Accounting and Economics*, 41 （1 – 2）, 2006: 29 – 54.

Frazier K. B. , Ingram R. W. , Tennyson B. M. , "A Methodology for the Analysis of Narrative Accounting Disclosures", *Journal of Accounting Research*, 22 （1）, 1984: 318 – 331.

Fu R. , Kraft A. , Zhang H. , "Financial Reporting Frequency, Information Asymmetry, and the Cost of Equity", *Journal of Accounting and Economics*, 54 （2 – 3）, 2012: 132 – 149.

García – Herrero A. , Gavilá S. , Santabárbara D. , "China's Banking Reform: An Assessment of Its Evolution and Possible Impact", *CESifo Economic Studies*, 52 (2), 2006: 304 – 363.

Güner A. B. , Malmendier U. , Tate G. , "Financial Expertise of Directors", *Journal of Financial Economics*, 88 (2), 2008: 323 – 354.

Gordon E. A. , Henry E. , Peytcheva M. , et al. , "Discretionary Disclosure and the Market Reaction to Restatements", *Review of Quantitative Finance and Accounting*, 41 (1), 2013: 75 – 110.

Graham J. R. , Harvey C. R. , Rajgopal S. , "The Economic Implications of Corporate Financial Reporting", *Journal of Accounting and Economics*, 40 (1 – 3), 2005: 3 – 73.

Graham J. R. , Li S. , Qiu J. , "Corporate Misreporting and Bank Loan Contracting", *Journal of Financial Economics*, 89 (1), 2008: 44 – 61.

Greenwald B. C. , Stiglitz J. E. , "Externalities in Economies with Imperfect Information and Incomplete Markets", *The Quarterly Journal of Economics*, 101 (2), 1986: 229 – 264.

Griffin P. A. , "Got Information? Investor Response to Form 10 – K and Form 10 – Q EDGAR Filings", *Review of Accounting Studies*, 8 (4), 2003: 433 – 460.

Grunert J. , Norden L. , Weber M. , "The Role of Non – financial Factors in Internal Credit Ratings", *Journal of Banking & Finance*, 29 (2), 2005: 509 – 531.

Guo B. , PÉRez – Castrillo D. , Toldrà – Simats A. , "Firms' Innovation Strategy under the Shadow of Analyst Coverage", *Journal of Financial Economics*, 131 (2), 2019: 456 – 483.

Hadlock C. J. , Pierce J. R. , "New Evidence on Measuring Financial Constraints: Moving beyond the KZ Index", *The Review of Financial Studies*,

23 (5), 2010: 1909 – 1940.

Hall B. H. , "The Financing of Research and Development", *Oxford Review of Economic Policy*, 18 (1), 2002: 35 – 51.

Hall B. H. , "The Financing of Innovation", *The Handbook of Technology and Innovation Management*, 2005: 409 – 430.

Hall B. H, Lerner J. , "The Financing of R&D and Innovation", *Handbook of the Economics of Innovation*, 1, 2010: 609 – 639.

Hanley K. W. , Hoberg G. , "The Information Content of IPO Prospectuses", *The Review of Financial Studies*, 23 (7), 2010: 2821 – 2864.

Hart R. P. , *Verbal Style and the Presidency: A Computer – based Analysis*, Academic Press, 1984.

Harsanyi J. C. , "Games with Incomplete Information Played by 'Bayesian' Players, I – III Part I. the Basic Model", *Management Science*, 14 (3), 1967: 159 – 182.

Haw I. M. , Qi D. , Wu W. , "Timeliness of Annual Report Releases and Market Reaction to Earnings Announcements in An Emerging Capital Market: The Case of China", *Journal of International Financial Management & Accounting*, 11 (2), 2000: 108 – 131.

Hayek F. A. , "The Use of Knowledge In Society", *The American Economic Review*, 35 (4), 1945: 519 – 530.

He J. J. , Tian X. , "The Dark Side of Analyst Coverage: The Case of Innovation", *Journal of Financial Economics*, 109 (3), 2013: 856 – 878.

Healy P. M. , Palepu K. G. , "The Effect of Firms' Financial Disclosure Strategies on Stock Prices", *Accounting Horizons*, 7 (1), 1993: 1.

Healy P. M. , Palepu K. G. , "The Challenges of Investor Communication the Case of CUC International, Inc", *Journal of Financial Economics*, 38 (2), 1995: 111 – 140.

Healy P. M. , Palepu K. G. , "Information Asymmetry, Corporate Disclosure, and the Capital Markets: A Review of the Empirical Disclosure Literature", *Journal of Accounting and Economics*, 31 (1 – 3), 2001: 405 – 440.

Hellwig M. F. , "On the Aggregation of Information in Competitive Markets", *Journal of Economic Theory*, 22 (3), 1980: 477 – 498.

Henry E. , "Are Investors Influenced by How Earnings Press Releases are Written?", *The Journal of Business Communication* (1973), 45 (4), 2008: 363 – 407.

Heston S. L. , Sinha N. R. , "News Versus Sentiment: Predicting Stock Returns From News Stories", Robert H. Smith School Research Paper, 2015.

Hines R. D. , "The Usefulness of Annual Reports: The Anomaly between the Efficient Markets Hypothesis and Shareholder Surveys", *Accounting and Business Research*, 12 (48), 1982: 296 – 309.

Holmstrom B. , Costa R. I. Joan, "Managerial Incentives and Capital Management. ", *The Quarterly Journal of Economics*, 104 (4), 1986: 835 – 860.

Holmstrom B. , "Moral Hazard and Observability", *Bell Journal of Economics*, 10 (1), 1979: 74 – 91.

Hong H. , Lim T. , Stein J. C. , "Bad News Travels Slowly: Size, Analyst Coverage, and the Profitability of Momentum Strategies", *The Journal of Finance*, 55 (1), 2000: 265 – 295.

Hong H. , Stein J. C. , "A Unified Theory of Underreaction, Momentum Trading, and Overreaction in Asset Markets", *The Journal of Finance*, 54 (6), 1999: 2143 – 2184.

Hope O. K. , Hu D. , Lu H. , "The Benefits of Specific Risk – Factor Disclosures", *Review of Accounting Studies*, 21 (4), 2016: 1005 – 1045.

Hottenrott H. , Peters B. , "Innovative Capability and Financing Constraints for Innovation: More Money, More Innovation?", *Review of Economics and Statistics*, 94 (4), 2012: 1126 – 1142.

Hsu P. H. , Tian X. , Xu Y. , "Financial Development and Innovation: Cross – Country Evidence", *Journal of Financial Economics*, 112 (1), 2014: 116 – 135.

Huang A. H. , Zang A. Y. , Zheng R. , "Evidence on the Information Content of Text in Analyst Reports", *The Accounting Review*, 89 (6), 2014a: 2151 – 2180.

Huang X. , Teoh S. H. , Zhang Y. , "Tone Management", *The Accounting Review*, 89 (3), 2014b: 1083 – 1113.

Hughes J. S. , Liu Jing. , Liu Jun. , "Information Asymmetry, Diversification, and Cost of Capital", *The Accounting Review*, 82 (3), 2007: 705 – 729.

Hutton A. P. , Marcus A. J. , Tehranian H. , "Opaque Financial Reports, R2, and Crash Risk", *Journal of Financial Economics*, 94 (1), 2009: 67 – 86.

Jaffe A. B. , Le T. , "The Impact of R&D Subsidy on Innovation: A Study of New Zealand Firms", National Bureau of Economic Research, 2015.

Jegadeesh N. , Wu D. , "Word Power: A New Approach for Content Analysis", *Journal of Financial Economics*, 110 (3), 2013: 712 – 729.

Jensen M. C. , Meckling W. H. , "Theory of the Firm: Managerial Behavior, Agency Costs and Ownership Structure", *Journal of Financial Economics*, 3 (4), 1976: 305 – 360.

Kahneman D. , Tversky A. , "On the Interpretation of Intuitive Probability: A Reply to Jonathan Cohen", *Cognition*, 7 (4), 1979: 409 – 11.

Kang T. , Park D. H. , Han I. , "Beyond the Numbers: The Effect of 10 –

K Tone on Firms' Performance Predictions Using Text Analytics", *Telematics and Informatics*, 35 (2), 2018: 370 – 381.

Kanniainen V. , "Empire Building by Corporate Managers: The Corporation as a Savings Instrument", *Journal of Economic Dynamics and Control*, 24 (1), 2000: 127 – 142.

Kaplan S. N. , Zingales L. , "Do Investment – Cash Flow Sensitivities Provide Useful Measures of Financing Constraints?", *The Quarterly Journal of Economics*, 112 (1), 1997: 169 – 215.

Katz S. B. , "Language and Persuasion in Biotechnology Communication with the Public: How to not Say What You're not Going to not Say and not Say it", *Agbioforum*, 4 (2), 2001: 93 – 97.

Kearney C. , Liu S. , "Textual Sentiment in Finance: A Survey of Methods and Models", *International Review of Financial Analysis*, 33, 2014: 171 – 185.

Kendall M. G. , Hill A. B. , "The Analysis of Economic Time – Series – Part I: Prices", *Journal of the Royal Statistical Society*, Series A (General), 1953, 116 (1): 11 – 34.

Kiesel F. , "Capital Market Reactions and the Content of Credit Rating Reports: A Textual Analysis", https: //Papers. Ssrn. Com/Sol3/Papers. Cfm? Abstract_ Id = 2781991, 2016.

Kim J. B. , Song B. Y. , Zhang L. , "Internal Control Weakness and Bank Loan Contracting: Evidence from SOX Section 404 Disclosures", *The Accounting Review*, 86 (4), 2011: 1157 – 1188.

Kim, Jeong – Bon, Jay Junghun Lee, Jong Chool Park. , "Internal Control Weakness and the Asymmetrical Behavior of Selling, General, and Administrative Costs", *Journal of Accounting, Auditing & Finance*, 37 (1), 2022: 259 – 292.

Kinney Jr W. R. , Mcdaniel L. S. , "Characteristics of Firms Correcting Previously Reported Quarterly Earnings", *Journal of Accounting And Economics*, 11 (1), 1989: 71 – 93.

Klein R. W. , Bawa V. S. , "The Effect of Estimation Risk on Optimal Portfolio Choice", *Journal of Financial Economics*, 3 (3), 1976: 215 – 231.

Koller T. , Goedhart M. , Wessels D. , *Valuation: Measuring and Managing the Value of Companies*, John Wiley and Sons, 2010.

Kothari S. P. , Li X. , Short J. E. , "The Effect of Disclosures by Management, Analysts, and Business Press on Cost of Capital, Return Volatility, and Analyst Forecasts: A Study Using Content Analysis", *The Accounting Review*, 84 (5), 2009b: 1639 – 1670.

Kothari S. P. , Shu S. , Wysocki P. D. , "Do Managers Withhold Bad News?", *Journal of Accounting Research*, 47 (1), 2009a: 241 – 276.

Kravet T. , Muslu V. , "Textual Risk Disclosures and Investors' Risk Perceptions", *Review of Accounting Studies*, 18 (4), 2013: 1088 – 1122.

Kuhnen C. M. , Niessen A. , "Public Opinion and Executive Compensation", *Management Science*, 58 (7), 2012: 1249 – 1272.

Lambert R. , Leuz C. , Verrecchia R. E. , "Accounting Information, Disclosure, and The Cost of Capital", *Journal of Accounting Research*, 45 (2), 2007: 385 – 420.

Lang M. H. , Lundholm R. J. , "Corporate Disclosure Policy and Analyst Behavior", *Accounting Review*, 71 (4), 1996: 467 – 492.

La Porta R. , Lopez – De – Silanes F. , Shleifer A. , et al. , "Legal Determinants of External Finance", *The Journal of Finance*, 52 (3), 1997: 1131 – 1150.

La Porta R. , Lopez – De – Silanes F. , Shleifer A. , et al. , "Investor Protection and Corporate Governance", *Journal of Financial Economics*, 58

(1 – 2), 2000: 3 – 27.

La Porta R., Lopez – De – Silanes F., Shleifer A., et al., "Investor Protection and Corporate Valuation", *The Journal of Finance*, 57 (3), 2002a: 1147 – 1170.

La Porta R., Lopez – De – Silanes F., Shleifer A., "Government Ownership of Banks", *The Journal of Finance*, 57 (1), 2002: 265 – 301.

Larcker D. F., Tayan B., "Trust: The Unwritten Contract in Corporate Governance", https://papers.ssrn.com/sol3/papers.cfm? abstract_ id = 2306150, 2013.

Larcker D. F., Zakolyukina A. A., "Detecting Deceptive Discussions in Conference Calls", *Journal of Accounting Research*, 50 (2), 2012: 495 – 540.

Lee Y. J., "The Effect of Quarterly Report Readability on Information Efficiency of Stock Prices", *Contemporary Accounting Research*, 29 (4), 2012: 1137 – 1170.

Lehavy R., Li F., Merkley K., "The Effect of Annual Report Readability on Analyst Following and the Properties of Their Earnings Forecasts", *The Accounting Review*, 86 (3), 2011: 1087 – 1115.

Leuz C., Verrecchia R. E., "The Economic Consequences of Increased Disclosure", https://ssrn.com/abstract = 171975, 1999.

Levin I. P., Gaeth G. J., "How Consumers are Affected by the Framing of Attribute Information before and after Consuming the Product", *Journal of Consumer Research*, 15 (3), 1988: 374 – 378.

Levin I. P., Schneider S. L., Gaeth G. J., "All Frames are not Created Equal: A Typology and Critical Analysis of Framing Effects", *Organizational Behavior And Human Decision Processes*, 76 (2), 1998: 149 – 188.

Levitt A., "The Importance of High Quality Accounting Standards",

Accounting Horizons, 12 (1), 1998: 79.

Libby Robert, James E. Hunton, Hun – Tong Tan, et al. , "Relationship Incentives and the Optimistic/Pessimistic Pattern in Analysts' Forecasts", *Journal of Accounting Research*, 46 (1), 2008: 173 – 98

Li E. X. , Ramesh K. , "Market Reaction Surrounding the Filing of Periodic SEC Reports", *The Accounting Review*, 84 (4), 2009: 1171 – 1208.

Li F. , "Do Stock Market Investors Understand the Risk Sentiment of Corporate Annual Reports?", https: //papers. ssrn. com/sol3/papers. cfm? abstract_ id = 898181, 2006.

Li F. , "Annual Report Readability, Current Earnings, and Earnings Persistence", *Journal of Accounting and Economics*, 45 (2 – 3), 2008: 221 – 247.

Li K. , Yue H. , Zhao L. , "Ownership, Institutions, and Capital Structure: Evidence From China", *Journal of Comparative Economics*, 37 (3), 2009: 471 – 490.

Li F. , "Textual Analysis of Corporate Disclosures: A Survey of The Literature", *Journal of Accounting Literature*, 29, 2010: 143 – 165

Li F. , "The Information Content of Forward – looking Statements in Corporate Filings—A Naïve Bayesian Machine Learning Approach", *Journal of Accounting Research*, 48 (5), 2010: 1049 – 1102.

Li S. , "Does Mandatory Adoption of International Financial Reporting Standards in the European Union Reduce the Cost of Equity Capital?", *The Accounting Review*, 85 (2), 2010: 607 – 636.

Lin C. , Lin P. , Song F. M. , et al. , "Managerial Incentives, CEO Characteristics and Corporate Innovation in China's Private Sector", *Journal of Comparative Economics*, 39 (2), 2011: 176 – 190.

Liu B. , Mcconnell J. J. , "The Role of The Media in Corporate Governance:

Do the Media Influence Managers' Capital Allocation Decisions?", *Journal of Financial Economics*, 110 (1), 2013: 1 – 17.

Leftwich R. , "Market Failure Fallacies and Accounting Information", *Journal of Accounting and Economics*, 2 (3), 1980: 193 – 211.

Lehavy R. , Li F. , Merkley K. , "The Effect of Annual Report Readability on Analyst Following and the Properties of Their Earnings Forecasts", *The Accounting Review*, 86 (3), 2011: 1087 – 1115.

Lo K. , Ramos F. , Rogo R. , "Earnings Management and Annual Report Readability", *Journal of Accounting and Economics*, 63 (1), 2017: 1 – 25.

Loughran T. , Mcdonald B. , "Plain English, Readability, and 10 – K Filings", Unpublished Working Paper – Notre Dame, 2009.

Loughran T. , Mcdonald B. , "When is a Liability not a Liability? Textual Analysis, Dictionaries, and 10 – Ks", *The Journal of Finance*, 66 (1), 2011: 35 – 65.

Loughran T. , Mcdonald B. , "IPO First – Day Returns, Offer Price Revisions, Volatility, and Form S – 1 Language", *Journal of Financial Economics*, 109 (2), 2013: 307 – 326.

Luo J. , Li X. , Chen H. , "Annual Report Readability and Corporate Agency Costs", *China Journal of Accounting Research*, 11 (3), 2018: 187 – 212.

Luo X. , Du S. , "Exploring the Relationship between Corporate Social Responsibility and Firm Innovation", *Marketing Letters*, 26 (4), 2015: 703 – 714.

Malkiel B. G. , Fama E. F. , "Efficient Capital Markets: A Review of Theory and Empirical Work", *The Journal of Finance*, 25 (2), 1970: 383– 417.

Mansi S. A. , Maxwell W. F. , Miller D. P. , "Analyst Forecast Characteristics and the Cost of Debt", *Review of Accounting Studies*, 16 (1) , 2011: 116 – 142.

Manso G. , "Motivating Innovation", *The Journal of Finance*, 66 (5) , 2011: 1823 – 1860.

Matsumoto D. , Pronk M. , Roelofsen E. , "What Makes Conference Calls Useful? The Information Content of Managers' Presentations and Analysts' Discussion Sessions", *The Accounting Review*, 86 (4) , 2011: 1383 – 1414.

Matten D. , Moon J. , "'Implicit' and 'Explicit' CSR: A Conceptual Framework for a Comparative Understanding of Corporate Social Responsibility", *Academy of Management Review*, 33 (2) , 2008: 404 – 424.

Mcafee R. P. , Mcmillan J. , "Optimal Contracts for Teams", *International Economic Review*, 32 (3) , 1991: 561 – 577.

Mclean R. D. , Zhao M. , "The Business Cycle, Investor Sentiment, and Costly External Finance", *The Journal of Finance*, 69 (3) , 2014: 1377 – 1409.

Means G. , *The Modern Corporation and Private Property*, Routledge, 2017.

Melloni G. , Stacchezzini R. , Lai A. , "The Tone of Business Model Disclosure: An Impression Management Analysis of the Integrated Reports", *Journal of Management & Governance*, 20 (2) , 2016: 295 – 320.

Merkley, Kenneth J. , "Narrative Disclosure and Earnings Performance: Evidence from R&D Disclosures", *The Accounting Review*, 89 (2) , 2014: 725 – 757

Merton R. C. , "A Simple Model of Capital Market Equilibrium with Incomplete Information", *The Journal of Finance*, 42 (3) , 1987: 483 – 510.

Meyerowitz B. E. , Chaiken S. , "The Effect of Message Framing on Breast

Self – Examination Attitudes, Intentions, and Behavior", *Journal of Personality and Social Psychology*, 52 (3), 1987: 500.

Michel A. , "Industry Influence on Dividend Policy", *Financial Management*, 8 (3), 1979: 22 – 26.

Miller B. P. , "The Effects of Reporting Complexity on Small and Large Investor Trading", *The Accounting Review*, 85 (6), 2010: 2107 – 2143.

Moscariello N. , Skerratt L. , Pizzo M. , "Mandatory IFRS Adoption and The Cost of Debt in Italy and UK", *Accounting and Business Research*, 44 (1), 2014: 63 – 82.

Mo K. , Park K. J. , Kim Y. J. , "CEO Pension and Selling, General and Administrative Cost Stickiness", *International Journal of Entrepreneurship*, 22 (4), 2018: 1 – 21.

Myers S. C. , Majluf N. S. , "Corporate Financing and Investment Decisions When Firms have Information that Investors do not Have", *Journal of Financial Economics*, 13 (2), 1984: 187 – 221.

Nagar V. , Nanda D. , Wysocki P. , "Discretionary Disclosure and Stock – Based Incentives", *Journal of Accounting and Economics*, 34 (1 – 3), 2003: 283 – 309.

Opler T. C. , Titman S. , "Financial Distress and Corporate Performance", *The Journal of Finance*, 49 (3), 1994: 1015 – 1040.

Orens R. , Aerts W. , Cormier D. , "Web – Based Non – Financial Disclosure and Cost of Finance", *Journal of Business Finance & Accounting*, 37 (9 – 10), 2010: 1057 – 1093.

Ogneva M. , Subramanyam K. R. , Raghunandan K. , "Internal Control Weakness and Cost of Equity: Evidence from SOX Section 404 Disclosures", *The Accounting Review*, 82 (5), 2007: 1255 – 1297.

Parker L. D. , "Corporate Annual Reporting: A Mass Communication Perspective", *Accounting and Business Research*, 12 (48), 1982: 279 – 286.

Pashalian S., Crissy W. J. E., "How Readable are Corporate Annual Reports?", *Journal of Applied Psychology*, 34 (4), 1950: 244.

Peralta C. F., Lopes P. N., Gilson L. L., et al., "Innovation Processes And Team Effectiveness: The Role of Goal Clarity and Commitment, and Team Affective Tone", *Journal of Occupational and Organizational Psychology*, 88 (1), 2015: 80 – 107.

Pittman J. A., Fortin S., "Auditor Choice and the Cost of Debt Capital for Newly Public Firms", *Journal of Accounting and Economics*, 37 (1), 2004: 113 – 136.

Plumlee M., Xie Y., Yan M., et al., "Bank Loan Spread and Private Information: Pending Approval Patents", *Review of Accounting Studies*, 20 (2), 2015: 593 – 638.

Porta R. L., Lopez – De – Silanes F., Shleifer A., et al., "Law and Finance", *Journal of Political Economy*, 106 (6), 1998: 1113 – 1155.

Price S. M. K., Doran J. S., Peterson D. R., et al., "Earnings Conference Calls and Stock Returns: The Incremental Informativeness of Textual Tone", *Journal of Banking & Finance*, 36 (4), 2012: 992 – 1011.

Raiborn C., Payne D., Pier C., "The Need for Plain English Disclosures", *Journal of Corporate Accounting & Finance*, 19 (5), 2008: 69 – 76.

Rajan R., Zingales L., "Financial Dependence and Growth", *American Economic Review*, 88, 1998: 559 – 587 .

Rennekamp K., "Processing Fluency and Investors' Reactions to Disclosure Readability", *Journal of Accounting Research*, 50 (5), 2012: 1319 – 1354.

Roberts G., Yuan L. E., "Does Institutional Ownership Affect the Cost of Bank Borrowing?", *Journal of Economics and Business*, 62 (6), 2010:

604 – 626.

Rogers J. L. , Van Buskirk A. , Zechman S. L. C. , "Disclosure Tone and Shareholder Litigation ", *The Accounting Review*, 86 （6）, 2011: 2155 – 2183.

Rogers M. , "Networks, Firm Size and Innovation", *Small Business Economics*, 22 （2）, 2004: 141 – 153.

Romer P. M. , "Increasing Returns and Long – run Growth", *Journal of Political Economy*, 94 （5）, 1986: 1002 – 1037.

Rothwell R. , Dodgson M. , "External Linkages and Innovation in Small and Medium – sized Enterprises", *R&D Management*, 21 （2）, 1991: 125 – 138.

Samuelson P. A. , "Proof that Properly Anticipated Prices Fluctuate Randomly", *Management Review*, 6 （2）, 1965: 41 – 49.

Schleicher T. , Walker M. , "Bias in the Tone of Forward – looking Narratives", *Accounting and Business Research*, 40 （4）, 2010: 371 – 390.

Sengupta P. , "Corporate Disclosure Quality and the Cost of Debt", *Accounting Review*, 73 （4）, 1998: 459 – 474.

Shah A. K. , Oppenheimer D. M. , "Easy Does It: The Role of Fluency in Cue Weighting", *Judgment and Decision Making*, 2 （6）, 2007: 371 – 379.

Shleifer A. , Vishny R. W. , "Large Shareholders and Corporate Control", *Journal of Political Economy*, 94 （3, Part 1）, 1986: 461 – 488.

Shleifer A. , Vishny R. W. , "Politicians and Firms", *The Quarterly Journal of Economics*, 109 （4）, 1994: 995 – 1025.

Slovin M. B. , Johnson S. A. , Glascock J. L. , "Firm Size and the Information Content of Bank Loan Announcements", *Journal of Banking & Finance*, 16 （6）, 1992: 1057 – 1071.

Spence M. , "Job Market Signaling", *The Quarterly Journal of Economics*,

87 （3）1973： 355 – 374.

Starks L. T. ， "Performance Incentive Fees： An Agency Theoretic Approach"， *Journal of Financial and Quantitative Analysis*， 22 （1）， 1987： 17 – 32.

Stein J. C. ， "Information Production and Capital Allocation： Decentralized Versus Hierarchical Firms"， *The Journal of Finance*， 57 （5）， 2002： 1891 – 1921.

Stiglitz J. E. ， Weiss A. ， "Credit Rationing in Markets with Imperfect Information"， *The American Economic Review*， 71 （3）， 1981： 393 – 410.

Stiglitz J. ， "The Causes and Consequences of the Dependence of Quality on Price"， *Journal of Economic Literature*， 25 （1）， 1987： 1 – 48.

Strahan P. E. ， "Borrower Risk and the Price and Nonprice Terms of Bank Loans"， https： //ssrn. com/abstract = 192769， 1999.

Stulz R. M. ， "Managerial Discretion and Optimal Financing Policies"， *Journal of Financial Economics*， 26 （1）， 1990： 3 – 27.

Tan Y. ， Tian X. ， Zhang X. ， et al. ， "The Real Effects of Privatization： Evidence from China's Split Share Structure Reform"， Kelley School of Business Research Paper， （2014 – 2033）， 2015.

Tetlock P. C. ， "Giving Content to Investor Sentiment： The Role of Media in the Stock Market"， *The Journal of Finance*， 62 （3）， 2007： 1139 – 1168.

Tetlock P. C. ， Saar – Tsechansky M. ， Macskassy S. ， "More than Words： Quantifying Language to Measure Firms' Fundamentals"， *The Journal of Finance*， 63 （3）， 2008： 1437 – 1467.

Tian X. ， Wang T. Y. ， "Tolerance for Failure and Corporate Innovation"， *The Review of Financial Studies*， 27 （1）， 2011： 211 – 255.

Twedt B. ， Rees L. ， "Reading between the Lines： An Empirical Examination of Qualitative Attributes of Financial Analysts' Reports", *Journal of Accounting and Public Policy*, 31 (1), 2012: 1 – 21.

Tversky A., Kahneman D., "The Framing of Decisions and the Psychology of Choice", *Science*, 211 (4481), 1981: 453 – 458.

Vaona A., Pianta M., "Firm Size and Innovation in European Manufacturing", *Small Business Economics*, 30 (3), 2008: 283 – 299.

Verrecchia R. E., "The Use of Mathematical Models in Financial Accounting", *Journal of Accounting Research*, 2, 1982: 1 – 42.

Verrecchia R. E., "Essays on Disclosure, Journal of Accounting and Economics", 32 (1 – 3), 2001: 97 – 180.

Weingart L. R., Weldon E., "Processes that Mediate the Relationship between a Group Goal and Group Member Performance", *Human Performance*, 4 (1), 1991: 33 – 54.

Weiss D., "Cost Behavior and Analysts' Earnings Forecasts", *The Accounting Review*, 85 (4), 2010: 1441 – 1471.

White H., "A Heteroskedasticity – consistent Covariance Matrix Estimator and A Direct Test for Heteroskedasticity", *Econometrica*, 48 (4), 1980: 817 – 838.

Winchel J., "Investor Reaction to the Ambiguity and Mix of Positive and Negative Argumentation in Favorable Analyst Reports", *Contemporary Accounting Research*, 32 (3), 2015: 973 – 999.

Yang H. I., "Capital Market Consequences of Managers' Voluntary Disclosure Styles", *Journal of Accounting and Economics*, 53 (1 – 2), 2012: 167 – 184.

You H., Zhang X., "Financial Reporting Complexity and Investor Underreaction to 10 – K Information", *Review of Accounting Studies*, 14 (4), 2009: 559 – 586.

Young A. , "The Razor's Edge: Distortions and Incremental Reform in the People's Republic of China", *The Quarterly Journal of Economics*, 115 (4), 2000: 1091 – 1135.

Yu F. , "Accounting Transparency and the Term Structure of Credit Spreads", *Journal of Financial Economics*, 75 (1), 2005: 53 – 84.